I0035353

CODE FORMULAIRE

DES

ÉLECTIONS MUNICIPALES

ET DES ASSEMBLÉES DES CONSEILS MUNICIPAUX

D'APRÈS LA LOI DU 5 MAI 1855

avec des formules pour tous les actes,
publications et procès-verbaux que ces opérations nécessitent

TROISIÈME ÉDITION

MISE AU COURANT DE LA JURISPRUDENCE DE LA COUR DE CASSATION,
DU CONSEIL D'ÉTAT ET DE L'ADMINISTRATION SUPÉRIEURE

JUSQU'AU 1er JUILLET 1865

PAR M. A. BOST

Avocat, ancien Préfet
auteur de l'ENCYCLOPÉDIE et du CORRESPONDANT DES JUSTICES DE PAIX

DU TRAITÉ DE L'ORGANISATION ET DES ATTRIBUTIONS DES CORPS MUNICIPAUX, etc.

❦

PARIS

CHEZ L'AUTEUR, RUE DES SAINTS-PÈRES, N° 12.

—

JUILLET 1865.

CODE FORMULAIRE

DES

ÉLECTIONS MUNICIPALES

ET DES ASSEMBLÉES DES CONSEILS MUNICIPAUX

D'APRÈS LA LOI DU 5 MAI 1855

avec des formules pour tous les actes,
publications et procès-verbaux que ces opérations nécessitent

TROISIÈME ÉDITION

MISE AU COURANT DE LA JURISPRUDENCE DE LA COUR DE CASSATION,
DU CONSEIL D'ÉTAT ET DE L'ADMINISTRATION SUPÉRIEURE

JUSQU'AU 1er JUILLET 1865

PAR M. A. BOST

Avocat, ancien Préfet
auteur de l'ENCYCLOPÉDIE et du CORRESPONDANT DES JUSTICES DE PAIX

DU TRAITÉ DE L'ORGANISATION ET DES ATTRIBUTIONS DES CORPS MUNICIPAUX, etc.

PARIS

CHEZ L'AUTEUR, RUE DES SAINTS-PÈRES, N° 12.

—

JUILLET 1865.

1865

Le système d'*Organisation municipale*, établi par la loi du 5 mai 1855, va fonctionner pour la troisième fois. Les Électeurs de toutes les Communes de France doivent être appelés, dans le courant de l'année 1865, à procéder au renouvellement intégral de leur représentation locale.

Pour que ce grand acte de liberté publique s'exécute avec toute l'indépendance et toute la régularité qu'il exige, le législateur a prévu toutes les formalités qu'on doit observer, *avant*, *pendant*, *et après* son accomplissement. Ces nombreuses opérations, dans leurs phases diverses, nécessitent le concours d'une foule de fonctionnaires et de magistrats : Maires, Adjoints, Conseillers municipaux, Juges de paix, Conseils de préfecture, Sous-Préfets, Préfets, Tribunaux de 1re instance, Cours impériales, Cour de cassation, Conseil d'Etat.

Présenter l'ensemble, en même temps que les détails, de cette législation spéciale, et en faciliter l'application, tel est l'objet du *Code formulaire des Élections municipales et des Assemblées des Conseils municipaux*. La première édition de ce livre parut, en juillet 1855, presque à la veille des élections générales qui suivirent de près la promulgation de la loi nouvelle, et fut, en peu de semaines, complétement épuisée.

La faveur qu'obtint ce premier essai nous fait espérer un accueil non moins bienveillant pour cette troisième édition, qui a été mise, avec le plus grand soin, au niveau de la jurisprudence actuelle, en matière d'*Élections municipales et de réunions de Conseils municipaux*, par l'analyse de toutes les décisions que la Cour de cassation, le Conseil d'État et l'Administration supérieure ont rendues sur ces deux objets, pendant les dix dernières années, par application de la loi du 5 mai 1855.

Nous y avons également reproduit, espérant qu'elles ne seraient pas sans utilité pour nos lecteurs, quelques-unes des réponses que nous avons faites à des lettres de consultation qu'on nous avait personnellement adressées, dans le même intervalle, sur divers articles de la même loi.

Ces divers documents, très-attentivement recueillis et classés avec méthode, complètent l'interprétation que nous avions déjà essayé de donner de la loi du 5 mai 1855, et les *formules* que nous y avions jointes pour en faciliter l'application régulière.

Ainsi, dans son état actuel, notre *Code-formulaire des Élections municipales et des Assemblées des Conseils municipaux* nous paraît devoir suffire pour résoudre toutes les difficultés que pourront rencontrer dans leur chemin les *Juges de paix, Maires, Conseillers municipaux, Électeurs*, etc.; enfin tous ceux que leur devoir oblige à jouer un rôle actif dans les importantes opérations qui se préparent.

Paris, 1er juillet 1865.

A. BOST.

CODE-FORMULAIRE

DES ÉLECTIONS MUNICIPALES

ET DES ASSEMBLÉES DES CONSEILS MUNICIPAUX.

TITRE I.

ORGANISATION DU PERSONNEL.

CHAPITRE I.

COMPOSITION DES CONSEILS MUNICIPAUX.

1. *Principe de la représentation élective.*
2. *Fixation du nombre des conseillers municipaux.*

1. L'administration de la commune peut, à quelques égards, être assimilée à celle de la famille. Il existe, en effet, entre elles, de frappantes analogies. Elles ont l'une et l'autre des propriétés à conserver et à gérer, des revenus à recueillir, des dépenses à faire. Toutefois, il faut reconnaître que, sous d'autres rapports, leurs constitutions respectives présentent de notables différences. La famille n'a d'autre représentant que son chef qui, en vertu de son droit naturel, pense, délibère et agit à la fois pour lui et pour les siens. Il ne peut en être de même du gouvernement de la commune Les individus qui la composent sont tous égaux comme citoyens. Aucun d'eux ne peut donc, en vertu de son propre droit, administrer au nom de tous, et, par suite, il est nécessaire que le soin de représenter l'association soit délégué à un ou plusieurs de ses membres. Ainsi, nous devons reconnaître, en principe, que la représentation communale est essentiellement *élective*. Tels sont les motifs qui, sauf de très-courts intervalles, ont fait admettre, de tout temps, l'organisation

1

du conseil municipal, telle qu'elle est consacrée par l'art. 7 de la loi du 5 mai 1855, en ces termes : « Les membres du conseil municipal sont *élus* par les électeurs inscrits sur la liste communale dressée en vertu de l'art. 13 du décret du 2 février 1852. »

2. Mais, en respectant ce principe, il appartenait au législateur de fixer le nombre des membres dont chaque municipalité serait composée. Tel a été l'objet de l'art. 6 de la même loi, ainsi conçu :

« Chaque commune a un conseil municipal composé de 10 membres dans les communes de 500 habitants et au-dessous ;

De 12 dans celles de   501 à   1 500,
De 16 dans celles de   1 501 à   2 500,
De 21 dans celles de 2 501 à   3 500,
De 23 dans celles de 3 501 à 10 000,
De 27 dans celles de 10 001 à 30 000,
De 30 dans celles de 30 001 à 40 000,
De 32 dans celles de 40 001 à 50 000,
De 34 dans celles de 50 001 à 60 000,
De 36 dans celles de 60 001 et au-dessus. »

Comme on le voit, la composition des conseils municipaux est maintenue à peu près telle qu'elle avait été réglée par la loi du 21 mars 1831. La loi actuelle conserve le minimum de 10 membres pour les plus petites communes, le maximum de 36 pour les plus grandes. Elle établit seulement quelques gradations nouvelles pour le nombre des conseillers municipaux, dans les communes dont la population se compose de 30 000 à 60 000 habitants.

La loi du 21 mars 1831 portait que l'effectif normal des conseils municipaux serait augmenté, dans les communes pourvues d'adjoints spéciaux et dans celles qui, d'après le chiffre de leur population, auraient plus de trois adjoints. La loi du 5 mai ne reproduit pas cette disposition.

Lorsque le maire ou les adjoints ont été choisis en dehors du conseil municipal, cette circonstance n'influe pas sur le nombre des conseillers municipaux. Dans tous les cas, les chiffres indiqués ci-dessus restent invariables.

CHAPITRE II.

CONDITIONS ÉLECTORALES.

3. L'art. 3 de la loi du 7 juillet 1852 portait, comme l'art. 7 de la loi nouvelle, que l'élection des membres des conseils municipaux aurait lieu, par commune, sur les listes dressées pour l'élection des députés au Corps législatif, conformément à l'art. 13 du décret du 2 février 1852. Ces dispositions établissent une assimilation parfaite entre l'électorat communal et l'électorat politique. Les principes actuels de notre droit public exigeaient qu'il en fût ainsi. Quand l'électorat se basait principalement sur le cens, cette première condition devait naturellement varier suivant le degré d'importance de l'élection qu'il s'agissait de faire. Mais en étendant le droit de voter à l'universalité des citoyens, la Constitution a fait disparaître tout motif raisonnable de conserver une semblable distinction. Si, dans chaque commune, on dressait deux listes électorales, comprenant un nombre différent de citoyens, l'une serait nécessairement la critique de l'autre. Si la plus étendue était considérée comme l'expression sincère du suffrage universel, l'autre serait infailliblement accusée de ne plus représenter que le suffrage restreint. La loi se plairait ainsi à détruire elle-même son autorité morale sur l'esprit des populations. (*Rapp. de M. Vuitry au C. d'État, sur la prop. de M. Raudot,* 18 *déc.* 1850.)

La loi déclare, en conséquence, électeurs communaux *les citoyens inscrits sur la liste électorale dressée dans la commune, en exécution des lois relatives à l'élection des membres du Corps législatif.*

Mais en quoi consistent les conditions qu'il faut remplir pour être inscrit sur cette liste? La loi nouvelle s'en réfère sur ce point au décret du 2 février 1852 dont l'art. 12 est ainsi conçu : « Sont électeurs sans condition de cens, tous les Français âgés de vingt-un ans accomplis, jouissant de leurs droits civils et politiques. » L'art. 13, § 1, de la même loi ajoute : « *habitant dans la commune depuis six mois au moins.* »

Ainsi, pour prendre part aux élections communales, il faut posséder quatre qualités distinctes, savoir : 1° *être Français ;* 2° *être âgé de vingt-un ans accomplis;* 3° *jouir de ses droits civils et politiques ;* 4° *résider dans la commune depuis six mois au moins.* — Si l'une de ces conditions venait à manquer par suite de l'une des causes qui seront énumérées ci-après, on serait privé ou déchu du droit d'électeur. — Examinons chacune de ces conditions en particulier.

4. *Qualité de Français.* Cette qualité s'acquiert par *la naissance* ou par *le bénéfice de la loi.*

1. Sont *Français de naissance*, 1° ceux qui sont nés *en France* d'un père français (Const. du 3 sept. 1791, art. 2), ou bien d'une mère française et d'un père inconnu, ou enfin d'un père et d'une mère inconnus. (Décr. des 4 juill. 1793 et 19 janv. 1811.) — L'enfant naturel suit la nationalité du père ou de la mère qui l'a reconnu ; — 2° les enfants nés d'un Français en pays étranger (C. Nap., art. 10) ; — 3° tout individu né en France, d'un étranger qui, dans l'année à partir de l'époque de sa majorité, réclamera la qualité de Français, pourvu que, dans le cas où il résiderait en France, il déclare que son intention est d'y fixer son domicile, et que, dans le cas où il résiderait en pays étranger, il fasse sa soumission de fixer en France son domicile, et qu'il l'y établisse dans l'année, à compter de l'acte de sa soumission (C. Nap., art. 9); — 4° l'enfant *né en France d'un étranger qui lui-même y est né*, à moins que, dans l'année qui suivra l'époque de sa majorité, telle qu'elle est fixée par la loi française, il ne réclame la qualité d'étranger par une déclaration faite, soit devant l'autorité municipale du lieu de sa résidence, soit devant les agents diplomatiques ou consulaires accrédités en France par les gouvernements étrangers. (L. 7 févr. 1851, art. 1.)

Il est facile de reconnaître la différence des dispositions qui concernent les individus de ces deux dernières catégories. L'art. 1er de la loi du 7 févr. 1851 substitue, à la présomption qui sert de base à l'art. 9 C. Nap., la présomption toute contraire, relativement aux individus *nés en France d'étrangers qui eux-mêmes y sont nés.* Comme ceux-ci n'acquéraient pas la qualité de Français par le fait même de leur naissance, ce fait ne leur procurait d'autre bénéfice que l'aptitude à devenir Français, en se soumettant à certaines formalités qui devaient recevoir leur accomplissement dans l'année de leur majorité. Ce délai était-il expiré, ils étaient irrévocablement considérés comme étrangers. Dans le système de la loi du 7 févr. 1851, il en est tout autrement ; ils sont Français de plein droit, à moins que, dans l'année qui suit leur majorité, ils ne déclinent la nationalité française.

L'art. 9 C. Nap. est applicable aux enfants de l'étranger naturalisé, quoique nés en pays étranger, s'ils étaient mineurs lors de la naturalisation. — A l'égard des enfants nés en France ou à l'étranger, qui étaient majeurs à cette même époque, l'art. 9 C. Nap. leur est applicable dans l'année qui suivra celle de ladite naturalisation. (L. 7 févr. 1851, art. 2.)

11. Sont Français, *par le bénéfice de la loi*, les étrangers qui, conformément aux prescriptions de la loi du 3 déc. 1849, ont obtenu du gouvernement des lettres de *naturalisation*. — L'étranger admis à jouir des droits de citoyen français, par arrêté du ministre de la justice, a droit d'être inscrit sur les listes électorales, bien qu'il n'ait pas obtenu de lettres de naturalisation, cet arrêté conférant à l'étranger non-seulement la jouissance des droits civils, mais encore l'exercice des droits attachés à la qualité de citoyen. (Cass., ch. civ., 18 juin 1849.)

— La qualité de Français, reconnue par l'art. 22, § 1, de la loi du 15 déc. 1790 à toutes personnes qui, nées en pays étrangers, descendent d'un Français expatrié pour cause de religion, si elles reviennent en France y fixer leur domicile, appartient non-seulement aux enfants nés à l'époque de la promulgation de cette loi, mais encore aux enfants à naître. (Paris, 29 sept. 1847.)

— L'enfant né dans l'un des pays réunis à la France depuis 1791, et qui était encore mineur lors de la séparation de ces pays en 1814, a conservé la qualité de Français, même en l'absence des déclarations prescrites par la loi du 14 oct. 1814, si son père était décédé à l'époque de cette séparation, et si depuis cet enfant a constamment résidé en France.

— Les lettres de naturalisation accordées à un individu déjà investi, à son insu, de la qualité de Français, doivent être considérées comme des lettres de déclaration de naturalité, lesquelles, à la différence des lettres de naturalisation, con-

statent, mais ne confèrent pas la qualité de Français. — La
femme née en France d'un étranger, et qui, durant sa minorité, épouse un Français, devient Française sans être tenue
de faire la déclaration prescrite par l'art. 9 C. Nap., et est ré-
putée Française du jour de sa naissance. (Paris, 11 déc. 1847.)

— L'inscription d'un étranger, né en France, sur les con-
trôles de l'armée de terre et de mer, durant l'année de sa
majorité, ne suffit pas, aux termes de l'art. 9 C. Nap., pour
lui faire acquérir la qualité de Français. (Cass., 8 juill. 1846.)

Compétence. — L'administration qui a mission de préparer
les listes électorales est nécessairement appelée à prononcer
la première sur la position des habitants, quant à leur *qualité de Français ;* mais si ses décisions soulèvent des réclamations de la part des intéressés, le droit de statuer en définitive
sur elles ne peut appartenir qu'aux tribunaux civils, seuls
compétents en matière de *questions d'état.* (C. Nap., art. 326.)

5. *Age de vingt-un ans.* A quelle époque la vingt-et-unième
année devra-t-elle être accomplie? Nous trouvons la réponse à
cette question dans l'art. 13, § 3, du décret du 2 févr. 1852,
portant que « ceux qui n'auront pas atteint, *lors de la formation de la liste, les conditions d'âge,* devront les acquérir
avant la clôture définitive. »

Il n'est pas nécessaire que la condition d'âge déterminée
pour l'exercice des droits électoraux, soit établie par un *acte
de naissance.* Un *titre énonciatif,* tel qu'un acte de mariage
qui ne laisserait aucun doute sur ce point, peut valablement
suppléer à l'acte de naissance qu'on ne pourrait produire.
(Cass., ch. civ , 27 juin 1849.) — Mais il ne saurait en être
de même d'un *acte de notoriété,* délivré par le juge de paix,
puisque, aux termes de l'art. 70 C. Nap., ce dernier acte ne
doit servir que pour contracter mariage. (Colmar, 11 janv.
1831.)

Les extraits des actes de naissance nécessaires pour établir
l'âge des électeurs, sont délivrés gratuitement, sur papier libre, à tout réclamant. Ils portent en tête de leur texte l'é-
nonciation de leur destination spéciale, et ne peuvent servir
à aucune autre. (Décr. 2 févr. 1852, art. 24.)

6. *Jouissance des droits civils, et civiques ou politiques.*
Ces deux sortes de droits ne doivent pas être confondus.

On appelle *droits civils* certaines facultés dont la jouissance, attribut des nationaux, est accordée aux étrangers en vertu de dispositions spéciales. L'exercice de ces droits, suivant l'art. 7 C. Nap., est indépendant de la qualité de citoyen, laquelle ne s'acquiert et ne se conserve que conformément à la loi constitutionnelle. — Les principaux *droits civils* consistent : à contracter un mariage qui produise les effets civils ; à être tuteur ; à coopérer aux délibérations d'un conseil de famille ; à procéder ou témoigner en justice ; à recueillir par succession, donation ou legs ; à disposer de ses biens par donation ; à les transmettre héréditairement, etc., etc. (C. Nap., *passim.*)

La privation des *droits civils* résulte : 1° de la perte de la qualité de *Français* ; 2° de certaines condamnations judiciaires.

Les droits civiques ou politiques sont, au contraire, exclusivement attachés à la qualité de *citoyen français*. — Suivant la Constitution de l'an VIII, tout homme né et résidant en France qui, âgé de vingt-un ans accomplis, s'était fait inscrire sur le registre civique de son arrondissement, et qui avait, depuis, demeuré pendant un an sur le territoire français, était citoyen. La nécessité de cette inscription est aujourd'hui tombée en désuétude, de sorte qu'on doit réputer citoyen tout Français, âgé de vingt-un ans, qui n'a été frappé d'aucune des condamnations qui, d'après le Code pénal, entraînent *la perte de la qualité de Français, ou la perte des droits civiques.* (V. C. pén., art. 9, 42, 43, 109, 123, 185, 187, 401, 405, 406, 410, et le décr. 2 févr. 1852, art. 15.)

7. *Résidence dans la commune depuis six mois au moins.* Ce mot de résidence, employé dans la loi, ne peut laisser dans l'esprit aucune incertitude. La résidence est un fait qu'il est facile de constater. Les élections municipales ont lieu dans la commune. Elles ont pour but et pour résultat de remettre aux élus de la commune le soin de ses affaires ; elles sont exclusivement communales dans leur origine et dans leur fin. Rien n'était donc plus naturel que de rattacher l'électeur municipal, par la garantie d'une certaine durée de séjour dans la commune, aux intérêts qu'il a mission de confier aux mains les plus capables de les défendre. Tel a été le motif de la disposition comprise dans le 2ᵉ alinéa de l'art. 13 du décret du 2 février 1852, lequel n'est, du reste, que la reproduction littérale du 2ᵉ alinéa de l'art. 2 de la loi du 15 mars 1849.

On doit donc décider encore, comme sous l'empire de cette dernière loi, relativement aux citoyens qui, ayant changé d'habitation depuis moins de six mois, ne peuvent être inscrits dans la commune de leur nouvelle résidence. Ces citoyens étant considérés comme ayant perdu le droit de voter dans la commune qu'ils avaient quittée, et ne pouvant d'un autre côté être inscrits dans celle où ils n'avaient pas encore six mois d'habitation, quelques juges de paix en avaient conclu qu'ils étaient entièrement privés du droit de suffrage. — Mais la C. de cass., par de nombreux arrêts (9, 15, 16 mai, 27 juin 1849), a décidé que les citoyens qui se trouvent dans cette situation, devront voter dans la commune qu'ils habitaient en dernier lieu. Voici le texte de l'arrêt du 9 mai 1849.

« Vu l'art. 2 de la loi du 15 mars 1849 ; — Attendu que la volonté de la loi électorale est *de reconnaître le droit de suffrage à l'universalité des citoyens, à l'exception seulement de ceux à qui ce droit a été formellement interdit par une disposition expresse de la loi;* — Attendu que l'art. 2 de la loi du 15 mars 1849, en décidant que la liste, pour chaque commune, comprendra *tous les citoyens habitant dans la commune depuis six mois au moins, n'a nullement entendu, ainsi que le dit à tort le jugement attaqué, que tout citoyen qui a changé de domicile depuis moins de six mois ne peut être inscrit sur aucune liste électorale;* — Que l'unique conséquence de cette disposition de la loi est que celui qui habite une commune depuis moins de six mois, n'y a point acquis son domicile électoral, et doit être inscrit, non sur la liste de cette commune, mais sur celle de son domicile antérieur ; — Qu'en jugeant le contraire, la décision attaquée a violé la loi précitée ; — Casse. »

Il est, sous quelques rapports, regrettable qu'il n'ait pas été possible de rattacher aux mêmes conditions, et le droit de suffrage et la participation à certains avantages communaux, auxquels on ne devient admissible que par une année d'habitation dans la commune. L'harmonie de nos lois y eût gagné sans doute. Il ne faut cependant pas trop sacrifier au désir de l'uniformité, et il n'y a pas d'inconvénient sérieux à ce que l'exercice de droits aussi divers ne soit pas soumis aux mêmes règles.

— Lorsqu'un citoyen a deux habitations où il réside alternativement une partie de l'année, il peut déclarer aux mairies des deux communes quelle est celle dans laquelle il désire être inscrit comme électeur. Il sera, dans ce cas, nécessaire qu'il présente, au maire de la commune qu'il aura choisie, un récépissé de la déclaration par lui faite dans l'autre. (Circ. min. int., 19 mars 1849.) Ce récépissé pourra être conçu en ces termes :

Le maire de la commune de   certifie que M.
          s'est présenté aujourd'hui devant nous, à l'effet de nous déclarer que, pouvant à raison de sa résidence alternative dans les communes de   et de   , exercer, à son choix, ses droits électoraux dans l'une on dans l'autre de ces communes, il désirait être inscrit sur la liste électorale de la commune de   . Nous lui avons, en conséquence, donné acte de sa déclaration, et délivré le présent certificat conformément à sa demande.

Fait à   le   185
          Le Maire,   (*sceau de la mairie*).

D'après tout ce qui précède, la liste électorale communale peut être dressée d'après la formule qui se trouve ci-après :

LISTE des électeurs de la commune de   dressée en vertu de l'art. 13 du décret du 9 février 1852.

DÉPARTEMENT d

ARRONDISSEMENT d

CANTON d

COMMUNE d

NUMÉROS D'ORDRE.	NOMS et PRÉNOMS.	DATE de la naissance.	PROFESSION, titres ou fonctions.	RÉSIDENCE dans la commune. (Époque.)	OBSERVATIONS.

CHAPITRE III.

PERTE DU DROIT ÉLECTORAL.

8. *Énumération des condamnations qui privent un citoyen de son inscription sur les listes électorales.*
9. *Tableau, par ordre alphabétique, de ces mêmes incapacités.*

8. Toutes les lois qui, jusqu'à présent, se sont basées sur le suffrage universel, ont dû prendre des précautions afin de

garantir ce vote de tous les éléments impurs qui auraient pu
s'y introduire ; mais aucune n'était entrée aussi profondément
dans cette voie salutaire que le décret du 2 février 1852.
Dans un système électoral aussi large que le nôtre, les cas
d'indignité doivent, en effet, être très-nombreux. La déchéance politique doit atteindre tous ceux que la justice des
tribunaux a frappés comme ayant forfait à l'honneur. L'équité
conseillait toutefois de ne point frapper d'une incapacité sans
limites tous les délits de cette nature. Ceux qui présentaient
le moins de gravité pour l'ordre social pouvaient, sans danger, n'entraîner qu'une incapacité temporaire. La loi politique doit, comme la loi pénale elle-même, régler la mesure
de ses sévérités sur l'importance des faits à punir. Tels ont
été les motifs des art. 15 et 16 du décret du 2 février 1852,
qui, aux termes de l'art. 7 de la loi du 5 mai 1855, déterminent les exclusions à opérer sur les listes électorales.

Ces art. 15 et 16 sont ainsi conçus :

« Art. 15. Ne doivent pas être inscrits sur les listes électorales :

« 1° Les individus privés de leurs droits civils et politiques
par suite de condamnation, soit à des peines afflictives ou
infamantes, soit à des peines infamantes seulement ;

« 2° Ceux auxquels les tribunaux jugeant correctionnellement ont interdit le droit de vote et d'élection par application
des lois qui autorisent cette interdiction ;

« 3° Les condamnés pour crime à l'emprisonnement, par
application de l'art. 463 du Code pénal ;

« 4° Ceux qui ont été condamnés à trois mois de prison
par application des art. 318 et 423 du Code pénal ;

« 5° Les condamnés pour vol, escroquerie, abus de confiance, soustractions commises par les dépositaires de deniers
publics, ou attentats aux mœurs prévus par les art. 330 et
334 du Code pénal, quelle que soit la durée de l'emprisonnement auquel ils ont été condamnés ;

« 6° Les individus qui, par application de l'art. 8 de la loi
du 17 mai 1829 et de l'art. 3 du décret du 11 août 1848,
auront été condamnés pour outrage à la morale publique et
religieuse ou aux bonnes mœurs, et pour attaques contre le
principe de la propriété et les droits de la famille ;

« 7° Les individus condamnés à plus de trois mois d'emprisonnement en vertu des art. 31, 33, 34, 35, 36, 38, 39,
40, 41, 42, 45, 46 de la présente loi ;

« 8° Les notaires, greffiers et officiers ministériels destitués en vertu de jugements ou décisions judiciaires ;

« 9° Les condamnés pour vagabondage ou mendicité ;

« 10° Ceux qui auront été condamnés à trois mois de
prison au moins, par application des art. 439, 443, 444, 445,
446, 447 et 462 du Code pénal ;

« 11° Ceux qui auront été déclarés coupables des délits
prévus par les art. 410 et 411 du Code pénal et par la loi du
21 mai 1836, portant prohibition des loteries ;

« 12° Les militaires condamnés au boulet ou aux travaux
publics ;

« 13° Les individus condamnés à l'emprisonnement par
application des art. 38, 41, 43 et 45 de la loi du 21 mars 1832
sur le recrutement de l'armée ;

« 14° Les individus condamnés à l'emprisonnement par
application de l'art. 1er de la loi du 27 mars 1851 ;

« 15° Ceux qui ont été condamnés pour délit d'usure ;

« 16° Les interdits ;

« 17° Les faillis non réhabilités, dont la faillite a été déclarée soit par des tribunaux français, soit par jugements
rendus à l'étranger, mais exécutoires en France.

« Art. 16. Les condamnés à plus d'un mois d'emprisonnement pour rébellion, outrages et violences envers les dépositaires de l'autorité ou de la force publique, pour outrages
publics envers un juré à raison de ses fonctions, ou envers
un témoin à raison de sa déposition, pour délits prévus par
la loi sur les attroupements et la loi sur les clubs, et pour
infractions à la loi sur le colportage, ne pourront pas être
inscrits sur la liste électorale pendant cinq ans à dater de
l'expiration de leur peine. »

9. Toutes les incapacités prévues par ces deux articles
ont été rangées, par ordre alphabétique, dans un tableau
annexé à une circulaire de M. le ministre de l'intérieur, en
date du 7 février 1852. — Nous reproduisons ci-après, en
entier, cet utile document où MM. les maires trouveront avec
facilité toutes les indications dont ils pourront avoir besoin
pour apprécier les condamnations de toute nature qui em-
portent, à l'égard de celui qui en est frappé, l'exclusion définitive ou temporaire de la liste électorale.

Nous y joignons un résumé de la jurisprudence de la
C. de cass. sur les mêmes exclusions.

NOMENCLATURE PAR ORDRE ALPHABÉTIQUE des crimes, délits ou autres causes d'incapacité.	NATURE ET DURÉE DES PEINES emportant l'exclusion de la liste électorale.	DURÉE de L'EXCLUSION.	ARTICLES du décret organique qui prononcent l'exclusion.
ABUS DE CONFIANCE. (C. P., art. 405 à 409.)	Emprisonnem., quelle qu'en soit la durée.	Perpétuelle.	Art. 15, § 5.
ARBRE abattu, sachant qu'il appartient à autrui. (C. P., art. 445.)	Emprisonnement de 3 mois au moins.	Perpétuelle.	Art. 15, § 10.
ARBRE mutilé, coupé ou écorcé de manière à le faire périr, sachant qu'il appartient à autrui. (C. P., art. 446.)	Idem.	Idem.	Idem.
ATTAQUE PUBLIQUE contre la liberté des cultes, le principe de la propriété et les droits de la famille. (Loi du 11 août 1848, art. 3.)	Quelle que soit la peine.	Perpétuelle.	Art. 15, § 6.
ATTROUPEMENTS (Délits prévus par la loi sur les). (Lois des 10 avril 1831 et 7 juin 1848.)	Emprisonnement de plus d'un mois.	L'exclusion dure 5 ans, à dater de l'expiration de la peine.	Art. 16.
BOISSONS FALSIFIÉES, contenant des mixtions nuisibles à la santé (Vente et débit de). (C. P., art. 318.)	Emprisonnement de 3 mois.	Perpétuelle.	Art. 15, § 4.
CLUBS (Délits prévus par la loi sur les). (Loi du 28 juillet 1848.)	Emprisonnement de plus d'un mois.	L'exclusion dure 5 ans, à dater de l'expiration de la peine.	Art. 16.
COLPORTAGE D'ÉCRITS (Infractions à la loi sur le). (Loi du 27 juillet 1849.)	Idem.	Idem.	Idem.
CRIMES suivis d'une condamnation à des peines afflictives et infamantes (travaux forcés, déportation, détention et réclusion), ou à des peines infamantes seulement (bannissement, dégradation civique. (C. P., art. 7 et 8.)	Quelle que soit la durée de la peine.	Perpétuelle.	Art. 15, § 1.
CRIMES suivis d'une condamnation à l'emprisonnement correctionnel en vertu de l'art. 463 du C. P.	Idem.	Idem.	Art. 15, § 3.
DENIERS PUBLICS soustraits par les dépositaires auxquels ils étaient confiés. (C. P., art. 169 à 171.)	Emprisonnem., quelle qu'en soit la durée.	Perpétuelle.	Art. 15, § 5.

NOMENCLATURE PAR ORDRE ALPHABÉTIQUE des crimes, délits ou autres causes d'incapacité.	NATURE ET DURÉE DES PEINES emportant l'exclusion de la liste électorale.	DURÉE de L'EXCLUSION.	ARTICLES du décret organique qui prononcent l'exclusion.
DESTRUCTION DE REGISTRES, minutes, actes originaux de l'autorité publique, titres, billets, lettres de change, effets de commerce ou de banque, contenant ou opérant obligation, disposition ou décharge. (C. P., art. 439.)	Emprisonnement de 3 mois au moins.	Perpétuelle.	Art. 15, § 10.
BULLETIN ajouté, soustrait ou altéré par les personnes chargées, dans un scrutin, de recevoir, compter ou dépouiller les bulletins contenant les suffrages des citoyens.	Emprisonnement de plus de 3 mois.	Perpétuelle.	Art. 15, § 7, art. 35.
Lecture de noms autres que ceux inscrits.	Idem.	Idem.	Idem.
Inscription sur le bulletin d'autrui de noms autres que ceux qu'on était chargé d'y inscrire.	Idem.	Idem.	Art. 15, § 7, art. 36.
COLLÉGE ÉLECTORAL. (Irruption dans un collége électoral consommée ou tentée avec violence, en vue d'empêcher un choix.)	Emprisonnement de plus de 3 mois.	Perpétuelle.	Art. 15, § 7, art. 42.
LISTE ÉLECTORALE. (Inscription obtenue sous de faux noms ou de fausses qualités ou en dissimulant une incapacité prévue par la loi.)	Idem.	Idem.	Art. 15, § 7, art. 31.
LISTE ÉLECTORALE. (Inscription réclamée et obtenue sur deux ou plusieurs listes.)	Idem.	Idem.	Idem.
OPÉRATIONS ÉLECTORALES, retardées ou empêchées au moyen de voies de fait ou menaces par des électeurs. —Bureau outragé dans son ensemble ou dans l'un de ses membres, par des électeurs, pendant la réunion.—Scrutin violé.	Idem.	Idem.	Art. 15, § 7, art. 45.
OPÉRATIONS ÉLECTORALES troublées par attroupements, clameurs ou dé-	Idem.	Idem.	Art. 15, § 7, art. 41.

(colonne verticale : **ÉLECTIONS.**)

NOMENCLATURE PAR ORDRE ALPHABÉTIQUE des crimes, délits ou autres causes d'incapacité.	NATURE ET DURÉE DES PEINES emportant l'exclusion de la liste électorale.	DURÉE de L'EXCLUSION.	ARTICLES du décret organique qui prononcent l'exclusion.
monstrations menaçantes. — Atteinte portée à l'exercice du droit électoral ou à la liberté du vote.			
SUFFRAGES. Deniers ou valeurs quelconques donnés, promis ou reçus, sous la condition soit de donner ou de procurer un suffrage, soit de s'abstenir de voter. — Offre ou promesse faite ou acceptée, sous les mêmes conditions, d'emplois publics ou privés.	Emprisonnement de plus de 3 mois.	Perpétuelle.	Art. 15, § 7, art. 38.
SUFFRAGES influencés, soit par voies de fait, violences ou menaces contre un électeur, soit en lui faisant craindre de perdre son emploi ou d'exposer à un dommage sa personne, sa famille ou sa fortune. — Abstention de voter déterminée par les mêmes moyens.	Idem.	Idem.	Art. 15, § 7, art. 39.
SUFFRAGES surpris ou détournés à l'aide de fausses nouvelles, bruits calomnieux ou autres manœuvres frauduleuses. — Abstention de voter déterminée par les mêmes moyens.	Idem.	Idem.	Art. 15, § 7, art. 40.
URNE contenant les suffrages émis et non encore dépouillés (Enlèvement de l').	Idem.	Idem.	Art. 15, § 7, art. 46.
VOTE en vertu d'une inscription obtenue sous de faux noms ou de fausses qualités, ou en dissimulant une incapacité, ou en prenant faussement les noms et qualités d'un électeur inscrit.	Idem.	Idem.	Art. 15, § 7, art. 38.
VOTE multiple, à l'aide d'une inscription multiple.	Idem.	Idem.	Art. 15, § 7, art. 34.
EMPOISONNEMENT de chevaux ou autres bêtes de voiture, de monture ou de charge, de bestiaux à cornes, de moutons,	Emprisonnement de 2 mois au moins.	Perpétuelle.	Art. 15, § 10.

ÉLECTIONS.

NOMENCLATURE PAR ORDRE ALPHABÉTIQUE des crimes, délits ou autres causes d'incapacité.	NATURE ET DURÉE DES PEINES emportant l'exclusion de la liste électorale.	DURÉE de L'EXCLUSION.	ARTICLES du décret organique qui prononcent l'exclusion.
chèvres ou porcs ou de poissons dans des étangs, viviers ou réservoirs. (C. P., art. 452.)			
ESCROQUERIE. (C. P., art. 405.)	Emprisonnem., quelle qu'en soit la durée.	Perpétuelle.	Art. 15, § 5.
FAILLITE déclarée soit par les tribunaux français, soit par jugement rendu à l'étranger, mais exécutoire en France. (C. Com., art. 437 et suivants.)		L'exclusion cesse après la réhabilitation.	Art. 15, § 17.
FALSIFICATION de substances ou denrées alimentaires ou médicamenteuses destinées à être vendues. — Vente ou mise en vente de ces denrées, sachant qu'elles sont falsifiées ou corrompues. (Loi du 27 mars 1851, art. 1er.)	Emprisonnem., quelle qu'en soit la durée.	Perpétuelle.	Art. 15, § 14.
GREFFE détruite. (C. P. art. 447.)	Emprisonnement de 3 mois au moins.	Perpétuelle.	Art. 15, § 10.
INTERDICTION civile pour cause d'imbécillité, de démence ou de fureur. (C. civ., art. 489 et suivants.)		L'exclusion cesse à la levée judiciaire de l'interdiction. (C. civ., art. 512.)	Art. 15, § 16.
INTERDICTION correctionnelle du droit de vote et d'élection. (C. P., art. 42, 86, 89, 91, 123.)		La durée de l'exclusion est fixée par le jugement, et court à dater de l'expiration de la peine.	Art. 15, § 2.
JEUX DE HASARD (Maisons de). (C. P., art. 410.)	Quelle que soit la peine.	Perpétuelle.	Art. 15, § 11.
LOTERIES non autorisées. (L. du 21 mai 1836.)	Idem.	Idem.	Idem.
MARCHANDISES ou matières servant à la fabrication, gâtées volontairement. (C. P., art. 443.)	Emprisonnement de 3 mois au moins.	Perpétuelle.	Art. 15, § 10.
MENDICITÉ. (C. P., art. 274 à 279.)	Quelle que soit la peine.	Perpétuelle.	Art. 15, § 9.
MILITAIRES condamnés au boulet ou aux travaux publics.	Quelle que soit la durée de la peine.	Perpétuelle.	Art. 15, § 12.

NOMENCLATURE PAR ORDRE ALPHABÉTIQUE des crimes, délits ou autres causes d'incapacité.	NATURE ET DURÉE DES PEINES emportant l'exclusion de la liste électorale.	DURÉE de L'EXCLUSION.	ARTICLES du décret organique qui prononcent l'exclusion.
MOEURS (Attentats aux). (C. P., art. 330 et 334.)	Quelle que soit la peine.	Perpétuelle.	Art. 15, § 2.
OFFICIERS MINISTÉRIELS (avoués, huissiers, greffiers, notaires) destitués en vertu de jugements ou de décisions judiciaires.	Idem.	Perpétuelle.	Art. 15, § 8.
OUTRAGE public à la morale publique et religieuse et aux bonnes mœurs. (Loi du 17 mai 1819, art. 8.)	Quelle que soit la peine.	Perpétuelle.	Art. 15, § 6.
OUTRAGE public envers un juré à raison de ses fonctions ou envers un témoin à raison de ses dépositions. (Loi du 25 mars 1822, art. 6.)	Emprisonnement de plus d'un mois.	L'exclusion dure 5 ans, à dater de l'expiration de la peine.	Art. 16.
OUTRAGE et violences envers les dépositaires de l'autorité ou de la force publique. (C. P., art. 222 à 230.)	Idem.	Idem.	Idem.
PRÊTS sur gage ou nantissement (Maisons de) établies ou tenues sans autorisation légale. — Registre non tenu.(C.P., art. 411.)	Quelle que soit la peine.	Perpétuelle.	Art. 15, § 11.
RÉBELLION envers les dépositaires de l'autorité ou de la force publique. (C. P., art. 209 à 221.)	Emprisonnement de plus d'un mois.	L'exclusion dure 5 ans, à dater de l'expiration de la peine.	Art. 16.
RÉCOLTES (Dévastation de). (C. P., art. 444.)	Emprisonnement de 3 mois au moins.	Perpétuelle.	Art. 15, § 10.
RECRUTEMENT. Jeunes gens omis sur les tableaux de recensement, par suite de fraudes ou manœuvres. (L. du 21 mars 1832, art. 38.)	Emprisonnement, quelle qu'en soit la durée.	Perpétuelle.	Art. 15, § 13.
RECRUTEMENT. Jeunes gens appelés à faire partie du contingent de leur classe, qui se sont rendus impropres au service militaire, soit temporairement, soit d'une manière permanente, dans le but de se soustraire aux obligations imposées par la loi. (Art. 41.)	Idem.	Idem.	Idem.

NOMENCLATURE PAR ORDRE ALPHABÉTIQUE des crimes, délits ou autres causes d'incapacité.	NATURE ET DURÉE DES PEINES emportant l'exclusion de la liste électorale.	DURÉE de L'EXCLUSION.	ARTICLES de décret organique qui prononcent l'exclusion.
RECRUTEMENT. Substitution ou remplacement effectué, soit en contravention à la loi, soit au moyen de pièces fausses ou de manœuvres frauduleuses. Complicité. (Art. 43.)	Emprisonnement, quelle qu'en soit la durée.	Perpétuelle.	Art. 15, § 13.
RECRUTEMENT. Médecins, chirurgiens ou officiers de santé qui, déjà désignés pour assister au conseil de révision ou dans la prévoyance de cette désignation, ont reçu des dons ou agréé des promesses pour être favorables aux jeunes gens qu'ils doivent examiner, ou qui ont reçu des dons pour une réforme justement prononcée. (Art. 45.)	Idem.	Idem.	Idem.
TROMPERIE. Sur le titre des matières d'or ou d'argent; sur la qualité d'une pierre fausse vendue pour fine; sur la nature de toutes marchandises. (C. P., art. 423.)	Emprisonnement de 3 mois.	Idem.	Art. 15, § 4.
TROMPERIE. Sur la quantité des choses livrées, par l'usage de faux poids ou de fausses mesures, ou d'instruments inexacts, ou par des manœuvres et des indications frauduleuses, relatives au pesage ou au mesurage; tentative de ces délits. (L. du 27 mars 1851, art. 1er.)	Emprisonnement, quelle qu'en soit la durée.	Idem.	Art. 15, § 14.
USURE. (L. du 3 septembre 1807.)	Quelle que soit la peine.	Idem.	Art. 15, § 15.
VAGABONDAGE. (C. P., art. 269 à 271.)	Idem.	Idem.	Art. 15, § 9.
VOL. (C. P., 379, 388, 401.)	Idem.	Idem.	Art. 15, § 5.

§ 2. — Résumé de la jurisprudence de la Cour de cassation, sur les mêmes exclusions.

Condamnations judiciaires. Il n'est pas permis d'étendre au delà de leurs termes les dispositions légales qui excluent du vote les individus atteints par certaines condamnations

2

judiciaires. Spécialement un juge de paix, statuant en matière électorale, ne peut donner aux faits qui ont amené une condamnation une *qualification* autre que celle qui résulte du jugement. (Cass., 2 avr. 1851.)

Faillite. Un négociant déclaré en faillite est admissible à se faire inscrire sur la liste électorale, sur l'exhibition du jugement définitif qui l'a relevé de l'état de faillite et replacé à la tête de ses affaires. (Cass., 26 août 1850.) Ainsi, le négociant qui a été déclaré en faillite par un jugement du tribunal de commerce, dont il a interjeté appel, ne se trouve pas dans un état de faillite définitif, puisqu'il peut arriver que, sur l'appel, le jugement de première instance soit réformé, et qu'il soit replacé à la tête de ses affaires. Conséquemment, il ne doit pas être compris dans l'exclusion établie par l'art. 15, § 17, du décret du 2 février 1852. Le dessaisissement dont il est frappé par le jugement déclaratif, aux termes de l'art. 443 C. Comm., n'est qu'un état provisoire, qui ne peut exercer aucune influence sur la capacité électorale de celui qui n'est pas encore définitivement en état de faillite. (Cass., 27 août 1850.)

Loteries. Le citoyen condamné, par le trib. corr., à 5 fr. d'amende pour avoir annoncé dans un journal une *loterie étrangère*, ne peut être inscrit sur la liste électorale. (Cass., 19 nov. 1850.)

Maisons de jeux. Tout individu condamné correctionnellement comme coupable du délit prévu par l'art. 410, C. pén., doit être exclu de la liste électorale. (Cass., 12 août 1850.)

Officiers ministériels destitués. L'art. 15, § 8, du décret réglementaire du 2 fév. 1852 porte : « Ne doivent pas être inscrits sur les listes électorales, les notaires, greffiers et officiers ministériels destitués en vertu de *jugements ou de décisions judiciaires.* » — Quelle différence y a-t-il entre ces derniers mots? Un jugement n'est-il pas toujours une décision judiciaire et réciproquement?

Ces mots, en effet, paraissent être identiques. On s'en sert indifféremment dans le langage usuel, puisque ordinairement les jugements émanent des *autorités judiciaires.* Mais, dans le cas particulier dont il s'agissait, à l'art. 15, § 8, du décret du 2 févr. 1852, le législateur devait nécessairement établir une distinction entre les deux sortes de révocations qui pouvaient frapper un officier ministériel, et qui devaient, par suite, s'opposer à son inscription ou à son maintien sur la liste électorale de sa commune. Deux pouvoirs distincts ont, en effet, le droit de prononcer la *destitution* des officiers ministériels qui, dans les cas prévus par les lois, ont encouru cette peine ; d'une part, le *pouvoir judiciaire;* de l'autre, le *pouvoir exécutif*. Le premier prononce des *jugements*, le second prend des *décisions;* mais lorsque, en vertu de son droit, le pouvoir exécutif destitue ou révoque un officier ministériel, il agit *en qualité de juge*, et sa décision est dès lors empreinte d'un caractère *judiciaire*. Tel est le sens de l'art. 15, § 8, du décret du 2 févr. 1852, et c'est ce que la C. de Cassation a formellement reconnu, par un arrêt du 14 août 1850 dont l'un des considérants est ainsi conçu :

« Attendu que le décret du président de la République du 3 mai 1850, qui a prononcé la révocation de la nomination du sieur M.... aux fonctions d'huissier, conformément à l'art. 103 du décret du 30 mars 1808, est une véritable *décision judiciaire* et le dernier acte de la poursuite disciplinaire dirigée contre M...., etc. »

D'autres arrêts de la C. de Cassation des 14, 21 août, 11 nov. 1850 et 18 mars 1851, décident également qu'en prononçant la révocation d'un officier ministériel, le chef du pouvoir exécutif statue *comme juge*, et que sa décision peut être assimilée à un *jugement de destitution*.

Les mots de *jugements* et de *décisions judiciaires* employés dans le décret réglementaire du 2 févr. 1850 ont, par conséquent, une signification très-distincte. Ce décret veut donc dire que l'exclusion de la liste électorale, prononcée à l'égard de tout officier ministériel destitué, doit avoir son effet, sans qu'il soit fait aucune différence entre celui dont la révocation a été prononcée par un *jugement*, et celui dont la révocation a eu lieu par un décret du chef de l'État, c'est-à-dire par une *décision judiciaire*.

Outrage à la morale publique et religieuse. La condamnation pour ce motif emporte toujours l'incapacité au point de vue électoral. (Cass., 5 mars, 14 août 1850.)

Rébellion, outrages et violences envers des magistrats ou des agents de la force publique. Celui qui a été condamné à 3 mois d'emprisonnement et à une amende de 150 fr. pour *outrage* à des agents ou dépositaires de la force publique doit être écarté de la liste électorale. *L'outrage est un des trois cas prévus par l'art.* 9 *de la loi du* 31 *mai* 1850 (reproduit par l'art. 16 de la loi des 2-21 févr. 1852). *La loi n'attache pas à leur cumulation le caractère d'indignité qu'elle établit;* il suffit que la condamnation soit motivée sur l'un de ces faits, pour entraîner l'incapacité électorale de celui qui en a été l'objet. Cette condamnation a pour effet de rendre le condamné non recevable à exercer l'action accordée aux tiers en matière électorale. (Cass., 19 août 1850.)

Vol. Toute condamnation pour vol emporte la privation du droit électoral, quelle que soit la durée de l'emprisonnement qui en a été la conséquence. (Cass., 13 et 20 nov. 1850.)

— L'individu condamné à 13 mois d'emprisonnement pour détournement d'objets saisis sur lui et confiés à la garde d'un tiers, par application des art. 400 et 401 C. pén., est réputé condamné pour vol, et par conséquent frappé d'incapacité électorale. (Cass., 26 févr. 1851.)

CHAPITRE IV.

RÉVISION ANNUELLE ET RECTIFICATION DES LISTES ÉLECTORALES.

Section ii. — Rectification de la liste électorale dans le courant de l'année.

23. *Restrictions quant aux rectifications de cette nature.*
24. *Comment ces rectifications sont opérées.*

10. La liste électorale peut présenter des erreurs de plusieurs sortes, ou des lacunes. Des citoyens peuvent y avoir été portés sans titre ou sur des titres irréguliers; d'autres peuvent y avoir été omis; d'autre part, enfin, on peut avoir la certitude que, pendant les trois mois à courir, du 1er janvier au 31 mars, jour de la clôture définitive de la liste, des citoyens qui, jusque-là, n'avaient pas les qualités voulues, les auront acquises à cette dernière époque. Dans ces divers cas, il est indispensable de rectifier la liste ou de la compléter. La loi fournit les moyens de pourvoir à cette double exigence.

11. Sous l'empire des lois des 21 mars 1831, 19 avril de la même année, et 22 juin 1833, le droit électoral variait suivant qu'il s'agissait d'élections communales, législatives, d'arrondissement ou de département. Il y avait donc alors quatre sortes de listes électorales dont la rédaction exigeait, de la part des maires, une foule de formalités très-difficiles à remplir. Il n'existe plus aujourd'hui qu'un seul droit électoral, et ce droit est constaté, au profit de chaque citoyen, par l'inscription de son nom sur la liste électorale. Cette liste devient ainsi le premier élément de l'élection, puisqu'elle renferme les noms de tous ceux qui ont le droit d'y prendre part. Elle doit, ainsi que nous l'avons vu (*suprà*, n° 3), être dressée, dans chaque commune, conformément aux prescriptions de l'art. 13 du décret du 2 février 1852. Ce décret lui-même, auquel la loi du 5 mai 1855 se réfère, en ce qui concerne la confection des listes électorales, ordonne une *révision annuelle* de ces listes, *à l'époque et dans les délais fixés par la loi du 15 mars* 1849. C'est donc en définitive dans cette dernière loi que nous devons puiser les règles qui régissent toute cette matière. Nous allons les examiner.

12. La première de ces règles est la *permanence des listes*. Aux termes de l'art. 20 de la loi du 15 mars 1849, les listes électorales, une fois établies, sont permanentes; il ne peut y être fait de changement que lors de la *révision annuelle*. — Mais le principe de la permanence des listes n'empêche pas les rectifications résultant de décès ou de jugements devenus définitifs. Ces rectifications peuvent être faites *à toute époque de l'année*. (Décr., 2 fév. 1852, art. 8.) Ce que nous avons à dire des remaniements à faire subir aux listes électorales se divise donc naturellement en deux sections, l'une relative à la *révision annuelle*, l'autre aux *rectifications devenues nécessaires dans le courant de l'année, par suite de décès ou de jugements*.

SECTION I. — RÉVISION ANNUELLE.

13. Le travail relatif à la révision annuelle des listes électorales comprend une durée totale de trois mois (du 1ᵉʳ janvier au 31 mars). Dans le cours de cette période doivent s'accomplir les diverses opérations dont nous donnons ci-après le détail.

14. ADDITIONS. « Du 1ᵉʳ au 10 janvier de chaque année, le maire de chaque commune *ajoute* à la liste *les citoyens qu'il reconnaît avoir acquis les qualités exigées par la loi, ceux qui acquerront les conditions d'âge et d'habitation avant le 1ᵉʳ avril, et ceux qui auraient été précédemment omis.* (L. 15 mars 1849, art. 21, § 1.)

Les *qualités exigées par la loi* sont, indépendamment des *droits civils et politiques*, ainsi qu'on l'a vu (*suprà*, nᵒˢ 5 et 7), l'âge de 21 *ans accomplis* et *six mois de résidence dans la commune*. Les citoyens qui, au 1ᵉʳ janvier, remplissent ces conditions, doivent donc être inscrits sur la liste ; mais ce ne sont pas les seuls. Comme la liste ne doit être close que le 31 mars, la loi veut avec raison qu'on y inscrive tous les citoyens qui, antérieurement au 1ᵉʳ avril, devront avoir acquis les deux conditions d'âge et d'habitation requises. Ceci n'exige de la part du maire qu'une simple vérification de fait.

15. *Conditions d'âge.* Ainsi, par exemple, la *condition d'âge* pour les citoyens à inscrire sur la liste, du 1ᵉʳ au 10 janvier 1856, consiste à être né *antérieurement au 1ᵉʳ avril* 1835 ; — la condition de *résidence*, pour les mêmes, étant une habitation dans la commune qui remonte à *six mois au moins*, il faudra nécessairement que le citoyen qu'on voudra inscrire soit venu s'y établir *antérieurement au 1ᵉʳ octobre* 1855.

16. *Conditions de résidence.* Comme il arrive souvent qu'un nouveau domicilié est totalement inconnu, il sera prudent, avant de l'inscrire, d'exiger de lui la production d'un certificat du maire de sa précédente résidence, constatant qu'il était porté sur la liste des électeurs, et qu'au moment de son départ qui a eu lieu le. . . . . , il n'existait aucun motif personnel de l'en retrancher.

La liste doit indiquer l'âge de chaque électeur. L'indication de la date de la naissance satisfait à cette exigence de la loi, et se prête moins à des erreurs de transcription. On pourrait même, pour les électeurs âgés de plus de vingt-deux ans, se borner à indiquer le millésime de la naissance, et n'énoncer les jours et mois que pour les jeunes électeurs de 21 à 22 ans.

La condition d'une résidence de six mois étant formelle, il importe que la liste donne cette indication dans une colonne spéciale. Le mot *toujours* ou *continuel* suffira pour les élec-teurs originaires de la commune et ne l'ayant jamais quittée; mais il conviendra d'indiquer le *jour*, le *mois* et l'*année* pour les nouveaux domiciliés.

Le citoyen qui, après avoir habité dans une commune avec son père et sa mère, l'a quittée depuis plus d'un an pour suivre ces derniers dans leur nouvelle résidence, et qui ne revient dans son ancienne commune que pour son agrément personnel, est réputé n'y avoir pas conservé de résidence, et ne peut y être inscrit sur la liste électorale, lors même qu'il s'y trouverait porté sur la cote personnelle et mobilière, et qu'il ferait partie du conseil municipal. (Cass., 7 et 8 mai 1849.)

Quant aux noms des citoyens *précédemment omis*, la né-cessité de leur inscription ne peut faire la matière d'un doute.

Militaires et marins. Les militaires en activité de service et les hommes retenus pour le service des ports ou de la flotte, en vertu de leur immatriculation sur les rôles de l'inscription maritime, devront aussi être portés sur les listes électorales des communes où ils résidaient avant leur départ. Pour les jeunes gens entrés dans l'armée en vertu de l'appel, la commune de la résidence est celle qui se trouve indiquée dans les listes de recrutement; pour les engagés volontaires, c'est celle qu'ils ont déclarée dans leur acte d'engagement. — Le citoyen qui, avant d'être appelé au service militaire, avait son domicile chez son père, a conservé ce domicile,

bien que son père l'ait transféré dans une autre commune,
par suite, ce citoyen ne peut exercer son droit électoral que
dans le lieu de son domicile d'origine, s'il n'a pas acquis, par
six mois de résidence, le nouveau domicile de son père.
(Cass., 25 avril 1849.)

17. RADIATIONS. « Le maire *retranche* de la liste : 1° les
individus décédés ; — 2° ceux dont la radiation a été ordonnée par l'autorité compétente ; — 3° ceux qui ont perdu les
qualités requises par la loi ; — 4° ceux qu'il reconnaît avoir
été indûment inscrits, quoique leur inscription n'ait point été
attaquée. — Il tient un registre de toutes ces décisions, et y
mentionne les motifs et les pièces à l'appui. » (L. 15 mars
1849, art. 21, §§ 2, 3, 4, 5 et 6.)

Les radiations dont il est question sous le n° 1 ne doivent
être opérées que lorsque le décès a été constaté dans les formes indiquées par les art. 78, 79 et 80 C. Nap. — Les radiations mentionnées, dans l'article qui précède, sous les n° 2,
3 et 4, ont cela de commun qu'elles s'appliquent toutes à des
individus qui n'ont pas le droit d'être inscrits sur la liste
électorale. Il faut cependant se garder de les confondre. Les
radiations *ordonnées par l'autorité compétente* sont celles qui
ont lieu en vertu de décisions prises *par le juge de paix* (L. 2-
21 février 1852, art. 22), ou par la *C. de Cassation*, à la suite
de pourvois contre les décisions du juge de paix. (*Ibid.*,
art. 23.) — Le droit de statuer sur la *perte des qualités requises par la loi* n'appartient qu'aux tribunaux correctionnels ou aux cours d'assises ; quant aux radiations portées sous
le n° 4 de l'art. 21 de la loi du 15 mars 1849, il suffit, pour
qu'elles soient opérées, que le maire ait reconnu lui-même
l'irrégularité de l'inscription, *quoique cette inscription*, dit la
loi, *n'ait point été attaquée.*

Quelle qu'ait pu être la cause de la radiation opérée par le
maire, ce magistrat devra en tenir note dans un registre spécial où il devra mentionner, en même temps, les motifs de
cette mesure, en y joignant toutes les pièces à l'appui. (Inst.
min. int., 18 nov. 1853.)

18. *Rédaction et publication du tableau des additions et radiations.* Ce tableau, préparé par le maire, du 1er au 10 janvier,
ainsi qu'il vient d'être dit, est ensuite dressé du 10 au 14 du
même mois, afin d'être livré, le 15, à la publicité. — L'art. 2
du décret réglementaire du 2 février 1852 n'exige pas que

cette publication comprenne une liste électorale complète; il suffit que le tableau de rectification indiquè les retranche-ments et les inscriptions nouvelles.

19. *Forme du tableau de rectification.* Ainsi, le tableau de rectification comprendra deux parties distinctes sous les ti-tres : *Additions — Retranchements.* Il sera quelquefois util. d'en ajouter une troisième, sous le titre de *Rectifications*, pour des erreurs dans le nom, l'âge, etc., des électeurs in-scrits.

Dans le cas de radiation ou de rectification, on aura soin de rappeler sur le tableau le numéro d'ordre de la liste de l'année précédente. Le motif de la radiation sera mentionné succinctement en regard du nom de l'électeur. (Inst. min., 18 nov. 1853.)

20. *Dépôt du tableau de rectification. — Affiches annon-çant ce dépôt.* Le tableau de rectification doit être *déposé, au plus tard le 15 janvier, au secrétariat de la mairie,* pour y être communiqué à tout requérant qui pourra le copier et le reproduire par la voie de l'impression. Le maire dressera procès-verbal de ce dépôt. (L. 15 mars 1849, art. 4, 5 et 22.) — Il n'est pas nécessaire que les listes électorales soient pu-bliées par voie d'*affiches*; il suffit que la minute de ces listes reste déposée au secrétariat de la mairie pour être communi-quée à tout requérant. (C. d'État, 1er juin 1853.) *Des affiches donneront avis du dépôt de la liste électorale et du tableau de rectification,* et feront connaître que, *dans les 10 jours,* tout citoyen omis pourra réclamer son inscription, et que tout électeur inscrit sur une des listes de la circonscription pourra réclamer l'inscription ou la radiation de tout individu indûment inscrit ou indûment omis. Ces prescriptions résul-tent de la combinaison des art. 4 et 22 de la loi du 15 mars 1849, ainsi que d'une circulaire du ministre de l'intérieur, en date du 18 nov. 1853. — Comme la double formalité dont il s'agit ici est le point de départ du délai de 10 jours dans lequel la loi circonscrit le droit de réclamation, il importe qu'elle soit très-exactement accomplie. Voici une formule qui pourra servir à cet effet :

Tableau de rectification de la liste électorale de la commune de

Nous, maire de la commune de   certifions que le tableau de rectification de la liste des électeurs, dressé en vertu des dispositions de l'art. 22 de la loi du 15 mars 1849, a été déposé au secrétariat de la mairie, le   du présent mois. Les habitants de la commune sont prévenus que toute réclamation qu'on aurait à former, soit pour omission, soit pour inscription irrégulière sur ce tableau, devra nous être adressée *dans les dix jours*, conformément à la loi, c'est-à-dire avant le   , à minuit, au plus tard.

Fait à   .   , le   18   .

                   Le Maire,

21. *Envoi à faire au sous-préfet.* Un exemplaire de l'affiche mentionnée au numéro précédent pourra tenir lieu du *procès-verbal* dont l'envoi au sous-préfet est prescrit par les art. 5 et 22 combinés de la loi du 15 mars 1849, en même temps que celui d'une *copie du tableau de rectification*. — Ces deux pièces sont transmises, dans les deux jours, par le sous-préfet au préfet. — Si le préfet estime que les formalités et les délais prescrits par la loi n'ont pas été observés, il devra, dans les deux jours de la réception du tableau, déférer les opérations du maire au conseil de préfecture du département, qui statuera dans les trois jours et fixera, s'il y a lieu, le délai dans lequel les opérations annulées devront être refaites. (L. 15 mars 1849, art. 6.)

22. *Registre des réclamations et récépissés. — Formules.* « Il sera ouvert, dans chaque mairie, un registre sur lequel les réclamations seront inscrites par ordre de date ; le maire devra donner *récépissé* de chaque *réclamation*. » (L. 15 mars 1849, § 2, art. 7.) Ce registre devra, dans les villes très-populeuses, être dressé en autant d'exemplaires qu'il y a de cantons. Il sera ouvert le jour même de la publication du tableau de rectification.

Les réclamations devront nécessairement être formées par écrit, et contenir, lorsqu'il s'agira de radiations, l'énoncé des motifs sur lesquels elles seront fondées. Elles peuvent être rédigées dans cette forme :

A monsieur le maire de la commune de

Le soussigné, propriétaire à   , a l'honneur de vous exposer (*énoncer les faits*). Il demande, en conséquence, (*à être inscrit sur la liste électorale*, — ou bien que le nom de M.   *soit rayé de la liste électorale de la commune de*   ).

                   (*Signature.*)

On pourra, pour le *registre des réclamations* et les *récépissés* que doit donner le maire, d'après la disposition qui précède, adopter les formules suivantes :

REGISTRE des réclamations adressées à la Mairie contre la teneur de la liste électorale.

DÉPARTEMENT d

ARRONDISSEMENT d

   CANTON d

   COMMUNE d

NUMÉROS D'ORDRE.	NOMS, PRÉNOMS et demeure du réclamant.	DATES ET MOTIFS de la réclamation.	PIÈCES DÉPOSÉES.	OBSERVATIONS.

  — Le maire de la commune de   certifie avoir reçu de M.   , à la date du   , une demande tendant à obtenir que (*indiquer le motif*)   sur la liste électorale de la commune.

                                 (*Signature.*)

La liste électorale ne peut être considérée comme définitive qu'à partir du jour où elle a été close. Jusque-là, l'inscription de tout électeur pouvant être attaquée et annulée, suivant les formes déterminées par la loi, ne peut équivaloir qu'à une présomption du droit de voter. Ce droit n'est irrévocablement acquis que par *la clôture définitive des listes*, laquelle a lieu le 31 mars, sauf toutefois les *radiations* qui seraient devenues nécessaires par suite de faits survenus dans le courant de l'année.

SECTION II. — RECTIFICATION DE LA LISTE ÉLECTORALE DANS LE COURANT DE L'ANNÉE.

23. L'opération de la *révision annuelle* de la liste électorale est, ainsi qu'on l'a vu dans la section précédente, terminée le 31 mars. A partir de cette époque « la liste électorale reste, jusqu'au 31 mars de l'année suivante, telle qu'elle a été arrêtée, sauf néanmoins les changements ordonnés par décisions du juge de paix, et sauf aussi la radiation des noms des électeurs décédés, ou privés des droits civils et politiques, par jugements ayant force de chose jugée. » (Décr. régl. 2-21 fév. 1852, art. 8.)

24. Les changements, qui surviennent dans la position
des habitants de la commune, électeurs ou non, dans l'inter
valle qui s'écoule entre la publication de la liste et la clôture
des opérations électorales, et qui motivent la rectification des
listes, sont de deux sortes : — Des citoyens qui, à l'époque
de la révision annuelle de la liste, ne possédaient pas les
qualités voulues pour être électeurs, se trouvent les avoir
acquises, soit par l'accomplissement de leur vingt et unième
année, soit par le complément d'une résidence de six mois,
soit par la collation des droits civils et politiques qui leur
manquaient. D'autres citoyens ont, au contraire, cessé de
remplir les conditions sans la réunion desquelles on ne peut
exercer le droit électoral. — Les premiers doivent être inscrits; les seconds, être rayés. — Ces opérations peuvent
être faites à toute époque de l'année. (Décr. régl., 2-21 février
1852, art. 8.)

CHAPITRE V.

RÉCLAMATIONS CONTRE LA TENEUR DES LISTES.

25. *Causes qui donnent ouverture au droit de réclamation.*
En principe de droit, nul n'est admis à se plaindre que des

griefs qui le touchent personnellement ; mais ce principe n'a
rien d'inconciliable avec la disposition que nous venons de
transcrire. Chaque électeur inscrit sur l'une des listes départementales qui concourent aux élections du Corps législatif
a, en effet, un intérêt direct et personnel à ce que ces listes
soient pures de toute illégalité. — Ainsi, 1° « Tout citoyen
omis sur la liste pourra, dans les 10 jours, à compter de
l'apposition des affiches, présenter sa réclamation à la mairie ; — 2° Dans le même délai, *tout électeur inscrit sur l'une
des listes du département pourra réclamer la radiation ou
l'inscription de tout individu omis ou indûment inscrit.* »
(L. 15 mars 1849, art. 7, § 1.)

26. *Limite au droit de réclamation.* Aux termes de l'art. 34
de la loi du 21 mars 1831, aucune réclamation contre la
teneur des listes ne pouvait être formée qu'à l'effet de
provoquer l'inscription ou la radiation de tel ou tel électeur déterminé. Le Conseil d'État avait, en conséquence,
décidé par de nombreux arrêts (17 nov. 1843, 23 déc. 1845,
26 août 1846) qu'il y avait lieu de déclarer non recevable
la réclamation fondée sur de *prétendues irrégularités générales* de forme qui auraient été commises dans la confection des listes. Les prescriptions de la loi du 15 mars 1849
étant restées les mêmes sous ce rapport, les mêmes règles
doivent encore être suivies dans tous les cas de même nature. (Cass., 6, 11 nov. 1850 et 10 mars 1851.) — Il doit
aussi être bien entendu qu'en accordant aux tiers le droit de
poursuivre l'inscription de tout individu omis, ou la radiation de tout individu indûment inscrit, la loi du 15 mars a
voulu que ces individus fussent désignés, *nominativement* et
non d'une manière collective, à l'autorité chargée de dresser
les listes électorales. (Cass., 25 avr. 1849, 6, 11 nov. 1850 et
10 mars 1851.)

27. *Réclamations des tiers.* Aux termes de l'art. 34 de
la loi du 21 mars 1831, tout individu omis sur la liste pouvait, pendant un mois, à dater de l'affiche, présenter sa réclamation à l'effet d'y être inscrit. — Dans le même délai, tout
électeur inscrit sur la liste pouvait réclamer contre l'inscription
de tout individu qu'il considérait comme indûment porté. —
Mais le citoyen omis était seul apte à réclamer son inscription ;
nul autre ne pouvait le faire pour lui. Ainsi l'*action des tiers*,
qui s'exerçait de la part des électeurs inscrits, était restreinte

aux seules *radiations*. Il n'en est plus de même aujourd'hui ; le droit de demander, soit une radiation, soit une inscription, appartient à tout électeur *inscrit sur l'une des listes du département*. (L. du 15 mars 1849, art. 7, § 2.)—Seulement, pour pouvoir user de cette faculté, le réclamant devra joindre à sa demande un certificat du maire de sa commune attestant sa qualité d'électeur. — Suivant l'art. 10 du décret organique, le droit de demander une inscription appartient pareillement au sous-préfet et au préfet.

28. *Avis à donner à l'électeur attaqué.* Le maire avertira l'électeur dont l'inscription est contestée, pour qu'il ait à présenter ses observations. Cet avertissement sera donné *sans frais* et contiendra l'indication sommaire des motifs de la demande en radiation. (L. 15 mars 1849, art. 7 et 8.) — A moins toutefois qu'il ne soit *absent*. — Cette restriction portée dans une circulaire du 10 mai 1831, nous paraît subsister encore.

29. *Formation de la commission municipale chargée de juger les réclamations.* « Les réclamations seront jugées, *dans les cinq jours*, par une commission composée, à Paris, du maire et de deux adjoints ; partout ailleurs, *du maire et de deux membres du conseil municipal, désignés à cet effet par le conseil.* » (L. 15 mars 1849, art. 8, § 2.)

Pour l'accomplissement de cette prescription, il est indispensable que le conseil municipal soit réuni en temps utile pour élire les deux de ses membres qui formeront, avec le maire, la commission chargée de juger les réclamations.

Procès-verbal de l'élection de la commission municipale. — *Formule.* Le conseil municipal, réuni sous la présidence du maire, élit, à la majorité des suffrages, les deux membres de la commission, et le secrétaire du conseil dresse de cette opération un procès-verbal qui peut être conçu en ces termes :

L'an mil huit cent   , le   du mois d le conseil municipal de la commune d   , assemblé au lieu ordinaire de ses séances, sous la présidence de M. (*nom, prénoms et qualités*), en suite de la convocation faite en vertu de l'autorisation de M. le préfet, en date du

Présents :

M.

M.

M.

M.   a été élu secrétaire au scrutin et à la majorité absolue des suffrages.

M. le président a dit que, conformément aux dispositions de l'art. 8, § 2, de la loi du 15 mars 1849, le conseil avait à nommer une commission de deux de ses membres, pour assister M. le maire dans ses décisions sur les réclamations relatives à la formation de la liste des électeurs communaux.

Le conseil municipal, prenant en considération la proposition de M. le président, procède immédiatement à un tour de scrutin où MM.   obtiennent la majorité des suffrages. Ces messieurs sont en conséquence déclarés membres de la commission dont il s'agit : Et ont les conseillers présents signé après lecture, à l'exception de MM.

Fait à   , les jour, mois et an susdits.

— Dans les communes dont le conseil est dissous, la commission, chargée de juger les réclamations, doit se composer du maire et de l'adjoint ou des deux adjoints de la commune. S'il n'y a qu'un adjoint, le conseil municipal provisoire choisira lui-même dans son sein le second assesseur; s'il y a plusieurs adjoints, deux d'entre eux seront également désignés par la commission provisoire. S'il n'existait pas de commission provisoire, le préfet désignerait le citoyen de la commune qui devrait remplir les fonctions de second assesseur, ou choisirait lui-même parmi les adjoints les deux qui doivent assister le maire. (Inst. min. int., 24 mars 1852.)

Présidence. Le maire préside de droit cette commission, dont les décisions sont prises à la majorité des suffrages. — La commission devra s'occuper des réclamations aussitôt qu'elle en aura reçu, et statuera, dans le délai de cinq jours, au plus tard, à dater de leur réception. (L. 15 mars 1849, 8.)

30. *Solution d'une question sur la composition de la commission municipale.* D'après l'art. 35 de la loi du 21 mars 1831, les réclamations formées contre la teneur des listes électorales étaient jugées par le maire, qui prononçait *après avoir pris l'avis d'une commission de trois membres du conseil municipal*, également délégués à cet effet par le conseil municipal lui-même. Lorsque cette règle était en vigueur, un conseil municipal refusa de nommer la commission de trois membres qui devait assister le maire, et, sur ce refus, le maire statua seul. Sa décision fut attaquée comme incompétemment rendue; mais le Conseil d'État, par un arrêt du 30 déc. 1843, la maintint comme régulière. — Si un tel refus se présentait aujourd'hui de la part du conseil municipal le maire serait-il encore apte à prononcer seul? Non, sans doute. Il existe une très-grande différence entre le pouvoir que la loi du 21 mars 1831 attribuait aux maires, et la situation que lui a faite la loi du 15 mars 1849. D'après la première, il statuai seul, *après avoir pris l'avis de la commission.* Aujourd'hui, au contraire, les réclamations sont *jugées par une commission composée du maire et de deux membres du conseil municipal.* Le maire préside, il est vrai, cette commission, mais les décisions s'y prennent à la majorité des suffrages, et la voix du maire n'y pèse pas plus que celle des conseillers. Si le cas dont il s'agit se renouvelait, il ne resterait donc, à notre avis, d'autre moyen de résoudre la difficulté que de *suspendre* le conseil municipal et de le remplacer par une commission municipale provisoire, qui nommerait deux de ses membres pour assister le maire conformément à la loi.

Lorsque, par suite de la dissolution du conseil municipal, et de la révocation du maire et des adjoints, il y a impossibilité d'organiser la commission municipale, suivant la prescription de la loi, le maire et les adjoints nommés par le pouvoir exécutif sont compétents pour connaître des réclamations en matière électorale. (Cass., 19 août 1850.) — Enfin, si la commission municipale ne pouvait être composée, le préfet désignerait lui-même les citoyens qui devraient assister le maire en qualité d'assesseurs. (Circ. min. int., 24 mars 1852.)

31. *Délai des réclamations à former devant la commission municipale.* Les réclamations contre la teneur des listes doivent être formées, ainsi qu'on l'a vu plus haut, n° 29, dans le délai de 5 jours. La nécessité, pour les parties intéressées de former leurs réclamations dans ce délai est absolue. — Ainsi, après l'expiration de ces 5 jours, la commission municipale doit débouter les réclamants de leur demande. (Orléans, 8 nov. 1845.)

Il est évident que ce délai de 5 jours ne peut commencer que le lendemain du jour où l'avertissement donné, par le maire, en vertu de l'art. 8 de la loi du 15 mars 1849, est parvenu à la partie intéressée. Sans cela cette partie aurait moins de 5 jours pour former sa réclamation, ce qui serait contraire à la loi.

32. *Jugement des réclamations.* La commission municipale, sous la présidence du maire, statue sur les réclamations à la majorité des voix.

Voici dans quelle forme on peut énoncer quelques-unes des décisions de cette commission.

I. — Inscription d'un électeur sur sa demande.

La commission municipale instituée dans la commune de conformément aux dispositions de l'art. 8, § 2, de la loi du 15 mars 1849, à l'effet de statuer sur les réclamations formées contre la teneur de la liste électorale de cette commune ;

Vu la réclamation présentée le   , par laquelle le sieur (*nom, prénoms, profession ou fonctions, demeure, date de la naissance, date du domicile dans la commune*) demande son inscription sur la liste des électeurs municipaux ;

Vu (*citer chacune des pièces justificatives jointes à la réclamation*) ;

Considérant que les droits du réclamant à l'inscription qu'il demande sont suffisamment justifiés, et qu'il n'est lui-même dans aucun des cas d'exclusion prévus par la loi ;

Arrête : Le sieur   sera inscrit sur la liste des électeurs de la commune de   , section de

Fait à   le

Les conseillers municipaux.   **Le Maire.**

II. — Demande en radiation par un tiers.

La commission municipale, etc. ;

Vu la demande présentée le   par le sieur inscrit au n°   de la liste électorale, à l'effet d'en faire retrancher le sieur   inscrit au n°   , par le motif que ce dernier (*énoncer clairement le motif*) ;

Vu (*citer les pièces justificatives*) ;

Vu la réponse du sieur   faite à la suite de la communication de la demande qui l'intéresse ;

Considérant (*que la demande soit admise ou rejetée, formuler avec clarté et précision les considérations qui déterminent la décision*),

Arrête : La demande du sieur   est rejetée.

Ou bien : Le nom du sieur   sera retranché de la liste électorale.

Fait à   le

Les conseillers municipaux.   **Le Maire.**

III. — Rejet d'une demande en inscription.

La commission municipale, etc. :

Vu la réclamation présentée le   , par laquelle le sieur (*nom, prénoms et profession*) demande son inscription sur la liste des électeurs municipaux ;

Vu (*viser chacune des pièces justificatives produites*) ;

Considérant (*il importe que le ou les considérants soient formulés avec précision*),

Que le réclamant étant né le   , n'aura accompli sa vingt et unième année qu'après le jour fixé pour la réunion des électeurs ;

Ou bien : que le réclamant ne justifie pas de son âge et qu'il demeure

3

incertain s'il aura ou non atteint sa vingt et unième année au jour des élections;

Ou bien, que le domicile du réclamant dans la commune ne date que du

Ou enfin, que le réclamant, résidant alternativement dans cette commune et dans celle de　　　　　　, ne justifie pas avoir fait la double déclaration prescrite par l'instruction ministérielle du 19 mars 1849. (V. *suprà*, n° 7, *in fine*);

　　Arrête : La demande du sieur　　　　　　　　est rejetée.

　　Fait à　　　　　　　　le

　Les conseillers municipaux.　　　　　　　　*Le Maire.*

Nous pourrions multiplier ces exemples, mais les précédents nous paraissent suffire.

33. *Notifications des décisions.* Les décisions de la commission devront être notifiées, *dans les trois jours de leur date*, aux parties qu'elles intéressent, par le ministère d'un *agent assermenté.* (L. 15 mars 1849, art. 9, § 1.) — L'agent assermenté dont il s'agit ici est ordinairement un *gendarme*, un *garde champêtre*, ou même un *valet de ville* ou *appariteur.*

34. *Appel des décisions de la commission municipale.* **Les parties intéressées** pourront appeler des décisions de la commission municipale. (L. 15 mars 1849, art. 9, § 2.)

Les mots *parties intéressées* s'appliquent non-seulement aux citoyens que la décision de la commission municipale atteint personnellement, mais encore à tous les électeurs de la commune; car il entre dans l'esprit de la loi électorale de donner à tous les citoyens inscrits sur la liste la faculté de réclamer, par toutes les voies de droit, la radiation des inscriptions indûment admises. Or ils ne pourraient user facilement de cette faculté s'ils n'avaient pas le droit d'interjeter directement appel des décisions de la commission municipale qui ne leur paraissent pas devoir être maintenues. (Cass., 22 janv., 26 février, 6 mai 1851.)

35. *Délai de l'appel.* L'appel doit être formé *dans les cinq jours de la notification donnée aux parties.* (L. 15 mars 1849, art. 9, § 2.) Ce mot de *parties* ne peut s'entendre ici que des citoyens personnellement intéressés dans la décision, car c'est à eux seuls qu'elle est *notifiée.* A l'égard des autres, le délai doit courir du jour où la décision est rendue.

Point de départ. En disant que l'appel sera formé *dans les cinq jours*, la loi comprend-elle dans ce délai *le jour de la notification* et celui de *l'échéance?* Cette question a été résolue affirmativement par un arrêt de la C. de cass., du 26 juin 1830, d'après le principe établi par l'art. 1033, C. pr. civ., que « le jour de la signification ni celui de l'échéance ne sont jamais comptés dans le délai général fixé pour les ajournements, les citations, les sommations, *et autres actes faits à personne ou à domicile.* » Mais d'autres arrêts ont décidé avec raison, ce nous semble, que l'art. 1033, C. pr. civ., ne pouvait être applicable à cette matière exceptionnelle. (Bastia, 8 déc. 1835 ; Montpellier, 14 nov. 1845.)

L'appel étant, en principe, suspensif, du moment qu'il n'y est pas formellement dérogé, l'électeur dont la radiation est prononcée par une décision frappée d'appel conserve le droit de voter jusqu'à ce que son appel ait été jugé ; il en est de même de celui dont la réclamation a été rejetée, tant que la notification ne lui a pas été faite et jusqu'au jour de l'élection. (L. 15 mars 1849, art. 43.)

Formalités à remplir pour les actes d'appel. En disant que l'appel sera fait par *simple déclaration au greffe*, la loi ne prescrit évidemment aucune forme spéciale pour le constater. Il suffira donc que le greffier adresse à l'appelant un simple récépissé de sa déclaration, et il n'est pas nécessaire que le greffier dresse un acte d'appel signé de l'appelant. (Cass., 30 juill. 1849. — V. *infrà*, n° 36.)

36. *A quelle autorité appartient-il de statuer sur l'appel ?* L'art. 10 de la loi du 15 mars 1849 est ainsi conçu : « L'appel sera porté *devant le juge de paix* du canton ; il sera formé par simple déclaration au greffe ; le juge de paix statuera *dans les dix jours, sans frais ni forme de procédure, et sur simple avertissement donné, trois jours à l'avance, à toutes les parties intéressées.* — Toutefois, si la demande portée devant lui implique la solution préjudicielle d'une question d'état, il renverra préalablement les parties à se pourvoir devant les juges compétents, et fixera un bref délai dans lequel la partie qui aura élevé la question préjudicielle devra justifier de ses diligences. — Il sera procédé en cette circonstance conformément aux art. 855, 856 et 858, C. pr. civ. »

— Le juge de paix est donc incompétent pour statuer sur les questions d'état ou de nationalité. Il est en conséquence tenu de surseoir et de renvoyer devant les juges compétents, lorsque l'appel dont il est saisi soulève une question d'état, par exemple, une question d'*extranéité*. Il viole les règles de sa compétence s'il décide que l'individu dont l'inscription est attaquée doit être maintenu sur la liste, attendu que, bien qu'étranger, il a satisfait à toutes les obligations que les lois politiques imposent aux Français, et notamment au recrutement. (L. 15 mars 1849, art. 10; Cass., 13 et 20 nov. 1850; 26 août et 9 déc. 1850.)

Mais il a le droit de décider, en dernier ressort, les questions d'identité de personnes. (Cass., 13 nov. 1850.)

Il y a lieu de remarquer ici que la question de savoir si une condamnation emportant incapacité du droit de voter s'applique à celui dont on demande l'élimination, n'est pas une question d'état qui oblige le juge de paix à surseoir, mais une simple question d'identité de personne qui est de sa compétence exclusive. Le sursis prononcé en pareil cas constituerait une fausse application de la loi électorale et une violation des règles de la compétence. (Cass., 19 nov. 1850.)

— Les jugements rendus par le juge de paix en matière électorale sont nuls, comme en matière ordinaire, si on n'y a pas fait mention de l'assistance du greffier. (Cass., 19 août 1850.)

— Il ne faut pas perdre de vue que le juge de paix doit connaître, *seulement par voie d'appel*, de ce qui touche à la confection des listes électorales. Ce magistrat est donc toujours incompétent pour statuer *de plano* sur une demande d'inscription ou de radiation au sujet de laquelle la commission aurait omis ou refusé de prendre une décision. (Cass., 15 mai 1849.)

— Les magistrats de l'ordre judiciaire ne peuvent s'immiscer dans l'examen de la légalité des actes de l'autorité administrative. Par suite, un juge de paix appelé à statuer sur un appel en matière électorale, est incompétent pour connaître de la légalité de la commission qui a prononcé en premier ressort. (Cass., 12 nov. 1850 et 15 janv. 1851.)

— Le maire et les membres de la commission municipale institués pour statuer sur les réclamations en matière électorale n'ont pas qualité pour appeler devant le juge de paix de la décision à laquelle ils ont pris part. On ne peut pas en effet figurer dans une même instance comme juge et partie.

(Cass., 14 mai, 21, 28 août et 20 nov. 1850.) — Il en serait autrement si le maire interjetait appel, en qualité de simple électeur, d'une décision à laquelle il n'aurait pas concouru. (Cass., 10 févr. 1851.)

— La simple protestation contre l'inscription d'un citoyen sur la liste électorale ne suffit pas pour constituer celui qui l'a faite comme partie devant la commission municipale. Conséquemment il n'y a pas lieu de le faire intervenir dans l'instance d'appel devant le juge de paix. (Cass., 25 févr. 1851.)

37. *Recours en cassation.* « La décision du juge de paix sera en dernier ressort, mais elle pourra être déférée à la Cour de cassation. — Le pourvoi ne sera recevable que s'il est formé *dans les dix jours* de la notification de la décision ; il ne sera pas suspensif. — Il sera formé par simple requête, dispensé de l'intermédiaire d'un avocat à la Cour, et jugé d'urgence sans frais ni consignation d'amende. » (L. 15 mars 1849, art. 11 et 12.)

En matière électorale, un électeur ne peut déférer à la C. de cassation une décision dans laquelle il n'a point été partie. C'est ce que décide un arrêt de cette Cour, du 30 juill. 1851, ainsi conçu : « Attendu que la loi électorale du 15 mars 1849, qui porte, art. 11, que la sentence du juge de paix pourra être déférée à la C. de cass., ne déroge point au principe général d'après lequel nul ne peut attaquer, par cette voie extraordinaire, un jugement *dans lequel il n'a pas été partie;* — Attendu que Duffau, qui s'est pourvu en cassation contre le jugement du juge de paix de Maubourguet (Hautes-Pyrénées), en date du 4 févr. 1851, n'était pas intervenu devant la commission municipale de Lahitte-Toupière sur la réclamation de Jean Darré; qu'il n'était pas non plus intervenu, comme il en avait également le droit devant le juge de paix, sur l'appel dudit Jean Darré. — Déclare : Duffau non recevable dans son pourvoi. »

— Est également non recevable le pourvoi formé, en matière électorale, non par la partie intéressée elle-même ou par son fondé de pouvoir, mais au moyen d'une simple lettre missive adressée par un tiers. (Cass., 10 déc. 1850.)—Le maire d'une commune n'est pas recevable à se pourvoir en cassation contre le jugement du juge de paix qui a infirmé la décision à laquelle il avait concouru comme membre de la commission municipale. On ne peut pas figurer dans une même instance comme juge et partie. (Cass., 14 mai 1849, 12 août et 20 nov. 1850.)

— Un préfet est aussi non recevable, en cette qualité, à se pourvoir en cassation contre les décisions du juge de paix rendues en matière électorale. Il ne peut pas être considéré comme un *tiers*, et, d'ailleurs, les tiers ne sont admis à se pourvoir en cassation que lorsqu'ils ont été parties devant la commission municipale ou devant le juge de paix. (Cass., 18 et 20 nov. 1850.)

— Il n'est pas permis de produire devant la Cour de cassation des pièces qui n'auraient pas été mises sous les yeux du juge de paix, fussent-elles de nature à prouver le droit du réclamant. (Cass., 6 août 1850.)

— Le citoyen auquel a été régulièrement notifié le jugement du juge de paix est non recevable à se pourvoir en cassation lorsqu'il a laissé expirer le délai de dix jours, fixé par l'art. 12 de la loi du 15 mars 1849. (Cass., 10 mars 1851.)

Opposition. Le jugement rendu par le juge de paix n'est pas susceptible d'*opposition* de la part des électeurs qui, devant la commission municipale, s'étaient présentés pour contester l'inscription d'un citoyen sur la liste électorale, et en demander la radiation. En effet, l'art. 11 de la loi du 15 mars 1849, après avoir dit que la décision du juge de paix sera en dernier ressort, n'ouvre aux parties, pour l'attaquer, que la voie du recours en cassation. D'où la conséquence que tout autre recours est interdit. D'ailleurs, si l'intention du législateur eût été d'admettre l'opposition au jugement du juge de paix, il eût déterminé le délai dans lequel elle aurait dû être formée. (Cass., 14 avril 1851.)

38. *Dispense de timbre et de frais d'enregistrement.* Tous les actes judiciaires seront, *en matière électorale*, dispensés du timbre, et enregistrés gratis. (L. 15 mars 1849, art. 13.)

39. *Clôture de la liste électorale.* Vers les derniers jours du mois de mars, le maire consultera la liste primitive, le tableau de rectification publié le 15 janvier, les décisions de la commission municipale, celles du juge de paix et les arrêts de la Cour de cassation, s'il en est intervenu; de plus, il retranchera les noms des électeurs dont le décès, survenu depuis la formation du tableau de rectification, sera dûment constaté, ou qu'un jugement ayant acquis force de chose

jugée aurait privés du droit de vote. Au moyen de ces
éléments, il dressera en un seul contexte, et par ordre
alphabétique, la liste électorale, laquelle sera déposée au
secrétariat de la commune pour être communiquée à tout
requérant. Cette liste servira jusqu'au 31 mars de l'année
suivante, sauf les radiations pour cause de décès ou de perte
des droits civils et politiques.

40. *Résumé général des époques auxquelles devront avoir
lieu les diverses opérations de la révision des listes.* On voit,
d'après tout ce qui précède, que la clôture des listes devant
avoir lieu le 31 mars, il reste un intervalle de trente-neuf jours
entre la dernière des opérations ordinaires de la révision et
le jour où le maire opère toutes les rectifications régulièrement ordonnées, arrête la liste et la transmet au préfet. Cet
intervalle permettra : 1° d'exercer devant la Cour de cassation
le droit de recours ouvert contre les décisions des juges de
paix ; 2° de faire recommencer par le maire les opérations
relatives à la formation du tableau annuel de rectification, au
cas où le conseil de préfecture les aurait annulées sur la proposition du préfet.

Ainsi, les divers délais dont il vient d'être parlé, pour toutes
les opérations que la révision des listes comporte, se résument
dans le tableau suivant :

	NOMBRE des jours.	TERME des opérations.
Préparation du tableau de rectification..............	10	10 janvier.
Délai accordé pour dresser le tableau de rectification..	4	14 d°
Publication du tableau de rectification..............	1	15 d°
Délai ouvert aux réclamations....................	10	25 d°
Délai pour les décisions de la commission municipale.	5	30 d°
Délai pour la notification des dernières décisions de la commission	3	2 février.
Délai d'appel devant le juge de paix...............	5	7 d°
Délai pour les décisions du juge de paix	10	17 d°
Délai pour les notifications des décisions du juge de paix.	3	20 d°
Délai pour les recours en cassation et pour une nou- velle confection de la liste annulée..............	39	31 mars.
	90	

La liste électorale ne peut être considérée comme définitive
qu'à partir du jour où elle a été close ; jusque-là, l'inscrip-

tion de tout électeur pouvant être attaquée et annulée, suivant les formes déterminées par la loi, ne peut équivaloir qu'à une présomption du droit de voter. Ce droit n'est irrévocablement acquis que par la clôture définitive des listes qui a lieu le 31 mars, sauf toutefois les *radiations* qui seraient devenues nécessaires par suite de faits survenus dans le courant de l'année.

CHAPITRE VI.

DES ASSEMBLÉES D'ÉLECTEURS COMMUNAUX.

41. « L'assemblée des électeurs est convoquée par le préfet. » (L. 5 mai 1855, art. 27.) — Cette disposition laisse au préfet une grande latitude. Il peut, suivant les circonstances, prendre un arrêté général pour la convocation simultanée des électeurs de toutes les communes, comme aussi les convoquer à des jours différents par des arrêtés spéciaux et successifs.

Un préfet pourrait même, par son arrêté de convocation, autoriser les sous-préfets, pour les communes où des circonstances imprévues rendraient les élections impossibles à l'époque fixée, à changer le jour de la convocation des électeurs, en mentionnant, dans un arrêté pris à cet effet, les motifs de l'exception. — Par suite de cette délégation, les sous-préfets sont fondés à renvoyer, pour des motifs d'ordre public, à un jour plus éloigné, les élections fixées par le préfet à un jour plus rapproché. (C. d'État, 29 juin 1847.)

42. *Mode de la convocation.* L'arrêté de convocation du préfet n'indiquant que le jour de l'assemblée, il reste à faire connaître aux électeurs l'heure et le lieu de la réunion (s'il y a plusieurs sections. — V. *infrà*, n° 45), ainsi que le nombre de conseillers à y nommer. Ces indications indispensables peuvent être données au moyen de cartes individuelles ou par un avis. Il convient que les cartes soient expédiées, ou l'avis publié et affiché, le jour même de la publication de la liste. L'avis peut être conçu comme il suit :

MAIRIE DE

AVIS AUX ÉLECTEURS.

MM. les électeurs de (*indication de la commune ou du n° de la section*) sont prévenus qu'en exécution d'un arrêté de M. le préfet du département, en date du   , ils sont convoqués dans la salle de   pour le   du mois courant, à l'effet d'élire conseillers municipaux. La séance s'ouvrira à   heures du matin et sera fermée à   heures du soir.

A   le   185

Le Maire.

On pourra y joindre, si l'on veut, des avis publiés à son de trompe ou de tambour.

La convocation des électeurs à domicile (même celle des électeurs forains) n'est pas nécessaire, lorsque le jour et l'heure de la réunion électorale ont été indiqués par affiches et publications. (C. d'État, 17 juin 1835, 24 juill. 1847, 30 juill. 1853.) Il peut même suffire que le jour et l'heure de la réunion aient été annoncés dans la forme accoutumée (par exemple, par le garde champêtre appelant le public avec une sonnette). (C. d'État, 18 févr. 1836.)

Le fait que la convocation des électeurs n'aurait été séparée de la réunion électorale que par un seul jour d'intervalle, n'est pas de nature, lors même qu'il serait justifié, à faire

prononcer la nullité des opérations. (C. d'État, 27 févr. 1836.)
Dans l'espèce, il paraît que l'arrêté du préfet qui fixait le
jour de la réunion, n'était parvenu que tardivement au maire,
qui, du reste, avait pris toutes les mesures à sa disposition
pour faire connaître le plus promptement possible aux électeurs le jour de la réunion.

Mais l'avertissement verbal, donné par le maire aux électeurs, du jour et de l'heure de la réunion de l'assemblée
électorale, ne constitue pas, en l'absence de toute publication,
une convocation régulière et suffisante. (C. d'État, 3 août
1849.)

— La fixation des opérations électorales, à une heure qui a
pu rendre impossible à un grand nombre d'électeurs toute
participation auxdites opérations, peut aussi être une cause
de nullité de l'élection. (C. d'État, 3 août 1849.)

Les erreurs commises dans les lettres de convocation,
quant à la date du jour où l'élection doit avoir lieu, pourraient
certainement être un grief suffisant pour faire annuler l'élection. — Toutefois, si les électeurs dont les lettres portaient
une indication de jour inexacte, avaient pris part à l'élection,
ou bien si cette inexactitude n'était pas suffisamment justifiée,
ou bien enfin s'il était reconnu que les erreurs commises ont
été sans influence sur les opérations électorales, l'élection
faite dans ces circonstances pourrait être maintenue. (C. d'État,
29 juin 1847.)

43. *Indication du local et de l'heure de l'élection.* Il appartient au maire de désigner le *local* de la réunion et *l'heure*
à laquelle commencera la séance. Ce magistrat devra prendre
les moyens les plus propres à ce que chaque électeur soit
informé de l'heure de la réunion, comme aussi à ce que les
opérations électorales commencent à l'heure indiquée. —
Toutefois, le fait de l'ouverture de ces opérations deux heures
plus tard qu'il n'avait été annoncé, n'est pas de nature, lors
même qu'il serait justifié, à faire prononcer la nullité des
opérations. (C. d'État, 27 février 1836.) Dans l'espèce de cet
arrêt, l'assemblée devait se réunir dans l'église, et avant de
procéder aux opérations électorales, on avait célébré une
messe, à laquelle les électeurs avaient assisté et qui s'était
prolongée plus qu'on n'avait prévu.

Quant au local, les élections ne peuvent être annulées, par
le motif qu'elles ont eu lieu dans une maison autre que la

mairie, lorsque la désignation de cette maison, choisie par
le maire pour la tenue de l'assemblée, avait été portée à la
connaissance des électeurs par une publication faite avant le
commencement des opérations électorales. (C. d'État, 8 avril
1847.)

Il en serait ainsi, lors même que la maison choisie par le
maire serait celle de l'adjoint (C. d'État, 29 juin 1847); — ou
une simple grange. (C. d'État, 29 juin 1847.) — Mais le choix
fait par le maire de sa propre maison pour la tenue de l'assemblée électorale, malgré les ordres contraires de l'administration, constitue une cause de nullité des opérations, s'il
a eu pour effet de porter atteinte à la liberté des suffrages
(C. d'État, 1er déc. 1849.)

44. *Durée de l'élection. Dans les communes de* 2500 *habitants et au-dessus,* le scrutin dure deux jours ; il est *ouvert
le samedi et clos le dimanche.* Dans les communes d'une
population moindre le scrutin ne dure qu'un jour ; il est
ouvert et clos le dimanche. (L. 5 mai 1855, art. 33.)

Le second tour de scrutin (lorsqu'il est nécessaire d'y recourir) peut avoir lieu dans la même journée ; sinon, il est
renvoyé au dimanche suivant (art. 44). Cette dernière disposition ne s'applique évidemment qu'aux communes d'une
population inférieure à 2500 âmes. On doit, en effet, inférer
des termes de l'art. 33 que dans les communes de 2500 habitants et au-dessus le deuxième tour de scrutin est renvoyé
de droit au samedi et au dimanche suivants.

45. *Cas où l'assemblée électorale se divise en sections.* « Le
préfet *peut,* par un arrêté *pris en conseil de préfecture,* diviser
les communes en sections électorales. — Il peut, par le même
arrêté, *répartir entre les sections le nombre des conseillers à
élire, en tenant compte du nombre des électeurs inscrits.* »
(L. 5 mai 1855, art. 7, §§ 2 et 3.)

Le mot de *sections,* dont la loi se sert ici, a, dans le langage administratif, deux acceptions distinctes. La première
s'applique aux divisions entre lesquelles on répartit les électeurs d'un même collége électoral, *pour la facilité du vote ;*
mais qui, bien que divisées, concourent simultanément, par
la majorité des voix, à l'élection du même ou des mêmes
candidats. — Par la seconde, on entend, au contraire, les
diverses fractions d'un même corps électoral dont chacune

est spécialement chargée d'élire *des candidats différents*. Il ne s'agit, dans l'art. 7 de la loi du 5 mai, que de cette dernière sorte de sections. — Cette division est particulièrement nécessaire dans les communes qui sont formées de la réunion de deux ou de plusieurs communes supprimées, dans celles qui renferment différentes sections isolées les unes des autres, et ayant des propriétés ou des intérêts distincts, dans celles où des industries, des occupations, des religions différentes, ont groupé, sur des portions particulières du territoire, les habitants de telle ou telle croyance, de telle ou telle profession. Mais l'appréciation de ces diverses circonstances appartient souverainement au préfet; la loi lui abandonne la faculté, mais ne lui impose pas l'obligation de diviser une commune, quelle que soit sa population, en sections électorales; tout ce qu'elle lui prescrit, c'est de *prendre l'avis* du conseil de préfecture.

Lorsque la division par sections sera prononcée, la loi veut aussi que la répartition, entre les sections, du nombre des conseillers à élire, soit faite *en raison du nombre des électeurs inscrits;* mais il a été entendu, dans la discussion de la loi, que le préfet n'était pas tenu d'établir, à cet égard, une proportion rigoureusement exacte. Tout ce que le législateur a voulu, c'est que les intérêts souvent distincts ou même opposés des différentes fractions de la commune fussent équitablement représentés dans le conseil municipal.

L'art. 51 de la loi du 5 mai 1855 ayant abrogé les dispositions de la loi du 21 mars 1831, du décret du 3 juill. 1848 et de la loi du 7 juill. 1852, relatives à l'organisation des corps municipaux, le *vote successif des sections*, tel qu'il était déterminé par l'art. 44 de la loi du 21 mars, n'est plus obligatoire. Ce mode serait d'ailleurs impraticable en présence de l'art. 33 de la loi du 5 mai, qui restreint à une durée de *deux jours* l'accomplissement des opérations électorales dans toutes les communes d'une population de 2500 habitants et au-dessus. Les électeurs de toutes les sections peuvent donc être convoqués le même jour.

Ce qui vient d'être dit ne fait, du reste, aucun obstacle à ce que le préfet établisse également des sections partout où il le jugera nécessaire, uniquement afin de régulariser et de faciliter les opérations électorales; seulement, dans ce dernier cas, il y aura lieu d'observer que le vote de chacune des sections ne sera point distinct, pour ne servir qu'à l'élection d'une fraction séparée du conseil municipal ; mais que, dans chacune des sections, *chaque électeur concourra à l'élection de* TOUS *les conseillers municipaux.* A cet effet, les électeurs de toutes les sections procéderont simultanément par *scrutin de liste*, et les votes de toutes les sections seront recensés au bureau de la première.

46. *Remplacement des conseillers élus par des sections.* « Lorsqu'il y aura lieu de remplacer des conseillers municipaux élus par des sections, conformément à l'art. 7, ces remplacements seront faits par les sections auxquelles appartenaient ces conseillers. » (L. 5 mai 1855, art. 28.)

Cette disposition qui reproduit, en termes à peu près identiques, l'art. 46 de la loi du 21 mars 1831, est de toute justice. La division du corps électoral en sections est surtout nécessaire lorsque la commune est elle-même divisée en sections et que l'une de ces sections a des propriétés et des intérêts distincts. Si cette section n'avait pas de représentants spéciaux, elle pourrait être sacrifiée aux intérêts d'une autre section, dans le sein de laquelle seraient pris tous les membres du conseil municipal. L'élection de représentants distincts pour chaque section n'est point, il est vrai, possible dans tous les cas ; car il peut arriver qu'elle ne soit composée que de quelques maisons, et que, par conséquent, le nombre de ses habitants ne suffise pas à l'élection qu'on voudrait y faire ; mais, du moins, toutes les fois qu'une section a déjà nommé des membres du conseil municipal qui lui appartiennent spécialement, il est juste que la loi lui donne le moyen de remplacer ceux de ces membres qu'elle aurait perdus. — Il suit de là qu'après la première élection, et une fois la division des électeurs en sections opérée, à moins que des circonstances nouvelles ne nécessitent une nouvelle division, elles conservent chacune leur droit à une représentation séparée, et se réunissent de la même manière à chaque élection nouvelle. Ainsi, lorsqu'une section perd, par suite de décès ou démissions, plus du quart des conseillers qu'elle a nommés, elle doit être appelée à pourvoir à leur remplacement. (Arg. L. 5 mai 1855, art. 8, § 3.)

47. *Présidence des sections.* « Les sections sont présidées, savoir : la première par le maire, les autres successivement par les adjoints, *dans l'ordre de leur nomination*, et par les conseillers municipaux, *dans l'ordre du tableau.* » (L. 5 mai

1855, art. 29.) — A défaut d'un nombre suffisant de conseillers, les présidents des sections seront choisis par le maire parmi les électeurs. Au surplus les maires devront se conformer aux instructions qui peuvent leur avoir été données à cet égard par le préfet. Il n'y a pas lieu d'annuler une opération électorale, parce que le conseiller municipal designé soit pour présider une section, soit comme assesseur, n'a pas été pris dans l'ordre du tableau ; pourvu toutefois que l'erreur commise n'ait eu aucun caractère de fraude, si, d'ailleurs, il est reconnu qu'elle n'a exercé aucune influence sur l'élection, et qu'elle n'a soulevé aucune réclamation pendant les opérations électorales. (C. d'État, 29 juin 1853.)

On a demandé si le maire, ou tout autre fonctionnaire municipal, peut présider successivement diverses sections. La disposition de l'art. 29 de la loi du 5 mai 1855 ne le permet pas. Cependant, dans le cas où le conseil municipal a été dissous, et où le nombre de sections est plus considérable que celui des maire et adjoints, qui sont alors les seuls fonctionnaires municipaux en exercice, il est indispensable que le maire et les adjoints président chacun plus d'une section.

Des doutes s'étaient élevés au sujet du droit de suffrage des maires, adjoints et conseillers municipaux, qui, dans les communes où les électeurs sont partagés en sections, président des sections autres que celles de leur domicile. — Un arrêt du C. d'État du 28 mai 1835 a décidé que ces fonctionnaires ne pouvaient pas voter dans plus d'une section, et qu'ils devraient nécessairement et uniquement voter, comme électeurs, dans la section de leur domicile ; ils ne peuvent prendre part, dans la section qu'ils président, qu'à la nomination du secrétaire et aux délibérations du bureau.

48. *Constitution du bureau.* — L'opération électorale doit évidemment s'ouvrir par la formation du *bureau* chargé de la régulariser, de la diriger, et d'en constater tous les actes.

Le bureau de chaque assemblée électorale est composé d'un président, assisté de quatre assesseurs et d'un secrétaire choisi parmi les électeurs. (L. 15 mars 1849, art. 34.)

« Les deux plus âgés et les deux plus jeunes des électeurs présents à l'ouverture de la séance, sachant lire et écrire, remplissent les fonctions de *scrutateurs.* » (L. 5 mai 1855, art. 31, § 1.) — Le degré de parenté ou d'alliance des scrutateurs ne fait point obstacle à ce qu'ils siégent simultanément au bureau. (C. d'État, 24 août 1832.) — Si, après la désignation des scrutateurs, il se présentait des électeurs plus jeunes ou plus âgés, cette circonstance ne devrait point faire changer la composition du bureau, qui resterait en fonctions jusqu'à la fin des opérations de l'assemblée.

Disposition de la salle. Le bureau où doivent siéger les présidents, les scrutateurs et le secrétaire, sera disposé de telle sorte que les électeurs puissent circuler alentour pendant le dépouillement du scrutin.

49. *Indications à donner par des affiches placardées dans la salle et au dehors.* Des affiches placardées dans la salle et sur la porte extérieure devront rappeler le nombre des conseillers à élire, soit par la réunion totale des électeurs, soit seulement par la section qui se trouve en ce moment convoquée. — Cette indication est d'autant plus nécessaire que l'erreur commise dans les lettres de convocation au sujet de l'indication du nombre des conseillers à élire n'est pas une cause de nullité de l'élection, si elle a été réparée par un avertissement verbal du président à l'ouverture de la séance et par une affiche apposée dans la salle des opérations. (C. d'État, 10 et 20 août 1847.)

50. *Objets à placer sur la table du bureau.* Les objets dont il est nécessaire que la table du bureau soit pourvue, pendant toute la durée des opérations, sont : 1° l'ensemble des instructions envoyées par la préfecture pour l'élection à faire (Circ. min., 24 nov. 1848) ; 2° une copie officielle de la liste des électeurs, certifiée par le maire, contenant les noms, domiciles et qualifications de chacun des inscrits (L. 5 mai 1855, art. 35); 3° la feuille pour l'inscription des votants; 4° les imprimés pour le procès-verbal ; 5° la boîte du scrutin.

51. *Installation du bureau.* Après avoir pris place au bureau, le président y appelle, pour faire les fonctions de scrutateurs, les électeurs spécifiés *suprà*, n° 48.

Si un électeur présent, appelé par son âge à remplir les fonctions de scrutateur, refuse, il doit être considéré comme absent et remplacé.

— Cette circonstance que l'assemblée aurait été présidée par le second conseiller municipal inscrit au tableau, ne peut être une cause de nullité de l'élection, alors que ce n'est que par suite du refus de l'adjoint et du premier conseiller municipal inscrit, que le second conseiller municipal inscrit aurait été appelé à la présider. (C. d'État, 29 juin 1847.)

— Le bureau est régulièrement composé, lorsque les électeurs qui en font partie n'ont été appelés que sur le refus des électeurs plus anciens et plus jeunes. (C. d'État, 20 août 1847.)

— Notamment, lorsque le plus âgé des électeurs présents a refusé les fonctions de scrutateur pour accepter celles de secrétaire. (29 juillet 1847.)

La loi n'a pas déterminé le nombre d'électeurs qui doivent être présents au moment de l'installation du bureau. (C. d'État, 24 juill. 1847.)

52. *Nomination du secrétaire.* Aussitôt après son installation, le bureau, c'est-à-dire le président et les scrutateurs, nomment *le secrétaire* qu'ils choisissent parmi les membres de l'assemblée. Le bureau ne peut régulièrement procéder sans l'assistance de ce secrétaire. — Toutefois, on ne saurait admettre, contre une élection, le grief tiré de la prétendue absence de nomination d'un secrétaire, si le procès-verbal de la séance signé par l'électeur désigné pour en remplir les fonctions constatait son acceptation, et si d'ailleurs trois membres au moins s'étaient toujours trouvés présents au bureau. (C. d'État, 29 juin 1847.)

53. *Devoirs et droits du président.* « Le président doit constater, au commencement de l'opération, l'heure à laquelle le scrutin est ouvert. » (L. 5 mai 1855, art. 39, § 1.) — « Il a seul la police de l'assemblée. » (Même loi, art. 30, § 1.)

Le président ne doit jamais *quitter sa place* pendant la durée des opérations, à moins de *nécessité absolue;* il doit alors être suppléé par le premier assesseur, de telle sorte que le fauteuil de la présidence ne reste jamais vacant. (Arg. L. du 15 mars 1849, art. 37.) — Cependant l'élection n'est point entachée de nullité, si l'absence du président, qui ne s'est point fait remplacer, n'a duré que quelques instants, et si, pendant son absence, nul électeur ne s'est présenté pour voter. (C. d'État, 8 févr. 1838, et Ch. des dép., 28 juillet 1842.)

Le président doit faire connaître aux électeurs le nombre des conseillers qu'ils doivent élire, et leur donner lecture des art. 9, 10 et 11 de la loi du 5 mai 1855, concernant les *incapacités* et les *incompatibilités*.

Le président ne doit pas commencer la séance tant qu'il n'y a dans la salle qu'un trop petit nombre d'électeurs. On peut attendre, par exemple, la présence de trente électeurs au moins si l'assemblée en compte plus de cent, de vingt si elle en compte de cinquante à cent, et de dix si elle est au-dessous de cinquante, à moins que l'inexactitude des absents ne se prolonge trop longtemps.

Le président a *seul la police* de l'assemblée.

—L'assemblée ne peut s'occuper d'autres objets que des élections qui lui sont attribuées. Toute discussion, toute délibération lui sont interdites. (L. 5 mai 1855, art. 30.)

Cette disposition est la reproduction textuelle de l'art. 48 de la loi du 21 mars 1831, et des art. 32 et 33 de la loi du 15 mars 1849. Elle n'a pas seulement pour objet la conservation de l'ordre matériel dans le sein de l'assemblée, elle se rapporte surtout à l'interdiction de toute délibération ou discussion qui serait étrangère à l'opération dont l'assemblée doit s'occuper exclusivement. Si donc cette règle n'était pas rigoureusement observée, le président devrait sur-le-champ rappeler à l'ordre ceux qui s'en seraient écartés. Si, malgré ses efforts, le président ne pouvait se faire obéir, il devrait lever la séance pour l'ajourner soit à une autre heure de la journée, soit au lendemain, pourvu qu'il en eût encore la faculté d'après ce qui est dit à l'art. 33 de la loi du 5 mai. Le président pourrait enfin, s'il ne lui restait aucun autre moyen de faire respecter la loi, requérir la force armée, ou s'adresser au maire pour la requérir. La réquisition directe peut émaner du président, s'il est investi, comme maire ou en l'absence du maire, de l'administration de la commune ; les présidents des autres sections doivent s'adresser au maire, s'ils ont besoin de requérir la force armée.

—Du reste, lorsque le président s'est vu contraint de recourir à ce dernier moyen, la présence de la force publique ne peut être considérée comme ayant porté la moindre atteinte à la liberté du vote et à la sincérité de l'élection. (C. d'État, 15 sept. 1847.)

54. *Attributions et devoirs du bureau.* « Le bureau juge *provisoirement* les difficultés qui s'élèvent sur les opérations de l'assemblée. » (L. 5 mai 1855, art. 34, § 1.)— L'art. 5 de la loi du 21 mars 1831 statuait dans les mêmes termes.

Le droit donné au bureau de juger provisoirement, et sauf

appel devant le conseil de préfecture, les difficultés qui s'élèvent sur les opérations de l'assemblée, ne s'applique qu'aux opérations confiées aux électeurs et ne peut embrasser les réclamations qui ont pour objet le droit de voter, c'est-à-dire qui concernent la capacité électorale des personnes inscrites sur la liste, ou qui prétendraient y avoir été omises indûment. (C. d'État, 26 février 1832.) — La loi a établi, pour ces réclamations, des juridictions spéciales.

Le bureau ne pourra se dispenser de statuer, sous prétexte de renvoyer à l'autorité supérieure, dont, au surplus, les droits restent entiers. Ce refus de statuer arrêterait les opérations.

55. *Décisions du bureau.* « Les décisions du bureau sont motivées. » (L. 5 mai 1855, art. 34, § 2.) — Le bureau délibère à part; le président prononce la décision à haute voix.

La voix du secrétaire ne doit pas être comptée dans les décisions du bureau, car, aux termes de l'art. 31, § 2, de la loi du 5 mai 1855, il n'a, *dans les délibérations du bureau, que voix consultative*. La loi du 21 mars 1831 était moins explicite. L'art. 44, § 8, de cette loi déclarait seulement que *la nomination du secrétaire n'était faite que quand le bureau était constitué*. Le C. d'État avait cependant trouvé dans ce texte un motif suffisant de décider ainsi que le fait aujourd'hui la loi du 5 mai. (24 août 1832.) — Toutefois il ne faudrait pas conclure de là que le bureau peut refuser d'entendre le secrétaire sur une difficulté, sous prétexte qu'il doit attendre que le bureau l'appelle à donner son avis. (Ch. dép. 2 août 1834.) — Les lois en matière électorale n'obligent pas les membres du bureau à s'abstenir de délibérer sur les questions qui les concernent personnellement, et d'ailleurs ces décisions ne sont que provisoires. On ne peut donc arguer de nullité les opérations d'une assemblée électorale par le motif que le maire, président de l'assemblée, aurait pris part à une délibération du bureau pour décider si certains bulletins lui seraient attribués. (C. d'État, 22 juillet 1835.)

56. *Formalités à observer quant aux réclamations et décisions.* « Toutes les réclamations et décisions sont insérées au procès-verbal ; les pièces et les bulletins qui s'y rapportent y sont annexés, après avoir été parafés par le bureau. » (L. 5 mai 1855, art. 34, § 3.) — Cette disposition est la reproduction de celle qui était déjà contenue dans le § 4 de l'art. 45 de la loi du 19 avril 1831. Or, sous l'empire de cette loi, il avait été jugé, par un arrêt du C. d'État, du 16 déc. 1835, que le législateur n'ayant point rangé au nombre des causes de nullité des élections municipales le défaut d'insertion au procès-verbal des décisions provisoires du bureau, cette omission pouvant d'ailleurs être réparée, en déférant au conseil de préfecture le jugement définitif des difficultés qui avaient donné lieu auxdites décisions, on ne pouvait se prévaloir, pour demander l'annulation des opérations électorales, du défaut de mention au procès-verbal des difficultés survenues au sujet de deux votants. — Nous pensons que cette solution devrait encore être adoptée.

57. *Nécessité de la présence simultanée de trois membres au moins du bureau.* « Trois membres du bureau, au moins, doivent être présents pendant tout le cours des opérations. » (L. 5 mai 1855, art. 31, § 3.) — De pareilles dispositions se trouvaient déjà dans la loi du 19 avril 1831 (art. 45, § 2), et dans celle du 15 mars 1849 (art. 37). — Par suite, il y a lieu d'annuler une élection, lorsqu'il est constant qu'il n'y a eu, durant quelque temps, que deux membres présents au bureau pour recevoir et constater les votes. (C. d'État, 20 août 1847.) — Cependant l'irrégularité résultant de ce que trois membres au moins n'auraient pas constamment siégé au bureau, n'entraînerait pas la nullité de l'élection, s'il était établi que, pendant le temps où deux scrutateurs seulement se trouvaient présents, aucun bulletin n'a été déposé, et si d'ailleurs tout démontrait qu'aucune fraude n'a été commise. (C. d'État, 8 juin et 30 juillet 1847 ; 20 juillet 1853.) — Le secrétaire, quoique n'ayant pas le même pouvoir que les autres membres du bureau, parmi lesquels il n'a que *voix consultative* (L. 5 mai 1855, art. 31, § 2), doit néanmoins être considéré comme en faisant partie intégrante, dans les limites de ses attributions. — D'après ce principe, le secrétaire peut compter au nombre des trois membres dont la présence simultanée au bureau est requise pendant toute la durée du scrutin. (C. d'État, 29 juin 1847.)

58. *Attributions et devoirs du secrétaire.* La principale mission du secrétaire consiste à rédiger le procès-verbal dont il est donné lecture à la fin de chaque séance. — Sa présence à toutes les opérations est aussi indispensable que celle du président ; si donc il est obligé de quitter sa place, il doit être suppléé, pendant son absence, par un des scrutateurs. (Inst. min. just., 1831.) — Dès que le bureau se trouve installé, conformément à ce qui a été dit (*suprà*, n° 51), le secrétaire doit ouvrir le procès-verbal, en y consignant les noms des membres du bureau, leur âge, et s'il se peut la date exacte de leur naissance, la date du jour de l'opération et l'heure de l'ouverture du scrutin.

Il n'est pas indispensable, du moins à peine de nullité des opérations, que le procès-verbal soit en entier écrit de la main du secrétaire, si l'assistance que ce dernier a pu recevoir d'un autre électeur n'a, en réalité, exercé aucune influence sur le résultat de l'élection ni altéré la sincérité du procès-verbal. (C. d'État, 29 juin et 17 août 1847.)

Le procès-verbal devra contenir une mention exacte de l'accomplissement de toutes les formalités prescrites par la loi, de toutes les réclamations présentées par des électeurs, de toutes les difficultés qui auront pu survenir et de la solution qu'elles auront reçue, enfin de toutes les opérations de l'assemblée dans l'ordre où il y aura été procédé, c'est-à-dire dans l'ordre indiqué ci-après. — (*La formule de ce procès-verbal se trouve à la fin du chap.* VII, *n° 87.*)

CHAPITRE VII.

OPÉRATIONS DE L'ASSEMBLÉE ÉLECTORALE.

La forme du vote, comme garantie essentielle du libre exercice du droit électoral, méritait nécessairement l'attention du législateur. Aussi en a-t-il soigneusement fixé les règles dans les dispositions suivantes de la loi du 5 mai 1855.

59. *Conditions à remplir pour être admis à voter.* Aussitôt après que toutes les formalités qui viennent d'être indiquées ont été remplies, le secrétaire, sur l'ordre du président, fait l'appel des noms des électeurs inscrits sur la liste communale.

« Nul ne peut être admis à voter s'il n'est inscrit sur cette liste. — Toutefois, seront admis à voter, quoique non inscrits, les électeurs porteurs d'une décision du juge de paix, ordonnant leur inscription, ou d'un arrêt de la Cour de Cassation annulant un jugement qui aurait annulé leur radiation. » (L. 5 mai 1855, art. 36.)

Si l'élection a lieu avant que le juge de paix ait statué sur appel de la décision municipale qui aura rayé un électeur, ce qui arrivera lorsque les délais n'auront pas couru, à défaut de la notification exigée par les art. 77 et 79 de la loi du 15 mars 1849, l'électeur rayé, en justifiant de son appel et de l'absence de décision rendue par le juge de paix, doit être admis à voter : car l'appel remet en question la décision attaquée, et conserve les droits de la partie appelante. — Mais, lorsqu'un individu non porté sur la liste électorale demande à être admis à voter comme étant en instance devant le juge de paix au sujet d'une décision qui aurait ordonné sa radiation de la liste, il doit, pour être admis à voter, *non-seulement justifier du recours qu'il a formé contre ladite décision, mais encore établir que l'instance est encore pendante au jour de l'élection.* (C. d'État, 8 juin 1847.) Il n'en serait pas de même du pourvoi en cassation, ce pourvoi n'étant pas suspensif ; toutefois, si la décision du juge de paix avait été cassée, l'électeur porteur de l'arrêt aurait le droit de voter, bien que le juge de paix devant lequel il aurait été renvoyé n'eût pas encore prononcé. (Nombreux arrêts.)

60. *Interdiction d'entrer dans l'assemblée avec des armes.* « Nul électeur ne peut entrer dans l'assemblée s'il est porteur d'armes quelconques. » (L. 5 mai 1855, art. 37.) Cette disposition se trouvait déjà dans l'art. 20 du décr. régl. des 2-21 févr. 1852, et la loi du 19 avril 1831, art. 58, portait également : « Les électeurs communaux ne peuvent se présenter armés. »

61. *Vote au scrutin de liste.* « Les assemblées des électeurs communaux procèdent aux élections qui leur sont attribuées *au scrutin de liste.* » (L. 5 mai 1855, art. 32.)

Ces mots : *scrutin de liste*, signifient que chaque votant doit écrire sur son bulletin autant de noms que l'assemblée, unique ou sectionnaire, doit élire de conseillers.

Cependant la circonstance que plusieurs bulletins n'auraient porté qu'un nombre de noms inférieur à celui des conseillers à élire n'est pas une cause de nullité de l'élection, si elle n'en a pas altéré la sincérité. (C. d'État, 7 déc. 1847.)

62. *Appel des électeurs.* « Les électeurs sont appelés successivement à voter *par ordre alphabétique.* » (L. 5 mai 1855, art. 38, § 1.) — Nous avons vu, en effet (*suprà*, n° 39), que c'est suivant ce mode que la liste électorale municipale a dû être dressée. C'est un moyen de prévenir toute réclamation de la part des électeurs sur l'appel tardif de leurs noms.

63. *Préparation des bulletins.* « Ils apportent leurs bulletins *préparés en dehors de l'assemblée.* » (*Ibid.*, § 2.)

Sous l'empire de la loi du 19 avril 1831 (art. 48), chaque électeur était tenu d'*écrire lui-même son vote, ou de le faire écrire par un électeur de son choix, dans l'intérieur même de la salle de la réunion.* Cette prescription avait pour but de

garantir le secret des votes et de prévenir toute influence il-
légitime. Mais un tel mode serait évidemment incompatible
avec la multiplicité des votes qu'entraîne le suffrage universel. Pour rendre ce dernier praticable, il a donc fallu adopter un système inverse, et ce qui était autrefois une obligation n'est plus même aujourd'hui une faculté, car la loi veut
expressément que les bulletins de vote soient *préparés en
dehors de l'assemblée*. L'art. 4 de la loi du 15 mars 1849, et
l'art. 21 du décret réglementaire des 2-21 févr. 1852, contiennent sur ce point la même prescription que la loi du
5 mai 1855. Toutefois, suivant un arrêt du C. d'État, en date
du 29 juin 1853, une élection ne devrait pas être déclarée
nulle, par cela seul qu'un certain nombre de bulletins auraient été écrits dans le sein même de l'assemblée.

64. *Admission des bulletins des seuls électeurs présents.*
Les électeurs présents à l'assemblée peuvent seuls être admis
à voter. Si les votes d'électeurs absents ont été admis par le
bureau, cette circonstance n'est point par elle-même une cause
de nullité de l'élection ; mais il y a lieu de déclarer ces votes
nuls et de les déduire tant du nombre des suffrages exprimés que du nombre des suffrages attribués à chaque candidat, sauf à annuler l'élection de ceux qui, au premier tour,
se trouveraient ne plus réunir la majorité absolue. (C. d'État,
28 juill. 1853.)

— On doit rejeter le grief tiré de ce que tous les électeurs
n'ont pas été simultanément admis dans la salle de l'assemblée, si cette circonstance tient uniquement à l'exiguïté de la
salle, dans laquelle un certain nombre d'électeurs ont toujours été présents. (C. d'État, 28 juill. 1853.)

— La circonstance que le président de l'assemblée aurait
indûment refusé les votes d'un certain nombre d'électeurs
est une cause de nullité des élections, si elle a pu en altérer
la sincérité. (C. d'État, 30 août 1847.)

65. *Papier des bulletins.* « Le papier des bulletins doit
être *blanc et sans signe extérieur*. » (L. 5 mai 1855, art. 38,
§ 3.) L'observation rigoureuse de cette règle est indispensable au secret des votes. Le C. d'État, par un arrêt du 7 juill.
1853, a donc décidé que la distribution d'un certain nombre
de bulletins imprimés, portant le nom de l'un des candidats,
et trouvés dans l'urne au moment du dépouillement du scru-

tin, devait faire annuler l'élection, si *la nuance qui distinguait ces bulletins des bulletins blancs était assez sensible pour permettre, contrairement aux prescriptions de la loi, de reconnaître les suffrages émis.*

Ainsi, dans le cas où un électeur se présenterait avec un bulletin écrit sur du papier de couleur, le président devrait l'inviter à sortir de la salle pour en faire un autre conforme aux prescriptions de la loi.

66. *Dépôt du bulletin.* « A l'appel de son nom, l'électeur remet au président son bulletin fermé. — Le président le dépose dans la boîte du scrutin, laquelle doit, avant le commencement du vote, avoir été (montrée ouverte à l'assemblée, pour faire voir qu'elle ne contenait aucun bulletin à l'avance, puis) fermée à deux serrures, dont les clefs restent, l'une entre les mains du président, l'autre entre les mains du scrutateur le plus âgé. » (L. 5 mai 1855, art. 38, §§ 4 et 5.)

Le président, avant de déposer dans l'urne le bulletin fermé que lui remet l'électeur, doit examiner si ce bulletin n'en renferme pas d'autres. (Inst. min., 28 nov. 1848.) — La précaution de la double serrure a pour but d'assurer le secret du vote et la sincérité de l'élection. Il ne faudrait cependant pas tenir trop rigoureusement à cette règle, dont l'observation serait quelquefois impossible. Il ne saurait donc y avoir nullité par cela seul que les bulletins auraient été déposés dans une boîte fermant à une seule clef ou à trois clefs, soit même dans un carton ouvert, s'il n'y avait eu, en réalité, aucune violation du secret des votes, ni atteinte portée à l'indépendance des votants. (C. d'État, 22 févr. 1848, 29 juin 1853.)

— Mais on devrait déclarer nulle l'opération électorale durant laquelle la boîte du scrutin aurait été pendant une demi-heure transportée hors de la salle de l'assemblée et placée hors de la vue des membres du bureau et des électeurs, surtout si les réclamants alléguaient que, pendant ce temps, il a été porté atteinte à l'intégrité du scrutin. (C. d'État, 27 juill. 1853.)

67. *Constatation du vote.* « Le vote de chaque électeur est constaté sur la liste, en marge de son nom, par la signature ou le parafe de l'un des membres du bureau. » (L. 5 mai 1855, art. 38, § 6.) — L'art. 49 de la loi du 15 mars 1849, et l'art. 23 du décret réglementaire des 2-21 février 1852, étaient absolument identiques à cette disposition.

Comme il peut y avoir deux tours de scrutin, on ouvrira deux colonnes en blanc sur la liste destinée à constater les noms des votants, et on laissera assez de place à côté des noms pour y pratiquer deux émargements successifs.

68. *Réappel.* « L'appel étant terminé, il est procédé au réappel, par ordre alphabétique, de tous les électeurs qui n'ont pas voté. » (L. 5 mai 1855, art. 38, § 7.)

Il est rare que tous les électeurs répondent au premier appel de leurs noms. Ils ne sont pas pour cela déchus de leurs droits. La loi veut en conséquence qu'il soit procédé à un second appel de tous les électeurs qui n'ont pas voté la première fois. Ce second appel se fait, comme le premier, en suivant l'ordre alphabétique. — Les électeurs qui n'ont répondu ni à l'appel ni au réappel doivent être admis à déposer leurs bulletins jusqu'à l'heure fixée pour la clôture du scrutin.

69. *Clôture du scrutin.* « Le scrutin ne peut être fermé qu'après avoir été ouvert pendant *trois heures au moins.* — Le président constate l'heure à laquelle il déclare le scrutin clos, et, après cette déclaration, aucun vote ne peut être reçu. » (L. 5 mai 1855, art. 39, §§ 2 et 3.)

Si, à l'expiration des *trois heures* fixées comme le terme légal de l'ouverture du scrutin, il y avait dans la salle d'assemblée plusieurs électeurs qui n'eussent pas encore voté, il faudrait recevoir leurs suffrages ; mais on ne devrait pas attendre ceux qui ne seraient pas présents. (Instr. min.)

Du reste, en disposant que chaque scrutin doit rester ouvert pendant trois heures *au moins*, la loi n'interdit nullement d'en prolonger la durée au delà de ce terme. (C. d'État, 29 juin 1847.)

— Il importe néanmoins de prescrire que, dans aucun cas, le scrutin ne devra se prolonger au delà de six heures du soir. (Inst. min. int., 24 juin 1855.)

70. *Dépouillement du scrutin.* Le législateur a tracé en ces termes le mode à suivre pour l'opération du dépouillement du scrutin : « La boite du scrutin est ouverte, et *le nombre des bulletins vérifié.* — Si ce nombre est plus grand ou moindre que celui des votants, il en est fait *mention au procès-verbal.* — Le bureau désigne, parmi les électeurs présents, un certain nombre de scrutateurs. — Le président et les membres du bureau surveillent l'opération du dépouillement. Ils peuvent y procéder eux-mêmes, s'il y a moins de 300 votants. » (L. 5 mai 1855, art. 40.)

Il résulte de cet article que la première chose à faire avant d'ouvrir les bulletins est de vérifier si leur nombre est en rapport avec celui des votes inscrits sur la feuille d'émargement, conformément à ce qui est dit *suprà*, n° 67. — La concordance ou le désaccord du nombre total des bulletins avec celui des votants est consigné au procès-verbal. — Lorsqu'il n'y a pas identité entre les deux chiffres, le bureau est souverain, d'après les circonstances, sur le point de savoir s'il y a lieu d'invalider ou de maintenir le scrutin; mais, en règle générale, il ne doit pas être nécessaire de recommencer l'opération pour quelque légère différence, provenant le plus souvent d'omissions faites par les scrutateurs sur la feuille d'inscription des votants. — Si le scrutin est maintenu, on procède au dépouillement, après avoir consigné au procès-verbal le nombre des bulletins trouvés dans l'urne. — Dans le cas contraire, les bulletins sont brûlés, et l'on procède immédiatement à un nouveau scrutin.

Le scrutateur chargé de puiser les bulletins dans l'urne doit seul y poser la main, et ce fait, provenant de la part de tout autre électeur, serait de nature à vicier l'élection. — Toutefois, la circonstance que, pendant le dépouillement du scrutin, des électeurs auraient mis la main dans l'urne, ne serait pas une cause de nullité de l'élection, s'il ne résultait pas de l'instruction qu'on eût soustrait de l'urne, ou qu'on y eût frauduleusement introduit, des bulletins en nombre suffisant pour modifier le résultat du scrutin. (C. d'État, 20 juill. 1853.)

71. *Scrutateurs supplémentaires.* Lorsque moins de 300 électeurs ont pris part au vote, le président et les quatre scrutateurs composant le bureau sont réputés suffire au dépouillement du scrutin. Mais dans les assemblées plus nombreuses, le bureau désigne parmi les électeurs présents, sachant lire et écrire, un certain nombre de *scrutateurs supplémentaires*, et les divise par tables de quatre au moins chacune. — Dans ce dernier cas, le président et les scrutateurs composant le bureau principal doivent surveiller le dépouillement.

72. *Disposition de la table du bureau.* Par suite du silence de la nouvelle loi sur ce point, on doit considérer comme étant encore en vigueur l'art. 55 de la loi du 15 mars 1849, en vertu duquel les tables placées devant le président et les scrutateurs doivent être disposées de telle sorte que les électeurs puissent circuler alentour pendant le dépouillement. — Les électeurs ont non-seulement le droit de circuler autour des tables pendant le dépouillement, mais encore la faculté de stationner derrière les groupes et le bureau, pour s'assurer de la sincérité des opérations, tant que ce stationnement ne va pas jusqu'à une véritable usurpation de place au préjudice des autres électeurs. (Ch. des dép., 28 juill. 1842.)

73. *Cas où le dépouillement ne peut être fait ou terminé le jour de la clôture du scrutin.* « Si le dépouillement du scrutin ne peut avoir lieu le jour même (où il a été clos), les boîtes contenant les bulletins sont scellées et déposées, pendant la nuit, au secrétariat ou dans la salle de la mairie. — Les scellés sont également apposés sur les ouvertures du lieu où les boîtes ont été déposées. — Le maire prend les autres mesures nécessaires pour la garde des boîtes du scrutin. » (**L.** 5 mai 1855, art. 41.)

74. *Publicité du dépouillement.* Le dépouillement **du** scrutin doit se faire en présence de l'assemblée. — Lorsqu'il résulte de l'instruction que le président a, pendant cette opération, fait évacuer la salle, et que ce fait n'est pas démenti par le procès-verbal, cette circonstance doit être considérée comme violant les conditions de la publicité et, **par** suite, entraîner la nullité des opérations électorales. (C. d'État, 6 janvier 1837.)

75. *Lecture des bulletins.* « A chaque table, l'un des scrutateurs lit chaque bulletin à haute voix et le passe à un autre scrutateur; les noms portés sur les bulletins sont relevés **sur** des listes préparées à cet effet. » (L. 15 mars 1849, art. **53,** § 6.) — Suivant une instruction du Min. de l'Int., du 16 sept. 1834, ce relevé doit se faire ainsi : — « Deux des scrutateurs et le secrétaire tiennent note du dépouillement du scrutin, sous la dictée du président. Si deux des trois relevés **sont** d'accord, ils obtiennent la préférence sur le troisième; si toutefois les trois diffèrent, il faut recommencer le dépouillement. »

— Il n'est pas nécessaire de communiquer aux électeurs les bulletins dont le dépouillement a eu lieu par les soins **du** bureau, il suffit que la table sur laquelle s'opère le dépouillement soit disposée de telle sorte que les électeurs puissent circuler alentour et s'assurer de la sincérité de l'opération. (C. d'État, 20 juill. 1853.)

— Le suffrage inscrit sur le bulletin n'entre en ligne de compte et ne produit son effet légal que par la lecture à haute voix qu'en fait le président ou l'un des scrutateurs, et par l'annotation qui est faite sur les feuilles de dépouillement par suite de cette lecture. En lisant un nom autre que celui qui est réellement inscrit, on falsifie le bulletin quant à l'effet qu'il doit produire. Ainsi, le fait d'avoir, en donnant lecture d'un bulletin de vote dans l'opération du dépouillement de suffrages électoraux, lu un nom autre que celui qui est réellement inscrit sur ce bulletin, constitue un délit prévu par l'art. 114 du C. pén., sauf l'application de la peine plus douce prononcée par l'art. 102 de la loi postérieure du 15 mars 1849, qui a spécialement prévu ce délit. (Cass., 19 janv. 1849.)

76. *Appréciation des bulletins.* « Les bulletins sont valables, bien qu'ils portent *plus ou moins de noms qu'il n'y a de conseillers à élire.* — Les derniers noms inscrits au delà de ce nombre ne sont pas comptés. — Les bulletins *blancs* ou *illisibles*, ceux *qui ne contiennent pas une désignation suffisante*, ou qui contiennent une *désignation* ou *qualification inconstitutionnelle*, ou dans lesquels *les votants se font connaître*, *n'entrent pas en compte* dans le résultat du dépouillement, mais ils sont *annexés au procès-verbal.* » (L. 5 mai 1855, art. 42.)

77. *Décisions du Conseil d'Etat à ce sujet.* Comme les art. 56 et 57 de la loi du 15 mars 1849, et l'art. 30 du décret réglementaire des 2 - 21 févr. 1852, étaient conçus dans les mêmes termes ; comme de semblables dispositions résultaient déjà de diverses instructions ministérielles émises sous le régime des lois électorales de 1831, il est évident que les arrêts rendus par le C. d'État, antérieurement à la loi de 1855, sont applicables à celle-ci. Nous allons, en conséquence, résumer ici les plus importantes de ces décisions :

Bulletins en sus. — Lorsque le nombre des bulletins trouvés dans l'urne est supérieur au nombre des suffrages exprimés, il y a lieu de retrancher l'excédant de ces bulletins du nombre des voix obtenues par le candidat, et d'annuler l'élection, si, par suite de ce retranchement, ledit candidat ne réunit plus la majorité absolue. (C. d'État, 1er et 16 juin,

20 juillet 1853.)—L'élection doit être validée, s'il conserve un nombre de voix supérieur à ladite majorité. (29 juin et 12 septembre 1853.)

Bulletins blancs ou illisibles. —Ces bulletins ont été de tout temps réputés sans valeur, puisqu'ils ne contiennent aucun nom, ou que, du moins, le nom qui s'y trouve écrit ne peut être reconnu.

Bulletins contenant une désignation insuffisante. — Ces bulletins ne sont pas comptés, puisqu'on ne peut déterminer avec précision à quel candidat ils s'appliquent. — Mais on ne saurait considérer comme insuffisants les bulletins qui, bien que défectueux sous quelques rapports, ne laissent aucun doute sur la personne qu'on a voulu y désigner. Ainsi, comme le dit M. de Cormenin (*Dr. admin,* 5ᵉ *édit.,* t. II, p. 138) « la règle qui doit guider, au milieu d'une variété infinie d'espèces et de circonstances, c'est qu'on doit tenir compte au candidat des noms, surnoms, sobriquets, désignations et bulletins homonymes *qui ne peuvent évidemment s'appliquer qu'à lui.* » — Voici quelques décisions qui viennent à l'appui de cette doctrine :

1° Lorsqu'un bulletin porte le nom d'un candidat écrit irrégulièrement, qu'il n'y a point dans l'assemblée d'électeur portant le nom qui se trouve sur le bulletin, et qu'il ne s'élève d'ailleurs aucune réclamation dans l'assemblée sur l'attribution de ce bulletin au candidat, c'est avec raison qu'il lui est compté. (C. d'État, 13 nov. 1835 ; 4 févr. 1836.)

2° On doit compter à un candidat un bulletin qui le désigne par son surnom ou sobriquet, lorsque cette désignation ne peut s'appliquer à aucun autre électeur. (C. d'État, 17 juin 1835.)

3° Lorsque, dans une commune, le même nom est commun à plusieurs citoyens éligibles, mais que l'un d'eux seulement est *candidat notoire,* c'est à celui-ci que doivent être attribués les bulletins portant ce nom, sans autre désignation. (C. d'État, 26 avril, 27 avril ; 8, 15, 29 juin ; 2 juillet ; 10 août 1847.)

4° Il n'y a pas lieu d'attribuer ces bulletins à l'un des homonymes, si l'instruction n'établit pas qu'il fût seul candidat notoire. (C. d'État, 27 avril 1847.)

5° L'admission ou l'omission d'une lettre dans le nom d'un candidat, même d'autres inexactitudes plus graves dans l'orthographe de ce nom, ne sont pas des causes d'annulation pour le bulletin où elles se trouvent, pourvu qu'il soit impossible de se méprendre sur la destination de ce bulletin. (C. d'État, 28, 30 juillet 1831 ; 6, 11 août 1834 ; 20 févr. 1836; 22 déc. 1837 ; 5 avril 1839.)

6° On ne doit pas annuler des bulletins employant des dénominations diverses, pour la désignation d'un candidat, s'ils concernent d'une manière certaine ce candidat. (C. d'État, 6 avril 1839.)

7° Lorsque le nom d'un candidat se compose de deux noms réunis, le bulletin ne portant que l'un de ces noms doit lui être attribué, pourvu que ce nom, *dans la commune*, ne soit porté par aucune autre personne. (Arg. Ch. dép., 4 août 1834.)

8° On doit compter à l'élu un bulletin qui porte son nom en même temps qu'un *prénom biffé* qui n'est pas le sien. (C. d'État, 19 déc. 1834; 20 avril, 17 juin, 30 nov. 1835; 28 août 1837.)

En général, la bonne foi et la notoriété publique entrent pour beaucoup dans ces solutions, car ce qu'il s'agit de constater, c'est l'identité de l'élu. (C. d'État, 12, 27 avril 1838.)

Par la raison contraire, l'attribution des bulletins à l'un des candidats est impossible *lorsque la désignation est insuffisante.* (C. d'État, 2, 25 janv. 1838.)

Bulletins marqués. Si le bulletin contenait un signe quelconque auquel on pût reconnaître le nom du votant, il devrait pareillement être déclaré nul, puisqu'un tel fait constituerait une violation du secret des votes prescrit par la loi.

Toutefois, l'apposition de marques extérieures sur les bulletins, s'il est reconnu qu'elle n'a pas constitué une manœuvre et qu'elle n'a pas eu pour effet de porter atteinte à la liberté ou au secret des votes, n'est pas une cause suffisante de nullité. (C. d'État, 29 juin et 27 juill. 1853.)

78. *Désignations ou qualifications inconstitutionnelles.* Lorsque des qualifications *purement laudatives* ont été jointes au nom d'un candidat, le bulletin où elles se trouvent ne doit pas être annulé. (C. d'État, 1er août 1834, 20 déc. 1838.) — On devrait adopter la même solution à l'égard d'un bulletin où le nom du candidat serait accompagné d'une épithète *injurieuse;* du moins, c'est ce qu'on peut induire du rejet d'un amendement proposé par M. de Kerdrel, dans la discussion de la loi du 15 mars 1849. Mais si la qualification était *inconstitutionnelle*, le bulletin serait nul par cela seul. La disposition de la loi sur ce point est on ne peut plus explicite. Ces mots : *qualification inconstitutionnelle*, s'appliquent à toute désignation qu'on ajouterait au nom des candidats pour exprimer des opinions ou des vœux contraires à la constitution. Ces manifestations qui, dans toute autre circonstance, pourraient donner lieu à des poursuites judiciaires, doivent nécessairement faire annuler le bulletin où elles se produisent, à l'abri du secret qui protége le vote.

— Dans les divers cas qui précèdent, les bulletins ne sont pas détruits. Le président doit les faire annexer au procès-verbal, dans lequel il est tenu compte du motif de leur annulation.

79. *Proclamation du résultat du scrutin.* « Immédiatement après le dépouillement, le président *proclame le résultat du scrutin.* » (L. 5 mai 1855 , art. 43, § 1.) — Il y a deux choses à remarquer dans ce paragraphe : d'abord , les obligations relatives à la proclamation elle-même, puis celles qui concernent l'ordre à observer dans l'énonciation du résultat du scrutin. — Quant à la proclamation elle-même, la loi du 15 mars 1847 ajoutait, à une disposition toute semblable à celle-ci, ces mots : *en présence de l'assemblée*, qui ne se trouvent pas dans la loi actuelle. La question ne peut donc s'élever aujourd'hui de savoir si la proclamation du résultat des votes peut être faite en présence des membres seuls du bureau. Il est certain qu'il n'est pas nécessaire qu'il y ait un plus ou moins grand nombre d'assistants. Il suffit qu'il se trouve au bureau le minimum des membres dont la présence est toujours obligatoire, c'est-à-dire *trois au moins.* (V. *suprà*, n° 57.)

Quant au résultat du scrutin, voici comment il faut le présenter :

Si l'assemblée ne représente qu'une *subdivision de section*, le procès-verbal se termine par l'inscription de *tous les candidats* avec l'indication de suffrages obtenus par chacun d'eux, quel que soit le nombre de ces suffrages ; le procès-verbal doit être immédiatement porté au bureau central par le président et son secrétaire ou un scrutateur, pour servir au recensement des votes.

Si l'assemblée représente une *section entière*, on n'inscrit au procès-verbal que les noms des candidats qui ont obtenu la majorité, quel qu'en soit le nombre, avec l'indication des suffrages obtenus.

Le candidat qui a obtenu le plus de suffrages doit être inscrit le premier, et ainsi de suite, dans l'ordre décroissant de suffrages. En cas de parité dans le nombre des suffrages obtenus par deux candidats, le plus âgé doit être inscrit le premier.

Cette inscription faite, le bureau examine pour chacun des candidats :

S'il est inscrit sur la liste générale ;

S'il est âgé de vingt-cinq ans ;

S'il n'est pas, vis-à-vis d'un candidat supérieur, parent ou allié au degré prohibé par l'art. 11 ;

S'il n'est pas dans l'un des cas d'exclusion déterminés par l'art. 9 ;

Si cet examen donne lieu à quelque retranchement, on en indiquera le motif au procès-verbal.

Finalement, le président proclamera conseillers municipaux les premiers candidats, jusqu'à concurrence du nombre à nommer.

Si le nombre des candidats ayant obtenu la majorité est insuffisant, le président, après avoir pris l'avis du bureau, déclarera qu'on va procéder de suite au second tour de scrutin, ou que cette opération est renvoyée au lendemain à telle heure.

80. PROCÈS-VERBAL. — « Le procès-verbal des opérations électorales est dressé par le secrétaire ; il est signé par lui et les autres membres du bureau. Une copie également signée du secrétaire et des membres du bureau en est aussitôt envoyée au préfet, par l'intermédiaire du sous-préfet. » (L. 5 mai 1855, art. 43, § 2.)

La rédaction du *procès-verbal* est, ainsi que nous l'avons vu, *suprà*, n° 58, la principale fonction du secrétaire. Son devoir est d'y consigner tout ce qui s'est passé d'intéressant pendant la séance, et surtout, à peine de nullité des opérations électorales, d'y constater l'accomplissement des formalités *substantielles*, c'est-à-dire de celles que la loi prescrit à peine de nullité, et dont l'absence, par conséquent, constitue non une simple irrégularité, mais un vice qui détruit la *substance* même de l'élection et l'empêche de subsister. — Quant à l'omission des autres incidents de la séance, elle n'entacherait pas l'élection de nullité. Tel serait le défaut d'insertion au procès-verbal, soit des décisions provisoires du bureau, soit des réclamations élevées dans l'assemblée. (C. d'État, 10 juill., 7 août, 21 oct., 16 nov., 4 déc., 16 déc. 1835, et 9 mars 1836.)

81. *Écriture.* Le fait que le procès-verbal des opérations électorales a été écrit par l'un des scrutateurs, et non par le secrétaire, ne saurait être de nature à vicier les élections, lorsque d'ailleurs il n'est élevé aucun doute sur la sincérité du procès-verbal, et que toutes les formes et conditions légalement prescrites ont été observées. (C. d'État, 9 mars 1836, 28 mai 1838, 29 juin, 17 août 1847.)

82. *Lecture.* Quoique la loi du 5 mai 1855 n'en ait rien dit, il est évident que la lecture du procès-verbal est l'une des formalités principales que le secrétaire doit remplir, en présence de l'assemblée, et dont il est tenu de faire mention dans le procès-verbal lui-même. — Cependant, lorsqu'il résulte de l'instruction que le bureau n'a levé la séance qu'après lecture faite du procès-verbal des opérations électorales, on ne peut demander la nullité desdites opérations, par le motif que la lecture n'aurait pas eu lieu en présence de toute l'assemblée. (C. d'État, 16 déc. 1835, 28 janv. 1841.)

Dans l'espèce du premier de ces arrêts, les électeurs, fatigués de la longueur des opérations, s'étaient retirés volontairement, dès que le dépouillement du scrutin avait fait connaître, d'une manière certaine, les résultats du vote; mais le bureau n'en avait pas moins continué ses opérations et n'avait levé la séance qu'après la lecture du procès-verbal.

83. *Signature.* La loi veut que le procès-verbal des opérations électorales soit *signé par le secrétaire et par les autres membres du bureau.* Cette signature peut seule, en effet, donner à cet acte le caractère de l'authenticité. — Un acte non signé n'est rien; il n'existe pas. (C. Besançon, 13 mars 1827.) — Mais il n'est pas exigé, sous peine de nullité, que le procès-verbal soit signé par le secrétaire et les autres membres du bureau, *séance tenante.* (C. d'État, 16 déc. 1835, 9 mars 1836, 8 juin et 29 juillet 1847.)

Lorsque le procès-verbal est régulier, il porte en lui-même la preuve des énonciations qu'il renferme. Ainsi l'on ne peut être admis à le contredire par des allégations qui tendraient à faire annuler l'élection à laquelle le procès-verbal se rapporte. (24 oct. 1832, 16 déc. 1835, 23 août 1836, 13 avril 1842, 3 mai 1844.)

84. *Envois à faire au préfet.* L'art. 43, § 2, de la loi du 5 mai prescrit d'envoyer *de suite* au préfet (par l'intermédiaire du sous-préfet, dans les arrondissements autres que l'arrondissement chef-lieu) une copie signée du secrétaire et des membres du bureau. Il faut, en effet, que le préfet puisse examiner sans retard si toutes les formes et conditions légalement prescrites ont été exactement remplies. Il sera nécessaire de joindre à cet envoi pour chaque section :

1° Un exemplaire de la feuille d'inscription des votants ;
2° les bulletins qui ont donné lieu à des difficultés.

Les réclamations qui seraient présentées, postérieurement à l'élection et dans le délai de 5 jours, ainsi qu'il sera expliqué ci-après, n° 89, devront être aussi adressées à la préfecture, immédiatement après qu'elles auront été reçues.

85. *Incinération des bulletins non réservés.* « Les bulletins, autres que ceux qui doivent être annexés au procès-verbal, sont brûlés en présence des électeurs. (L. 5 mai 1855, art. 43, § 3.) — Une disposition semblable formait l'art. 52 de la loi du 19 avril 1831, et l'art. 58 de la loi du 15 mars 1849.

Il n'y a pas lieu d'admettre le grief tiré de ce qu'au premier tour de scrutin, les bulletins n'auraient pas été brûlés séance tenante, dans la salle de l'assemblée, et l'auraient été dans une salle voisine, cette irrégularité n'ayant pas été de nature à vicier l'élection, dont le résultat avait été proclamé, et n'ayant point porté atteinte au secret des votes ou à la liberté des suffrages, et étant même démentie par le procès-verbal. (C. d'État, 8 juin, 29 juin, 2 juill., 17 août 1847.)

Lorsqu'il ne s'est élevé aucune réclamation sur l'attribution qui a été faite des bulletins par le bureau, et que ces bulletins ont été brûlés ensuite sans contestation, un électeur ne peut être admis à attaquer l'élection, sous prétexte qu'on ne lui aurait pas attribué un certain nombre de bulletins qui auraient assuré le succès de sa candidature, alors que ces prétendus bulletins n'ont point été conservés et que leur existence même n'est point constatée. En conséquence, si le conseil de préfecture s'appuie de ces bulletins problématiques pour annuler l'élection de l'un des candidats proclamés par le bureau et lui substituer un autre candidat, le Conseil d'État ne peut se dispenser de réformer l'arrêté et de maintenir l'élection annulée. (C. d'État, 10 août 1847.)

86. *Conditions de l'élection au premier et au second tour de scrutin. — Formalités a observer pour chacun de ces tours.*
« Nul n'est élu *au premier tour de scrutin*, s'il n'a réuni : 1° la *majorité absolue* des suffrages exprimés ; 2° un nombre de suffrages égal *au quart* de celui des électeurs inscrits. — Au *deuxième tour* de scrutin, l'élection a lieu à la *majorité relative*, quel que soit le nombre des votants.

« Les deux tours peuvent avoir lieu le même jour. — Dans le cas où le deuxième tour de scrutin ne pourrait avoir lieu le même jour, l'assemblée est, de droit, convoquée pour le dimanche suivant.

« Si plusieurs candidats obtiennent le même nombre de suffrages, l'élection est acquise au plus âgé. » (L. 5 mai 1855, art. 44.)

1er TOUR. Deux conditions sont indispensables pour que l'élection d'un candidat puisse avoir lieu au premier tour. Il faut d'abord qu'il ait obtenu la *majorité absolue des suffrages exprimés*, c'est-à-dire qu'il ait réuni, à lui tout seul, la moitié plus une des voix de tous ceux qui ont voté ; en second lieu, que le nombre des suffrages qui se sont fixés sur lui forme *le quart* du chiffre des électeurs inscrits sur la liste.

Ainsi, par exemple, dans une commune ou section où 500 électeurs auraient pris part au vote sur une liste de 1000 *électeurs inscrits*, la majorité indispensable pour être élu *au premier tour* serait de 251.

Cette prescription d'obtenir, indépendamment de la majorité absolue des votes exprimés, les votes d'une quotité fixe des électeurs inscrits, est nouvelle en matière d'élections municipales. La loi du 21 mars 1831 (art. 49, § 2) n'exigeait, au premier tour, que la *majorité absolue des votes exprimés*, quel que fût le chiffre des votants. Mais un pareil mode favorisait la négligence des électeurs, à tel point qu'on voyait quelquefois un conseil municipal élu par un nombre de votants à peine supérieur à celui de ses membres. Une représentation ainsi choisie ne pouvait avoir pour la commune aucun caractère de réalité. Le système électif repose, en effet, tout entier sur le principe de la majorité. Or peut-il y avoir majorité dans une élection à laquelle une grande partie des habitants de la commune est restée totalement étrangère ?

Dans le projet de loi présenté à l'assemblée législative en 1850, le Conseil d'État avait, en conséquence, introduit une disposition tendante à invalider tout premier scrutin auquel n'aurait pas concouru *la moitié plus un des électeurs inscrits* À un second tour, la présence du tiers plus un des électeur était suffisante. Enfin, à la troisième convocation, l'élection aurait été valable, quel que fût le nombre des votants. — Il résultait de là, sans doute, un avantage incontestable, celui de rétablir le principe électif dans sa pureté. Mais, en voulant aller trop loin, on s'exposait à un inconvénient plus grave encore que celui qu'on voulait éviter. Car il est assez fréquemment difficile de réunir plus de la moitié des électeurs d'un collége. Or comment aurait-on fait lorsque ce cas se serait présenté? Il aurait alors nécessairement fallu laisser la commune sans représentation, ou bien confier au pouvoir le soin de nommer la commission municipale qui l'aurait administrée. L'indépendance des communes aurait ainsi reçu une grave atteinte. — Les auteurs de la loi du 5 mai 1855 ont, entre ces deux écueils, pris un moyen terme. Au lieu d'exiger, au premier tour, la présence de la moitié plus un des électeurs inscrits, la loi actuelle déclare qu'il suffit, à ce premier tour, de réunir *le quart des électeurs inscrits.*

Une erreur commise dans la supputation des suffrages qui doivent composer la majorité est sans influence sur le résultat des élections, lorsque chacun des conseillers élus a obtenu, dès le premier tour de scrutin, un nombre supérieur au chiffre de la majorité réelle. (C. d'État, 16 déc. 1835.)

Il peut arriver que le nombre des candidats qui obtiennent la majorité absolue excède le nombre des conseillers que l'assemblée doit nommer. Dans ce cas, la pluralité des suffrages détermine la préférence.

2ᵉ TOUR. Après un premier essai devenu inutile pour réunir, en faveur des conseillers élus, le plus grand nombre de voix possible, le législateur a voulu que l'élection se fît, au second tour, quel que fût le nombre des électeurs présents. Les communes sauront ainsi d'avance que le législateur a tout fait pour les mettre en mesure d'avoir une représentation sincère de leurs intérêts, et que, en négligeant d'exercer leurs droits, elles s'exposeraient à laisser la minorité maîtresse du pouvoir dont la majorité devrait seule rester en possession. — La majorité *relative* suffira donc, au second tour, quel que soit le nombre des votants; c'est-à-dire que, au

second tour, seront élus conseillers municipaux tous ceux
des candidats sur lesquels se sera fixé le plus grand nombre
de voix, en se renfermant, toutefois, dans la limite des conseillers à élire.

Formes du second tour de scrutin. Si, après que le résultat
du premier scrutin a été proclamé, la journée est assez peu
avancée pour qu'il soit possible de procéder à un second
tour, ainsi que l'art. 44 en laisse la faculté, le président
annonce l'ouverture de ce second scrutin : il doit donner des
ordres pour que les électeurs qui ne seraient pas présents
soient avertis, par la cloche ou le tambour, de l'ouverture
du second scrutin.

S'il ne reste pas le temps nécessaire, cette opération est
remise au dimanche suivant, et l'assemblée est convoquée, *de
droit*, pour ce jour-là.

Il est procédé au second scrutin par *bulletins de liste*,
comme pour le premier. Les mêmes formes seront observées
pour l'appel des électeurs, la confection et le dépôt des bulletins, la présence simultanée au bureau de trois membres
au moins, la clôture et le dépouillement du scrutin; mais
il suffit de la majorité *relative* à ce second scrutin, et les
candidats qui ont obtenu le plus de suffrages sont proclamés
conseillers municipaux, quand même ils n'auraient pas réuni
le quart plus un des suffrages exprimés.

Le second scrutin doit, comme le premier, durer *trois
heures au moins;* par conséquent, doivent être annulées les
élections faites au 2e tour de scrutin, si ce second scrutin
n'est pas resté ouvert pendant les trois heures voulues par la
loi. (C. d'État, 27 mai 1847.)

Les élections faites au 2e tour sont également nulles, lorsque le procès-verbal ne constate ni l'heure de l'ouverture du
scrutin, ni celle de sa clôture, ni le temps de sa durée, ni le
nombre des votants, ni le nombre des suffrages obtenus par
chaque candidat, et que d'ailleurs rien n'établit, dans le silence du procès-verbal, que les formalités prescrites par la
loi ont été régulièrement accomplies. (C. d'État, 14 juill.
1847.)

Égalité de suffrages. « Si plusieurs candidats obtiennent le
même nombre de suffrages, l'élection est acquise *au plus
âgé.* » (L. 5 mai 1855, art. 44, § 3.) — La loi du 21 mars
1831 ne contenait aucune disposition semblable; aussi, *en
matière d'élections municipales*, n'avait-on pas cru devoir

adopter la règle établie par l'art. 56 de la loi du 19 avr. 1831 relative aux *élections législatives*, d'après laquelle, DANS TOUS LES CAS *où il y avait concours par égalité de suffrages, le plus âgé obtenait la préférence*. — Ainsi, en matière d'élections municipales, lorsque deux candidats avaient obtenu la majorité absolue et le même nombre de suffrages *au premier tour de scrutin*, l'élection n'était pas acquise au plus âgé; il devait être procédé à un second tour de scrutin. (C. d'État, 22 févr. 1844; 8 juin, 27 juill., 7 déc. 1847.) Mais, à ce second tour, entre deux candidats qui avaient obtenu *la majorité relative et le même nombre de suffrages, la préférence était toujours acquise au plus âgé*. (C. d'État., 2 juill. 1847.)

Il ne peut y avoir aujourd'hui, sur cet objet, aucune différence entre les élections municipales et les élections législatives. Dans les unes comme dans les autres, au premier comme au second tour de scrutin, lorsqu'il y a égalité de suffrages entre deux candidats, c'est le plus âgé qui obtient toujours la préférence. La seule distinction qu'il y ait à faire entre les deux tours de scrutin, c'est que la *majorité absolue* des suffrages exprimés et *le quart au moins du nombre des électeurs inscrits* sont indispensables au premier, tandis que la *majorité relative* suffit au second, *quel que soit le nombre des votants*.

— Lorsqu'au second tour de scrutin un candidat a été proclamé conseiller par le bureau comme ayant obtenu une voix de plus que son concurrent, et qu'il est ultérieurement reconnu qu'un individu non électeur a été indûment admis à voter, le conseil de préfecture, saisi d'une réclamation contre cette élection, méconnaît le secret des votes si, attribuant le vote indûment admis au candidat proclamé, il déduit ce bulletin du nombre des suffrages qui lui avaient été donnés, et puis, les voix se trouvant ainsi égalisées, il annule son élection et déclare son concurrent élu par le bénéfice de l'âge. Il y a lieu, dans ce cas, d'annuler simplement l'élection. (29 juin 1853.)

87. *Formules*. Le procès-verbal de toutes les opérations ndiquées ci-dessus pourra être dressé ainsi qu'il suit :

L'an mil huit cent cinquante   , le   , à huit heures du matin, dans la salle de   de la commune de
En exécution de l'arrêté de M. le préfet, en date du
les électeurs de la commune de (*ou bien de la section de la commune*

de   ) *se sont réunis* à l'effet de procéder à l'élection des membres du conseil municipal, conformément à la loi du 5 mai 1855.

M.   maire (*si, à défaut du maire, l'assemblée est présidée par l'adjoint, en indiquer la cause*), président de l'assemblée, a pris place au bureau, et déclaré la séance ouverte à   heures. Le président a donné lecture :

1° De l'arrêté de convocation pris par le préfet ;

2 Des art. 9 , 10 et 11 de la loi du 5 mai 1855, concernant les *incapacités* et les *incompatibilités* ;

3° Du titre II du décret réglementaire du 21 février 1852, relatif à la tenue des assemblées électorales.

Le président a ensuite appelé pour composer le bureau M.   né le   , et M.   né le   qui se sont trouvés être les plus âgés des électeurs présents : il a appelé ensuite M.   , né le   , et M.   né le   , qui se sont trouvés être les deux plus jeunes. — Ces quatre électeurs ayant déclaré savoir lire et écrire, et ayant accepté les fonctions de scrutateurs, ont pris place au bureau, lequel, conformément à l'art. 29 du décret réglementaire, était disposé de telle sorte que les électeurs pouvaient librement circuler alentour.

Le président a déposé sur la table autour de laquelle siége le bureau :

1° une copie de la liste des électeurs, au nombre de

2° Les feuilles destinées à l'inscription des votants.

La boîte du scrutin a été aussi placée sur cette table, et, après avoir été ouverte et vérifiée pour s'assurer qu'elle ne renfermait aucun bulletin, a été fermée à deux serrures, dont les clefs ont été remises, l'une entre les mains de M. le président, l'autre entre celles du plus âgé de ses assesseurs, M.

Le président a rappelé les dispositions pénales composant le titre IV du décret organique du 21 février 1852.

Le président et les scrutateurs ont ensuite nommé, à la majorité absolue des voix et parmi les électeurs présents, M.   pour remplir les fonctions de secrétaire. M.   a pris sur-le-champ place au bureau : il a ouvert immédiatement le procès-verbal de la séance, et y a consigné le détail des opérations accomplies jusque-là.

Le président a rappelé à l'assemblée qu'elle était réunie pour procéder à l'élection de   conseillers ; que l'élection devait avoir lieu au scrutin de liste ; que, par conséquent, chaque électeur devait inscrire sur son bulletin   noms, et que les noms inscrits en sus de ce nombre ne seraient pas comptés dans le recensement des votes, en ajoutant qu'au premier tour de scrutin, la majorité absolue des suffrages était nécessaire pour être élu ; puis il a rappelé que nul ne pouvait être élu s'il n'avait vingt-cinq ans accomplis et s'il ne jouissait de ses droits civiques.

Après ces divers avertissements, le président a annoncé qu'on allait procéder à l'élection, et a proclamé l'ouverture du scrutin

A l'appel de son nom, chaque électeur a remis son bulletin fermé au président qui l'a déposé dans la boîte du scrutin.

Un des scrutateurs a constaté la remise du vote de chaque électeur en écrivant son propre nom en regard de celui du votant sur la liste des inscriptions.

L'appel étant terminé, il a été procédé au réappel de tous ceux qui n'avaient pas voté; enfin, les électeurs qui n'avaient répondu ni à l'appel ni au réappel ont été admis à voter.

A   heures du   , après avoir reçu les votes de tous les électeurs qui se sont présentés jusqu'à cette dernière heure, le réappel terminé, M. le président a déclaré la clôture définitive du scrutin, et il a été procédé immédiatement au dépouillement des votes de la manière suivante :

La boîte du scrutin a été ouverte. Les bulletins qu'elle contenait ayant été comptés par les membres du bureau, il a été reconnu qu'il s'en trouvait   , nombre égal à celui des votants. Ensuite, M.   scrutateur, a pris successivement chaque bulletin, l'a déplié, et l'a remis au président qui en a donné lecture à haute voix et l'a passé à M.   , autre scrutateur.

MM.   et   , autres scrutateurs, et M.   , secrétaire, ont tenu note chacun séparément du nombre de suffrages obtenus par chaque candidat, à l'exception de ceux inscrits en sus du nombre des conseillers à élire.

Les bulletins blancs, ceux qui ne contenaient pas une désignation suffisante, et ceux enfin dans lesquels les votants se sont fait connaître, se sont élevés au nombre de   . Ils ne sont pas entrés en compte dans le résultat du dépouillement, mais ils ont été conservés pour être annexés au présent procès-verbal.

Il est résulté du dépouillement ainsi opéré que

(*Avoir soin d'inscrire les noms des conseillers dans l'ordre décroissant des suffrages qu'ils ont obtenus.*)

M.   a obtenu...... suffrages.
M.   —   —
M.   —   —
M.   —   —
Etc.

Les   premiers candidats ayant obtenu plus de   suffrages, c'est-à-dire la majorité absolue, ont été proclamés membres du conseil municipal de la commune de   , et le nombre des candidats élus se trouvant égal au nombre des conseillers à élire, les opérations ont été déclarées terminées; immédiatement les bulletins qui avaient servi au scrutin ont été brûlés en présence des électeurs.

Le président a ensuite averti les électeurs que ceux d'entre eux qui croiraient avoir à réclamer contre la régularité des opérations pouvaient faire insérer ou annexer leurs réclamations au procès-verbal, ou les déposer dans les cinq jours au secrétariat de la mairie, puis lecture a été donnée du procès-verbal, et le président a déclaré la séance levée et prononcé la séparation de l'assemblée.

Le présent procès-verbal, dressé et clos, séance tenante, le   à   heures du   , a été, après lecture, signé par M.   , président, MM.   , scrutateurs, et M.   , secrétaire.

Si, au premier tour, les conseillers élus étaient en nombre insuffisant, la partie du procès-verbal qui concerne le dépouillement du scrutin devrait être modifiée ainsi qu'il suit :

D'après ce résultat, le président a fait connaître que le nombre des conseillers élus au premier tour de scrutin n'était que de   , tandis que celui des conseillers à élire s'élevait à   ; qu'il allait, en conséquence, être procédé à un second tour de scrutin pour le complément de la liste des conseillers municipaux ; il a rappelé qu'à ce second tour la majorité relative suffisait pour être élu, et que chaque votant avait   noms à écrire sur son bulletin.

Il a été ensuite procédé à l'appel des électeurs, et au réappel, et les électeurs présents ont voté en observant toutes les formalités rappelées plus haut pour le premier scrutin.

Le scrutin a commencé à   heures et a été déclaré clos à   heures, par le président.

La boîte où les votes avaient été déposés a ensuite été ouverte, puis les bulletins ont été lus, et les votes constatés exactement dans les formes suivies au premier tour de scrutin et rappelées ci-dessus.

Il est résulté du dépouillement que

M.	a obtenu	suffrages.
M.	—	—
M.	—	—
M.	—	—
M.	—	—

MM.   , qui ont réuni le plus de voix, ont été proclamés membres du conseil municipal de   : le nombre des conseillers à élire se trouvant ainsi complété, les opérations ont été déclarées terminées, et les bulletins ont été brûlés immédiatement en présence des électeurs.

Le président a ensuite averti, etc., (comme ci-dessus).

Dépouillement ajourné au lendemain.

Dans les communes où le scrutin doit durer deux jours, c'est-à-dire celles qui ont plus de 2500 âmes de population, la suspension du scrutin et sa réouverture seront constatées ainsi qu'il suit :

A   heures du soir, la boîte du scrutin a été scellée par le président et déposée dans une des salles de la mairie ; des scellés ont été également apposés sur les ouvertures de cette salle.

Le lendemain, à   heures du matin, le président, les quatre assesseurs et le secrétaire, dénommés d'autre part, ont pris place au bureau.

La boîte du scrutin, dont les scellés ont été reconnus intacts, a été placée de nouveau sur la table du bureau, les scellés ont été levés, et le scrutin a été ouvert. Pour faciliter l'opération, un nouvel appel a été fait, comprenant seulement les électeurs qui n'avaient pas voté la veille.

Quant au reste, comme au modèle précédent.

Division de l'assemblée électorale en sections. (V. n°ˢ 45 et 46.)

Lorsque l'assemblée électorale a été divisée en sections, il faut distinguer. — Si les sections ont à nommer *un nombre déterminé de conseillers municipaux*, le recensement des voix s'opère séparément dans chaque section qui constitue en effet à elle seule une assemblée distincte. Il faudra donc suivre, pour le procès-verbal de cette assemblée, les formes indiquées ci-dessus. — Mais si l'assemblée électorale a été divisée, uniquement pour la facilité du vote, en plusieurs sections, le résultat du dépouillement, arrêté et signé par le bureau de chaque section, doit être porté par le président au *bureau de la première section*, qui, en présence des présidents des autres sections, opère le recensement général des votes et en proclame le résultat.

Le secrétaire de ce dernier bureau aura dès lors à rédiger, quant au recensement général des votes, un procès-verbal particulier qu'il pourra dresser en ces termes :

L'an mil huit cent cinquante   , le   , à   heures du   , le bureau de la première section de l'assemblée électorale de la commune de   , ayant reçu les procès-verbaux constatant les résultats des votes exprimés dans les assemblées des autres sections, a procédé, en présence des présidents de ces assemblées, **au recense-ment** général des suffrages.

Ce recensement a donné les résultats suivants.

Le reste comme ci-dessus.

CHAPITRE VIII.

RÉCLAMATIONS CONTRE LES OPÉRATIONS ÉLECTORALES.

88. *A qui appartient le droit de réclamer contre les opérations électorales.*
89. *Formes et délais des réclamations.*
90. *Jugement des réclamations. — Compétence.*
91. *Délai dans lequel le conseil de préfecture doit prononcer.*
92. *Question préjudicielle.*
93. *Annulation des élections en tout ou en partie.*
94. *Recours au Conseil d'État.*
95. *Ouverture au recours.*
96. *Qualité pour l'exercer.*
97. *Délai du recours.*
98. *Mode du recours.*
99. *Recours dispensés de tous frais.*

88. Il ne faut pas confondre les réclamations dont il s'agit ici avec celles qui concernent la *teneur des listes* et dont il a été traité au chapitre V. Celles-ci ont uniquement pour objet

de diriger un grief contre l'une des opérations électorales qui ont eu lieu, et par suite de la faire annuler.

L'art. 45, § 1, de la loi du 5 mai 1855 porte : *Tout électeur a le droit d'arguer de nullité les opérations de l'assemblée dont il fait partie.* — De là s'est élevée la question de savoir si un électeur communal peut réclamer contre les opérations électorales d'une section dont il n'a pas fait partie? — Cette question a été vivement controversée au Conseil d'État. Le ministre de l'intérieur, appelé à donner son avis sur l'une des affaires où la question s'agitait, répondit en ces termes : — « On peut dire que la loi ne reconnaît dans chaque commune qu'une assemblée d'électeurs, et que, si elle en a prescrit le partage en sections dans les communes de 2500 habitants et au-dessus, c'est uniquement pour éviter les difficultés et les lenteurs qu'elles eussent éprouvées dans une réunion trop nombreuse, et non pour isoler les réunions électorales et en faire autant d'assemblées distinctes les unes des autres.

« Si l'on se reporte au projet originaire, présenté le 9 février 1829, on y trouve (art. 55) que l'*assemblée des notables* ou électeurs de la commune est partagée en sections. Si le mot *assemblée* est employé au singulier, dans les art. 48, 51, 55, il l'est au pluriel dans les art. 56 et 57. L'art. 58, en disant que le bureau juge provisoirement les opérations de *l'assemblée*, applique évidemment ce mot à chaque section. Venait enfin l'art. 60 qui disait, comme la loi du 21 mars 1831, que tout membre *de l'assemblée* aurait droit de réclamer. — On voit que, dès cette époque, le sens de cette dernière disposition était obscur. Les rapports successifs faits aux deux Chambres et la discussion de la loi ne peuvent servir à en éclairer le sens. En examinant le texte de la loi du 21 mars, on peut remarquer que l'art. 44 ne dit pas que l'*assemblée* sera partagée en sections, mais que les *électeurs* seront partagés en sections; et que, suivant l'art. 45, *les électeurs ne forment qu'une assemblée*, dans les communes au-dessous de 2500 habitants. Il résulte de là que le mot *assemblée* est employé tantôt comme s'appliquant à l'assemblée des électeurs d'une commune, tantôt comme synonyme de *section*. Il faut donc examiner en lui-même, et par d'autres considérations, le sens de l'expression *tout membre de l'assemblée.*

« Si l'on considère que les élections des conseillers mu-

nicipaux intéressent toute la commune, il semble que
tout électeur, quelle que soit la section à laquelle il appartient, a intérêt et a droit par conséquent à contester les opérations des autres sections, s'il ne les croit pas régulières;
que, sous ce point de vue, on devrait entendre par *membre
de l'assemblée*, *un membre quelconque du corps électoral de
la commune.*

« Mais, d'un autre côté, il y a lieu d'observer que le législateur aurait pu, dans l'art. 52, employer l'expression *tout électeur*, qui se présentait même plus naturellement à l'esprit que
celle de *membre de l'assemblée*, et qu'il ne l'a point fait; que
même on pourrait prétendre, avec quelque fondement, que
cette expression exclut tout électeur, soit de l'assemblée unique, soit de la section, qui n'aurait pas pris part aux opérations; enfin que, dans le système de la loi du 21 mars 1831,
qui, à cet égard, diffère du projet présenté en 1829, chaque
section élit séparément et complétement un certain nombre
de conseillers municipaux; qu'ainsi ces diverses élections
sont indépendantes les unes des autres. Ces considérations
tendent à établir que *le droit d'attaquer les opérations d'une
section appartient seulement aux électeurs de cette section.*

« Il n'en serait pas de même des sections des assemblées
chargées d'élire les membres des conseils généraux de département et des conseils d'arrondissement, attendu que ces
sections concourent à l'élection du même ou des mêmes
conseillers, et que les votes sont recensés par le bureau de
la première section.

« En ce qui concerne les élections municipales, je me
borne à rappeler les opinions diverses sur le sens des termes
*membre de l'assemblée. Celle que je viens d'indiquer en der-
nier lieu me paraît toutefois la mieux fondée.* »

Le Conseil d'État, par un arrêt du 8 avril 1836, statua
dans ce sens.

Cette interprétation de la loi du 21 mars 1831 qu'est venu
confirmer un autre arrêt du 8 juin 1847 nous paraît s'appliquer de tout point au § 1 de l'art. 45 de la loi du 5 mai 1855.

— D'un autre côté, l'art. 46 de la loi du 5 mai 1855 est ainsi
conçu : « Le préfet, s'il estime que les conditions et les formes légalement prescrites n'ont pas été accomplies, *peut également, dans le délai de quinze jours à dater de la réception
du procès-verbal, déférer les opérations électorales au conseil
de préfecture.* »

Le droit conféré ici au préfet résulte de l'intérêt qu'il a, comme chef de l'administration départementale, à ce qu'aucun citoyen ne puisse être illégalement investi des pouvoirs de conseiller municipal. Mais on ne peut pas dire que le préfet, lorsqu'il intervient pour arguer de nullité certaines opérations électorales, agisse comme partie personnellement intéressée dans la question, et que par suite il n'a pas le droit de connaître comme juge administratif du litige qu'il a soumis à la juridiction du conseil de préfecture. — On ne pourrait donc pas demander au Conseil d'État l'annulation d'une décision du conseil de préfecture en matière d'élection municipale, comme n'ayant été rendue que *par deux membres de ce conseil*, lorsqu'il serait constant que *le préfet a siégé conjointement avec deux conseillers*. (C. d'État, 30 mai 1834.)

89. *Formes et délais des réclamations.* « Les réclamations doivent être *consignées au procès-verbal*, sinon elles doivent être, à peine de nullité, *déposées au secrétariat de la mairie, dans le délai de cinq jours, à dater du jour de l'élection*. Elles sont immédiatement adressées au préfet, par l'intermédiaire du sous-préfet; elles peuvent aussi être directement *déposées à la préfecture ou à la sous-préfecture, dans le même délai de cinq jours*. » (L. 5 mai 1855, art. 45, § 2.)

La disposition qui précède donne aux électeurs les plus grandes facilités possibles pour attaquer les opérations électorales qui leur paraîtraient entachées d'irrégularité. Leurs réclamations à ce sujet peuvent indifféremment être consignées, sur leur demande, au procès-verbal, ou bien déposées par eux, soit au secrétariat de la mairie, soit à la préfecture, soit enfin à la sous-préfecture.

Il est évident que les réclamations ne peuvent avoir été insérées au procès-verbal qu'autant qu'elles ont été formées *séance tenante*. Quant aux autres, le dépôt doit en être fait dans le *délai de cinq jours, à compter du jour de l'élection*. Si, au lieu d'être *déposées*, elles sont *envoyées*, il est indispensable qu'elles aient été *reçues* à la mairie, à la sous-préfecture ou à la préfecture, avant l'expiration du délai de cinq jours fixé par la loi. Le Conseil d'État, par ses arrêts des 17 juin, 7 août, 11 sept. 1835, 14 juill. 1847, rendus sous l'empire de la loi du 21 mars 1831, dont l'art. 52 était sur ce point absolument semblable à l'art. 45 de la loi du 5 mai 1855, a décidé qu'il y avait lieu de prononcer le rejet pur et simple, pour cause de déchéance, de toute réclamation qui n'avait été ni consignée au procès-verbal, ni déposée à la mairie, *dans le délai de cinq jours*, bien qu'elle eût été envoyée à la préfecture, si elle n'était arrivée dans les bureaux qu'après l'expiration de ce délai.

L'art. 52 de la loi du 21 mars 1831 voulait qu'il fût *donné récépissé de la réclamation*. Quoique cette prescription n'ait pas été reproduite dans la nouvelle loi, il est certain qu'elle subsiste encore. Sans un récépissé, le réclamant n'aurait, en cas de contestation, aucun moyen d'établir que sa réclamation a été déposée en temps utile. Il est indispensable par le même motif que, si la réclamation est envoyée à la mairie, à la préfecture ou à la sous-préfecture, elle soit exactement enregistrée à son arrivée dans les bureaux.

— Lorsqu'une réclamation contre la validité d'opérations électorales est parvenue à la préfecture, *plus de cinq jours après* l'élection, mais qu'il résulte d'un certificat émané du maire de la commune qu'un autre exemplaire de la même protestation avait été déposé au secrétariat de la mairie, *dans les délais utiles*, la réclamation ne peut être rejetée comme tardivement faite. (C. d'État, 6 mai 1836.) — Il en serait de même si le préfet attestait que la réclamation a été déposée à la mairie le lendemain des opérations électorales. (2 août 1836.)

90. *Jugement des réclamations.* — *Compétence.* « Il est statué *par le conseil de préfecture, sauf recours au Conseil d'État.* — Si le conseil de préfecture n'a pas prononcé *dans le délai d'un mois, à compter de la réception des pièces à la préfecture*, la réclamation est considérée comme rejetée. » (L. 5 mai 1855, art. 45, § 3 et 4.)

Compétence. Il importe de bien préciser en quoi consiste la compétence du conseil de préfecture telle qu'elle a été fixée par cet article, et précédemment par l'art. 52, § 1, de la loi du 21 mars 1831.

La compétence du conseil de préfecture s'applique uniquement aux opérations électorales elles-mêmes, c'est-à-dire à ce qui s'est passé dans le sein du collège électoral depuis l'ouverture jusqu'à la clôture des séances. — Les opérations relatives à la confection des listes ne regardent point le conseil de préfecture, puisque nous avons vu, *suprà*, nᵒˢ 32 et 36, que les contestations qui s'élèvent sur cet objet sont délérées, en premier ressort, à la commission municipale, et, par appel, au juge de paix. — Le conseil de préfecture n'a pas non plus le droit de connaître de la décision prise par le préfet, en conseil de préfecture, pour fixer le nombre des sections entre lesquelles sera divisée l'assemblée des électeurs communaux et pour faire entre ces sections la répartition des conseillers à élire. Ce sont là des actes purement administratifs qui ne peuvent être attaqués que devant le ministre de l'intérieur dans les attributions duquel se trouve aujourd'hui tout ce qui concerne les élections communales. (C. d'État, 24 oct. 1832, 12 juin 1833, 5 déc. 1837.)

C'est un principe général en matière de compétence qu'aucun tribunal n'est apte à juger un litige, qu'autant qu'il en est régulièrement saisi. Le conseil de préfecture, en qualité de *tribunal administratif*, est donc soumis à cette règle. Par suite, un conseil de préfecture n'a aucun titre pour statuer sur la validité des opérations d'une assemblée électorale dont la connaissance ne lui a été dévolue ni par une réclamation d'électeurs ni par un recours du préfet. (C. d'État, 18 mai 1835, 13 mai 1836.)

91. *Délai.* Le conseil de préfecture doit prononcer *dans le délai d'un mois* (arg. art. 45, § 3), car en suspendant sa décision au delà de ce terme, ce conseil devrait être réputé avoir rejeté la réclamation, et sa décision serait, dès lors, susceptible de recours devant le Conseil d'État. Cette disposition était nécessaire pour qu'une réclamation régulièrement dirigée contre des opérations électorales ne pût jamais être à la merci d'une négligence ou d'une inertie calculée. — Lors même que, dans le délai d'un mois, le conseil de préfecture aurait prescrit une *enquête*, si sa décision définitive avait été retardée au delà de ce terme, le recours devant le C. d'État n'en serait pas moins ouvert. (C. d'État, 18 févr. 1836.) — Si le conseil de préfecture statuait au delà du terme légal, sa décision devrait être considérée comme non avenue, et les élections qu'il aurait annulées resteraient valables. (C. d'État, 2 nov. 1832; 3, 11, 25, 28 août. 28 déc. 1849.)

Le délai d'un mois court à compter du jour *de la réception des pièces à la préfecture*, et non pas seulement à compter du jour de leur remise au conseil de préfecture. (C. d'État, 30 août 1847, 25 août 1849.)

92. *Question préjudicielle.* « Dans tous les cas où une ré-

clamation formée en vertu de la présente loi implique la
solution préjudicielle d'une question d'état, le conseil de
préfecture renvoie les parties à se pourvoir devant les juges
compétents, et fixe un bref délai dans lequel la partie qui
aura élevé la question préjudicielle doit justifier de ses diligences. » (L. 5 mai 1855, art. 47.)

Les tribunaux administratifs ne peuvent jamais être juges
des questions qui touchent à *l'état* des personnes, c'est-à-
dire de celles qui surgissent à l'occasion de *l'incapacité personnelle*, de *l'extranéité*, du *domicile*, etc. Lorsqu'une difficulté de ce genre est soulevée devant le conseil de préfecture,
ce conseil doit donc s'abstenir jusqu'à ce que le tribunal
civil compétent ait prononcé. Toutefois, comme il pourrait
arriver que la partie intéressée n'eût élevé la question préjudicielle que pour traîner le temps en longueur, afin d'exercer
provisoirement les droits qui lui sont contestés, le conseil de
préfecture fixera un délai très-court pendant lequel cette
partie sera tenue de prouver qu'elle a saisi de sa réclamation
le tribunal qui doit en connaître.

95. *Annulation des élections en tout ou en partie.* On vient
de voir ce qui arrive lorsque le conseil de préfecture ne prend
aucune décision sur les réclamations portées devant lui. Cela
équivaut au rejet de ces réclamations, et s'il n'y a pas eu de
recours en Conseil d'État de la part des réclamants, les conseillers municipaux élus peuvent être installés.

Examinons maintenant ce qui a lieu, lorsque les réclamations sont accueillies en tout ou en partie.

« Dans le cas où l'annulation de tout ou partie des élections est devenue définitive, l'assemblée des électeurs est
convoquée dans un délai qui ne peut excéder trois mois. »
(L. 5 mai 1855, art. 48.)

Lorsque, sans casser toutes les opérations d'une assemblée,
le conseil de préfecture annule l'élection d'un ou plusieurs
des conseillers élus par cette assemblée, doit-on, dans tous
les cas, convoquer de nouveau les électeurs pour remplacer
les nominations annulées? Le conseil de préfecture ne peut-
il rectifier les opérations et déclarer *conseillers* un ou plusieurs candidats autres que ceux qui ont été proclamés? — Il
faut, à cet égard, distinguer la nature du motif de l'annulation.

Si l'assemblée électorale avait commis une erreur dans la
supputation ou la répartition des suffrages, ou négligé, par

exemple, de tenir compte des billets blancs, — ce qui changerait la majorité, — le conseil de préfecture pourrait réformer la décision du bureau qui aurait proclamé tel conseiller, et lui substituer tel autre candidat, qui, selon les opérations ainsi rectifiées, aurait obtenu la majorité. Il y a eu plusieurs exemples de décisions de cette nature en matières d'élections départementales qui ont été confirmées par des ordonnances rendues en Conseil d'État.

Si, au contraire, le conseil de préfecture annulait, pour cause d'incapacité ou d'incompatibilité ou de tout autre empêchement, l'élection de tel candidat proclamé, la place de ce conseiller deviendrait vacante, et il n'y aurait pas lieu d'appeler à le remplacer le candidat qui aurait eu le plus de suffrages après tous ceux qui auraient été proclamés.

Toutefois il y aurait une exception à cette règle dans le cas où il y aurait plus de majorités absolues que de nominations à faire, et où, par conséquent, l'opération aurait été terminée au premier tour de scrutin. Si, par exemple, de cinq candidats ayant obtenu cette majorité, quatre seulement avaient pu et dû être proclamés conseillers, et si l'élection du troisième était annulée par le conseil de préfecture, le cinquième devrait être déclaré conseiller par la même décision, puisqu'il aurait réuni la majorité absolue exigée par l'art. 44.

— Lorsque l'arrêté annule toutes les opérations d'une assemblée unique ou sectionnaire et que cette annulation, par défaut de recours ou par une décision conforme du Conseil d'État, est devenue définitive, l'assemblée des électeurs est convoquée dans un délai de 3 mois, conformément à l'art. 48.

Il pourrait sembler qu'il se trouve une contradiction entre les dispositions de l'art. 8 de la loi du 5 mai 1855, qui permet d'attendre que le conseil soit réduit aux trois quarts de ses membres pour procéder au remplacement, et celle de l'art. 48, qui prescrit de convoquer l'assemblée des électeurs dans les 3 mois qui suivent l'annulation d'une élection. Cette contradiction n'existe point. L'art. 48 n'est applicable qu'au cas où une élection est annulée : l'art. 8 est applicable, au contraire, à tous les cas où il y a des vacances résultant de toute autre cause que d'une annulation d'élection, par exemple de refus, de démissions, de décès, etc.

C'est à bon droit qu'il a été procédé à des opérations nouvelles, lorsque les opérations électorales faites précédemment

6

n'étaient pas régulières et n'avaient produit d'ailleurs aucun résultat. (C. d'État, 18 nov. 1847.)

La nouvelle convocation prescrite par l'art. 48 donne lieu à une nouvelle élection tout à fait indépendante de la première. — Ainsi, dans le cas où l'annulation ne porterait que sur le second scrutin, il ne serait pas permis de considérer le premier comme restant valable, et, par suite, de faire un seul nouveau scrutin *à la majorité relative*, comme s'il était la continuation pure et simple d'une opération dont la dernière partie seulement a été annulée. Il faudrait recommencer l'opération entière, et les majorités ne seraient valables que dans les conditions prescrites par l'art. 44, c'est-à-dire que les candidats auraient besoin, pour être élus au premier tour, de réunir avec la majorité absolue des suffrages exprimés le quart au moins des votes des électeurs inscrits, tandis que, au second tour, il leur suffirait d'obtenir *la majorité relative*. (C. d'État, 4 déc. 1835.)

94. *Recours au Conseil d'État.* « Le recours au Conseil d'État, contre les décisions du conseil de préfecture, est ouvert, *soit au préfet*, *soit aux parties intéressées*, *dans le délai de trois mois*.» (L. 5 mai 1855, art. 45, § 4, et art. 46, § 2.)

95. *Ouverture au recours.* Pour que le recours au Conseil d'État soit ouvert, il faut qu'il y ait eu décision de la part du conseil de préfecture. Il est, en effet, de règle, en justice administrative, comme devant les autres tribunaux, que toute décision subisse l'épreuve d'un double jugement, ou, en d'autres termes, qu'elle parcoure *deux degrés de juridiction.* — Ainsi tout chef de réclamation qui serait, *de plano*, présenté au Conseil d'État, ne pourrait qu'être repoussé. (C. d'État, 14 mai, 29 juin, 14 juill., 21 déc. 1847.)

96. *Qualité pour exercer le recours.* La loi donne expressément qualité, pour exercer le recours, tant *au préfet* qu'*aux parties intéressées.* Il n'en a pas toujours été ainsi. Sous l'empire de la loi du 21 mars 1831, un arrêt du Conseil d'État, du 27 juin 1847, avait formellement refusé au préfet le droit d'attaquer devant le Conseil d'État l'arrêté d'un conseil de préfecture. Un autre arrêt, du 24 juillet suivant, reconnaissait toutefois ce droit au ministre de l'intérieur. — Un arrêté du conseil de préfecture, rendu dans un intérêt particulier, ne peut être attaqué, dans un intérêt public et collectif, par des personnes qui d'ailleurs n'y étaient pas parties. (C. d'État, 25 févr. 1832.)

Des électeurs municipaux, qui n'ont pas signé la protestation dirigée contre les opérations électorales de leur commune, et qui n'ont point été parties dans l'arrêté par lequel le conseil de préfecture a statué sur le mérite des réclamations élevées contre ces opérations, n'ont pas qualité pour se pourvoir contre cet arrêté. (C. d'État, 14, 24, 29 juill. 1847.)

Le décès de l'électeur réclamant, durant le cours de l'instruction relative au pourvoi qu'il a formé contre l'arrêté du conseil de préfecture statuant sur la protestation par lui dirigée contre l'élection d'un membre du conseil municipal, éteint l'action, et, en conséquence, il n'y a pas lieu de statuer sur ledit pourvoi. (C. d'État, 7 déc. 1847.)

97. *Délai du recours.* Le recours devant le Conseil d'État doit être formé *dans le délai de trois mois.* (L. 5 mai 1855, art. 45 et 46.) — Ce délai commence à courir du jour où il est établi que les parties ont eu connaissance de la décision du conseil de préfecture qui les intéresse, soit par une signification régulière, soit par tout autre mode équivalent. (Décr. 22 juill. 1806 ; C. d'État, 16 août 1832, 17 janvier 1833, 10 sept. 1835, 9 mars 1836.)

— Les parties sont considérées comme ayant eu une connaissance suffisante de la décision, lorsque les conseillers municipaux, dont elles avaient attaqué l'élection devant le conseil de préfecture, ont été installés et sont entrés en fonctions. (C. d'État, 27 févr. 1836.)

98. *Mode du recours.* La requête par laquelle on forme un recours contre la décision d'un conseil de préfecture, *en matière électorale*, doit être *déposée au secrétariat général du Conseil d'État* avant l'expiration du délai fixé par la loi. (C. d'État, 10 sept. 1835.) Du reste, on peut l'adresser, *par la voie de la poste*, au secrétaire général à qui les règlements accordent la franchise.

— La requête déposée et enregistrée au secrétariat du Conseil d'État, après l'expiration du délai de trois mois fixé par la loi, doit être rejetée, et il n'a pu être suppléé audit enregistrement par une signification faite, soit au ministre de l'intérieur, soit au préfet, par acte extrajudiciaire. (C. d'État, **10 sept. 1835.**)

99. *Recours dispensés des frais.* « En cas de recours au Conseil d'État, le pourvoi est jugé sans frais. » (L. 5 mai 1855, § 5.) — Cette disposition, conforme à un arrêt du Conseil d'État, du 22 juill. 1835, déroge au décret du 23 juill. 1806 qui exige le ministère d'un avocat aux Conseils. — Il n'y a donc pas lieu d'exiger que la requête relative à un tel recours soit signée d'un avocat aux Conseils.

— Mais le droit accordé exceptionnellement aux parties de se pourvoir sans frais, en matière électorale, devant le Conseil d'État, constitue un droit essentiellement personnel, et, en conséquence, elles sont non recevables à se pourvoir par un mandataire autre qu'un avocat aux Conseils. (C. d'État, 21 déc. 1847.)

— Puisque la loi veut que, en matière électorale, les recours contre les arrêtés des conseils de préfecture soient *sans frais*, il n'y a pas lieu de condamner *aux dépens* la partie qui succombe dans un pourvoi de cette nature. (C. d'État, 8 juin 1847.)

CHAPITRE IX.

DU DROIT D'ÉLIGIBILITÉ.

SECTION I. — INCAPACITÉS ABSOLUES.

SECTION II. — INCAPACITÉS RELATIVES OU INCOMPATIBILITÉS.

100. Après avoir exposé, dans les chapitres précédents, sous quelle condition les habitants d'une commune figurent sur la liste électorale, et les règles constitutives de leurs assemblées, lorsqu'ils ont à procéder à une élection, il nous reste à dire dans quelles limites la loi circonscrit alors les choix qu'ils ont à faire.

L'*électorat* et l'*éligibilité* sont deux droits dérivant de la même source. Il faut, pour les exercer l'un et l'autre, jouir de la plénitude des droits civils. Ainsi, nul ne peut être éligible s'il n'est également *électeur*.

101. Mais on peut être électeur sans être éligible. L'électorat commence à vingt et un ans, l'éligibilité ne s'ouvre qu'à vingt-cinq. — L'art. 8, § 1, de la loi du 25 mai 1855 porte : « les conseillers municipaux doivent avoir *vingt-cinq ans accomplis.* » Cette différence s'explique d'elle-même. La capacité qui suffit pour donner un mandat n'implique pas la possession de celle qu'il faut pour le remplir. Entre l'électorat et l'éligibilité, quant au mandat législatif, la loi a mis un intervalle de quatre ans. On a suivi la même gradation pour le mandat municipal. Du reste, sous l'un comme sous l'autre rapport, il serait satisfait à la loi, bien que les vingt-cinq ans ne fussent accomplis que le jour même de l'élection.

102. La loi n'exige pas d'autres conditions. Il n'est plus nécessaire, comme sous l'empire du décret du 3 juill. 1848,

de payer une contribution directe dans la commune. Voici,
d'après *l'exposé des motifs* de la loi du 5 mai 1855, la raison
de ce changement :

« Exigerait-on l'inscription des éligibles au rôle de l'une
des quatre contributions? Mais si, en même temps, on ne
fixait un certain chiffre de contribution à payer, cette garantie serait illusoire ; et, d'autre part, toute fixation de cette
nature serait le rétablissement du cens électoral que semble repousser l'esprit de nos institutions politiques. Il est
d'ailleurs peu vraisemblable que les suffrages des électeurs
se portent sur des personnes qui ne payeraient aucune contribution dans la commune; et, en supposant un fait si
extraordinaire, l'adjonction obligée des plus imposés, dans
toutes les délibérations ayant pour objet soit des emprunts,
soit des impositions additionnelles, viendrait, en tout cas,
en tempérer les inconvénients. »

103. La loi actuelle ne fait pas non plus, d'une résidence plus ou moins ancienne dans la commune, l'une des
conditions de l'éligibilité. Le législateur a voulu laisser au
suffrage universel la plénitude de sa liberté. Il faut d'ailleurs
considérer que les électeurs d'une commune préféreront, à
des candidats étrangers, les hommes qui, par un séjour prolongé au milieu d'eux, leur seront particulièrement connus
et auront acquis leur confiance. Si leurs suffrages sortent
accidentellement de ce cercle, ce sera presque toujours pour
appeler au conseil municipal quelque propriétaire qui, sans
résider habituellement dans la commune, y viendra, du
moins chaque année, passer quelque temps. De pareilles
nominations ne sont pas dangereuses.

104. Le nombre de ces éligibilités *foraines* a cessé même
d'être limité *au quart* des conseillers municipaux à élire,
ainsi qu'il l'était aux termes de l'art. 15 de la loi du
21 mars 1831. Aucune restriction de ce genre n'est maintenant imposée aux choix des électeurs.

105. Ainsi les questions qui pourront désormais s'élever sur la qualité d'éligible à un conseil municipal, ne
pourront porter ni sur l'inscription du nom du candidat au
rôle de la contribution foncière, ni sur le point de savoir
s'il réside dans la commune, ni enfin si le nombre des conseillers forains élus avec lui dépasse le quart du nombre to-

tal des membres du conseil. Ces questions ne pourront avoir pour objet que la condition d'âge imposée par l'art. 8, et les restrictions dont il est parlé ci-après. Ces restrictions sont de deux sortes. La loi prévoit, en effet, des *incapacités absolues* et des *incompatibilités* qui ne sont que *relatives*, parce qu'elles tiennent à de certains *rapports* existant entre les personnes qui sont devenues membres du même conseil municipal. Chacun des conseillers est alors *individuellement capable* (ce qui n'arrive pas dans le cas d'incapacité absolue); ils ne deviennent incapables que par leur entrée simultanée dans le même conseil municipal. Si l'un d'eux se retire, l'autre reprend donc toute sa capacité.

Section I. — Incapacités absolues.

La première des incapacités absolues est celle qui résulte de la privation du droit de voter, par l'une des causes énumérées, *suprà*, n° 8. Dès l'instant qu'on a perdu le droit d'être inscrit sur une liste électorale quelconque, on est, à plus forte raison, frappé de déchéance quant à l'éligibilité. Nous n'avons pas besoin de faire ici un nouvel examen des incapacités de cette sorte. Nous allons nous attacher uniquement à celles qui font l'objet de l'art. 9 de la loi du 5 mai 1855. Cet article est ainsi conçu :

« Ne peuvent être conseillers municipaux : 1° les comptables de deniers communaux et les agents salariés de la commune; 2° les entrepreneurs de services communaux; 3° les domestiques attachés à la personne; 4° les individus dispensés de subvenir aux charges communales, et ceux qui sont secourus par les bureaux de bienfaisance. »

Examinons séparément chacune de ces situations.

106. *Comptables de deniers communaux.* — On appelle comptable tout individu qui a mission de recevoir au nom d'un autre, sauf à tenir compte, à ce dernier, des deniers reçus. Ainsi, le receveur de la commune, le percepteur-receveur municipal sont des *comptables communaux.*

On a demandé si, par cette expression, il fallait entendre les *receveurs des hospices et bureaux de bienfaisance*, et, en général, les comptables qui perçoivent les revenus des établissements à l'existence desquels la commune concourt au moyen de subventions? — L'affirmative sur cette question ne saurait être douteuse, car, outre que, dans la réalité, les

biens des hospices et des bureaux de bienfaisance ne sont
que des biens communs (qui ont seulement une affectation
spéciale), lorsque la commune veut ajouter des secours aux
revenus particuliers de l'hospice ou du bureau de bienfaisance, les conseillers municipaux sont appelés, aux termes
de l'art. 12 de l'ordonn. du 31 oct. 1831, et de l'art. 21 de
la loi du 18 juill. 1837, à donner leur avis sur les comptes de
ces établissements. D'où résulte la conséquence nécessaire
que le receveur d'un établissement subventionné par la commune ne peut pas, en même temps, manier les deniers de
cet établissement et se trouver éventuellement appelé à contrôler ses propres comptes.

Mais, s'il était réellement établi que le receveur d'un bureau de bienfaisance n'est ni comptable de deniers communaux, ni salarié de la commune, il y aurait lieu dès lors de
maintenir son élection comme membre du conseil municipal.

Cette question s'est présentée dans l'espèce suivante : —
L'élection du sieur Denombret, au conseil municipal de
Tonnerre, avait été annulée par le conseil de préfecture
de l'Yonne, par le motif que l'élu étant receveur d'un bureau de bienfaisance, dont les principaux revenus se composent du produit d'une quête communale pour l'extinction de
la mendicité, se trouvait comptable de deniers communaux,
fonctions incompatibles avec celles de conseiller municipal.
Le sieur Denombret représentait qu'une contribution volon-
taire que les habitants de la ville de Tonnerre s'imposaient
pour l'extinction de la mendicité, contribution recueillie
sous forme de quête et versée au bureau de bienfaisance, ne
pouvait être considérée comme un revenu communal. Il
ajoutait que les comptes de son bureau de bienfaisance n'é-
taient pas soumis au conseil municipal, qu'ils étaient rendus
directement au sous-préfet, qu'enfin il ne recevait par an
que 48 fr., somme à peine suffisante pour le couvrir de ses
frais et déboursés, et qui, du reste, était payée sur le budget
du bureau de bienfaisance.

Comme l'exactitude de ces faits n'était pas contestée, et
que par conséquent les motifs ci-dessus déduits ne pouvaient
s'appliquer au cas spécial où se trouvait le sieur Denombret,
son élection fut maintenue par un arrêt du Conseil d'État, du
8 janv. 1836.

107. *Agents salariés de la commune.* — De graves difficultés se présentent au sujet du sens qu'il faut attacher à cette qualification.

1° On a demandé si cette désignation comprend les *médecins des pauvres*, qui touchent un traitement sur le budget communal; les *bibliothécaires*, les *professeurs payés sur le même budget*; ou s'il faut la restreindre aux individus employés dans les divers services de l'administration communale. A l'appui d'une interprétation dans ce dernier sens, on observe que la loi n'a pas employé l'expression *tout salarié de la commune*, ni celle-ci, *tout citoyen salarié par la commune;* mais bien celle d'*agent salarié*, etc. Toutefois, attendu que la limite serait difficile à reconnaître entre ce qui est et n'est pas *service administratif*, et que, sauf les individus recevant une pension sur le budget communal (auxquels ne peut convenir l'expression *agent salarié*), tout individu qui reçoit de la commune un salaire, le touche comme prix d'un travail qu'il fait dans l'intérêt de la commune, d'un service qu'il rend à la communauté, il semble plus rationnel de ne pas admettre d'exception et de considérer comme exclu du conseil municipal *tout individu qui reçoit un traitement ou salaire sur les fonds de la commune*. C'est, du reste, ce qu'ont jugé un arrêt de la Cour de Cass., du 4 mars 1844, et trois arrêts du Conseil d'État, des 3 mai, 3 sept. 1844 et 18 nov. 1846.

On doit d'ailleurs avoir égard à ce que les places ainsi salariées n'étant nombreuses que dans les villes de quelque importance, l'inconvénient d'incompatibilités trop multipliées s'y fait moins sentir que dans les petites communes qui offrent peu de latitude pour les choix.

2° Doit-on considérer comme salariées de la commune les personnes qui, sans recevoir un traitement sur le budget, sont rétribuées par des établissements communaux, tels que *hospices, colléges*, etc.? — Pour soutenir l'affirmative, on pourrait dire que les motifs qui ont fait établir l'exclusion relative aux agents salariés sur les fonds communaux s'appliquent avec quelque raison à ceux qui sont salariés par des établissements communaux. — Cependant, en vertu du principe que les exceptions sont de droit étroit, et que les exclusions ne se présument pas, il a été jugé que la prohibition dont il s'agit ne frappe que les agents qui reçoivent un traitement ou salaire sur le budget de la commune.

— Ainsi, *l'économe et le secrétaire d'un hospice* ne doivent pas être considérés comme exclus du conseil municipal à titre de salariés de la commune. (C. d'État, 8 mai 1841, 10 août 1847.)

— Un *professeur de collége communal, fonctionnaire de l'Université, nommé par le ministre de l'instruction publique,* ne doit pas être considéré comme agent salarié de la commune, et ne se trouve pas compris dans le cas d'incompatibilité prévu par la loi, quoiqu'il soit pourvu au traitement des professeurs du collége par une allocation annuelle accordée par la commune. (C. d'État, 8 juin 1847.)

— Le même motif et la même décision doivent s'appliquer à un *professeur d'une école préparatoire de médecine,* quoique cet établissement soit subventionné par la commune. (C. d'État, 31 mars 1847, 8 janv. 1849.)

— Mais un citoyen exerçant les fonctions de *professeur de dessin dans une école communale,* lorsque cet emploi est à la nomination du maire, et rémunéré sur les fonds de la commune, doit être considéré comme *agent salarié de la commune.* (C. d'État, 18 nov. 1846.)

Il en est de même du *bibliothécaire-archiviste d'une commune.* (C. d'État, 3 mai 1844),

— Et d'un médecin rétribué par la commune pour visiter les écoles primaires. (Trib. civ. d'Issoudun, 14 sept. 1844.)

— Mais l'engagement contracté, par un habitant de la commune, de remonter, moyennant un abonnement annuel, l'*horloge communale,* ne suffit point pour lui conférer, dans le sens de la loi, la qualité d'*agent salarié de la commune.* On ne peut donc se fonder sur ce motif pour demander la nullité de son élection au conseil municipal. (C. d'État, 19 août 1835, 12 août 1844.)

· Pareillement, un *architecte* chargé de diriger et de surveiller, en sa qualité d'architecte, les travaux d'une église en construction dans une commune, et qui reçoit, à ce titre, une rémunération, ne doit pas être considéré comme un *agent salarié de la commune* auquel s'applique l'exclusion prévue par la loi. (C. d'État, 29 juin 1847.)

— On ne peut, non plus, attaquer l'élection d'un conseiller municipal, par le motif que sa femme remplit les fonctions d'*institutrice rétribuée par la commune.* (C. d'État, 18 mai 1837.)

— Le *secrétaire de la mairie,* agent salarié de la commune, est nécessairement frappé d'incapacité quant aux fonctions de conseiller municipal. (C. d'État, 11 avril 1834.) — Si, par quelque circonstance exceptionnelle, il arrivait que le secrétaire de la mairie *ne reçût pas de traitement*, il n'en tomberait pas moins sous l'application de la loi, à titre de *comptable de deniers communaux ;* car les secrétaires sont chargés de percevoir des droits de plusieurs sortes attribués aux communes, et entre autres ceux qui sont dus pour les *expéditions des actes de l'état civil.*

Mais si l'*agent salarié de la commune* veut renoncer à ses fonctions, ne peut-il pas avoir l'option, et demander à être maintenu dans sa qualité de conseiller municipal? Ceux qui, sur cette question, soutiennent la négative, disent : pour donner ouverture au droit d'option, il faudrait que la personne appelée à opter fût revêtue simultanément des deux qualités entre lesquelles elle voudrait choisir ; or, c'est ce qui peut arriver ici, puisque l'une des deux, aux termes de la loi, est, de droit, exclusive de l'autre. C'est toujours au moment même de la nomination qu'il faut considérer la capacité, et celui qui était, à ce moment, incapable, ne peut prétendre à exercer des fonctions qui ui étaient interdites, même après que les causes d'incapacité ont cessé. Il faudrait donc nécessairement que, depuis la démission donnée, une élection nouvelle fût venue conférer des droits utiles à l'agent démissionnaire.

Mais à l'appui de l'opinion contraire, on a fait observer que l'incompatibilité prononcée par la loi, entre les fonctions de salarié de la commune et celles de conseiller municipal, serait parfaitement respectée, lorsque l'élu aurait quitté ses fonctions primitives *avant l'installation du conseil municipal*, puisque ce n'est qu'à partir de cette installation que commencent *les fonctions* de conseiller municipal. — Cette dernière opinion a été consacrée deux fois par le Conseil d'État. (11 avril 1834 et 23 juin 1846.)

A raison de cette dernière circonstance, nous aurions peut-être dû classer les *agents salariés* de la commune dans la section des *incapacités relatives.* Si nous les avons maintenus dans celle-ci, c'est uniquement pour ne pas nous écarter de la division adoptée par la loi.

108. *Entrepreneurs de services communaux.* — Cette qualification s'applique à tous ceux qui se sont rendus adjudicataires, ou ont traité, de gré à gré, d'un travail ou d'une fourniture quelconque où la commune est intéressée. La disposition dont il s'agit ici est la reproduction, en ce qui concerne les conseillers municipaux, de la règle établie par l'art. 81 de la loi du 15 mars 1849, à l'effet d'interdire aux membres des assemblées législatives de prendre part à des entreprises de travaux ou de fournitures payées sur les fonds du trésor public. Si cette règle n'était pas rigoureusement observée, il arriverait que, dans une foule de circonstances, un conseiller municipal pourrait, même sans prendre part à un vote qui lui serait interdit par l'art. 21 de la loi du 5 mai 1855, user de l'influence de sa position officielle au détriment de la commune.

Les motifs qui ont servi de base à l'arrêt du 11 avril 1834, cité au numéro précédent, ne peuvent recevoir d'application en ce qui concerne les *comptables de deniers communaux* et les *entrepreneurs de services communaux*. Il ne suffirait point, en effet, à ceux-ci de donner leur démission de comptables, ou de renoncer à leur entreprise, pour faire cesser tout antagonisme entre leur propre intérêt et celui de la commune. Depuis le moment de leur démission ou de la cessation de leur entreprise, et même longtemps après, le conseil municipal peut, en effet, être appelé à régler des comptes ou à statuer sur des opérations où ils seraient personnellement intéressés.

109. *Domestiques attachés à la personne.* Les domestiques et gens de service ne sont plus comme autrefois privés du droit *électoral*. Le suffrage universel les assimile, quant au vote, aux autres citoyens ; mais le législateur a pensé que leur position ne pouvait se concilier avec les nombreux devoirs que les conseillers municipaux ont à remplir.

110. *Individus dispensés de subvenir aux charges communales.* La raison veut que ces individus restent étrangers à la gestion d'intérêts qui ne les touchent pas. Il leur importe peu, d'une part, que les affaires de la commune soient administrées de telle ou telle manière, puisque, en définitive, on ne leur demande rien. D'un autre côté, leur présence, dans les délibérations relatives au budget communal, blesserait le principe en vertu duquel tout impôt doit être voté par ceux qui le payent. S'il peut arriver, d'après ce que nous avons dit (*suprà*, n° 103), que ce principe ne soit pas toujours rigoureusement respecté, ce fait sera du moins excessivement rare et tout à fait accidentel. On ne saurait donc trouver dans la possibilité d'un tel incident, contraire, dans tous les cas, à l'esprit, sinon au texte formel de la loi, un motif de ne pas établir la règle dont il s'agit ici.

111. *Individus secourus par les bureaux de bienfaisance.* — Ceci n'a pas besoin de commentaire. Les malheureux qui ont recours à l'assistance publique n'ont ni le loisir ni les moyens de s'occuper des intérêts municipaux.

112. *Compétence quant à l'appréciation des incapacités prévues dans les dispositions qui précèdent.* — Toutes les difficultés qui s'élèvent, sur l'application des diverses dispositions que nous venons de citer, rentrent dans le *contentieux administratif* dont les conseils de préfecture ont seuls le droit de connaître, sauf recours au Conseil d'État. — Ainsi, c'est aux conseils de préfecture, à l'exclusion des tribunaux ordinaires, qu'il appartient de statuer sur le point de savoir si certaines fonctions ou situations sont incompatibles avec celle de membre d'un conseil municipal. (C. d'État, 8 juin, 9 janv. 1846, 14 juin, 10 août 1847, 8 janv. 1849.)

SECTION II. — INCAPACITÉS RELATIVES OU INCOMPATIBILITÉS.

113. *Les incapacités* dont nous allons nous occuper ne sont relatives qu'au droit d'éligibilité à un conseil municipal. Elles ne privent pas du droit de voter, dans le collège électoral, ceux qui en sont atteints. La loi les détermine ainsi :

« Les fonctions de conseiller municipal sont *incompatibles* avec celles : 1° de préfets, sous-préfets, secrétaires généraux, conseillers de préfecture ; — 2° de commissaires et d'agents de police ; — 3° de militaires ou employés des armées de terre et de mer en activité de service ; — 4° de ministres des divers cultes en exercice dans la commune. — Nul ne peut être membre de plusieurs conseils municipaux. » (L. 5 mai 1855, art. 10.)

« Dans les communes de 500 âmes et au-dessus, les *parents* au degré de père, de fils, de frère, et les *alliés* au même degré, ne peuvent être, en même temps, membres du même conseil municipal. » (Ibid., art. 11.)

Chacune de ces incompatibilités demande un examen particulier.

114. *Préfets, sous-préfets, secrétaires généraux, conseillers de préfecture.* — Les incompatibilités établies par ce paragraphe ne présentent pas de questions douteuses. Les fonctionnaires appartenant à ces diverses catégories étant tous appelés, suivant leurs attributions respectives, à surveiller et à juger les actes des conseils municipaux, ne peuvent évidemment faire partie de ces conseils.

115. *Commissaires et agents de police.* L'art. 6, § 7, de la loi du 21 mars 1831 avait déjà prononcé l'incompatibilité quant aux fonctions de maires et d'adjoints, avec celles de commissaires et d'agents de police. La loi actuelle va plus loin. Elle ne veut pas que ces fonctionnaires puissent faire partie d'un conseil municipal ; car, de cela seul qu'ils sont, dans une partie considérable de leurs attributions, subordonnés à l'autorité des maires, ils ne peuvent naturellement faire partie d'un conseil dont la principale mission est de diriger, en même temps que de surveiller, l'action du maire en tout ce qui concerne les intérêts communaux.

116. *Militaires ou employés des armées de terre et de mer, en activité de service.* Lorsque ce paragraphe fut mis en discussion, il fut objecté qu'il y a un certain nombre de militaires dont la résidence, bien qu'ils soient en activité de service, présente assez de fixité pour qu'ils puissent remplir les fonctions de conseillers municipaux ; mais cette observation ne put prévaloir. Il doit donc être bien entendu que les exigences du service public dont les troupes de terre et de mer sont chargées, sont complétement inconciliables avec l'accomplissement du mandat municipal. — Il en est ainsi, lors même que les militaires ou marins se trouvent dans leurs foyers, par suite d'un congé temporaire, puisqu'ils peuvent alors recevoir, d'un moment à l'autre, l'ordre de partir.

117. *Ministres des divers cultes en exercice dans la commune.* — Les mots *en exercice dans la commune* se rapportent *aux ministres des cultes*, et non pas *aux cultes*. Ainsi, l'exclusion s'applique seulement aux ministres d'un culte qui exercent leur ministère dans l'étendue de la commune. Il faut bien comprendre, du reste, qu'il ne s'agit ici que des cultes *légalement reconnus*.

— On doit considérer comme étant en exercice dans une commune, et ne pouvant, par conséquent, y être élu membre du conseil municipal, un prêtre qui, sans être attaché d'une manière fixe à l'église paroissiale, seconderait le desservant dans les fonctions ordinaires du ministère ecclésiastique, officierait même ordinairement le dimanche dans un hameau dépendant de la commune et recevrait pour ce service une rétribution de la commune. (C. d'État, 14 juin 1847.)

— Mais, le ministre du culte qui, bien que domicilié dans une commune et y exerçant habituellement tous les actes de son *ministère* (messe dans l'église paroissiale, confession, prédication), n'y remplit cependant *aucune fonction ecclésiastique ou pastorale* (par exemple, qui n'est attaché ni à l'église de la commune ni à aucun établissement religieux y situé) peut faire partie du conseil municipal de cette commune. (Trib. civ. de St.-Brieuc, 6 janv. 1847.)

118. *Élections multiples.* — « Nul ne peut être membre de deux conseils municipaux. » (L. 5 mai 1855, art. 10, § 6.) — Cette disposition est formelle et n'admet aucune exception. Si donc un citoyen a été élu membre du conseil municipal dans plusieurs communes, il doit opter pour l'une d'elles. — A défaut d'option, le préfet, en conseil de préfecture, tirera au sort pour décider dans quel conseil il restera. — Si les élections avaient été faites à des époques différentes, on pourrait considérer la plus ancienne comme devant subsister, et la dernière comme sans effet.

La loi n'a point indiqué dans quel délai doit être déclarée ou reconnue la vacance résultant d'une double élection. On peut, par analogie avec ce qui a été établi pour le Corps législatif, par l'art. 7 de la loi du 21 févr. 1852, accorder au citoyen élu dans deux ou plusieurs communes un délai de dix jours pour déclarer son option. Ces dix jours se compteraient à partir de la vérification des pouvoirs par le conseil de préfecture, ou du terme assigné aux réclamations, s'il n'en avait été formé ni par les électeurs ni par le préfet.

119. *Degrés de parenté et d'alliance.* — L'art. 11 de la loi du 5 mai 1855 est la reproduction pure et simple de l'art. 21 de la loi du 21 mars 1831. Il a pour but de prévenir le grave inconvénient qu'il y aurait à ce que le conseil municipal fût, en quelque sorte, inféodé à certaines familles. Toutefois, la difficulté de trouver, dans les communes très-peu populeuses, des personnes capables, en nombre suffisant pour composer le conseil municipal, a dû faire établir une restriction à cette règle. Les communes qui ont moins de 500 habitants n'y sont pas soumises. Cela résulte implicitement des termes de la loi. C'est ce que le Conseil d'État a reconnu par deux arrêts des 29 juin et 22 août 1853.

Parents. — Les incompatibilités établies, par l'art. 11, entre les *parents au degré de père et de fils*, s'appliquent également aux *parents au degré d'aïeul et de petit-fils*. (C. d'État, 11 août 1847.)

Alliés. — On entend par *allié* d'une famille, l'individu qui est *uni par mariage* avec une personne de cette famille. Mais il n'y a point *alliance*, dans le sens légal, entre des individus qui ont contracté mariage dans la même famille. L'alliance n'a lieu qu'avec les *parents* de la femme et non point avec *ses alliés*. — L'empêchement établi par l'art. 11 a donc lieu entre le père et le fils ; entre les frères ; entre le beau-père et le gendre ; entre le beau-père et le beau-fils (fils de la femme) ; entre les beaux-frères (qui sont, l'un époux, l'autre frère de la même femme).

— L'alliance continue lors même qu'un second mariage a été contracté, et qu'il ne reste pas des enfants du mariage qui a établi l'alliance. (Cass., 16 juin 1834, 10 octobre 1839.)

— Il y a alliance, dans le sens légal, entre le mari d'une fille adoptive et celui qui l'a adoptée (C. Nap., 348.) — En conséquence, ils ne peuvent simultanément être membres du conseil municipal dans une commune de 500 âmes et au-dessus. (Cass., 30 nov. 1842, 6 déc. 1844.)

— Il n'y a point d'alliance, dans le sens légal, entre deux individus *qui ont épousé les deux sœurs ;* cette alliance n'existe qu'entre les *beaux-frères* qui sont, *l'un époux, l'autre frère de la même femme.* Rien ne s'oppose, dès lors, à ce que les maris des deux sœurs soient membres du même conseil municipal.

120. *Deux parents ou alliés peuvent-ils être, en même temps, l'un maire, l'autre membre du conseil municipal?* — Sous l'empire de la loi du 21 mars 1831, cette question ne pouvait être résolue que négativement, puisque le maire, alors, devait nécessairement être conseiller municipal ; mais aujourd'hui que, aux termes de l'art. 57 de la Constitution et de l'art. 2 de la loi du 5 mai 1855, les maires peuvent être pris hors du conseil municipal, rien ne s'oppose à ce que les électeurs nomment conseiller municipal le parent ou l'allié du maire de la commune, si ce dernier ne fait point partie du conseil. (C. d'État 28 juill., 12 sept. et 14 déc. 1852.)

121. *Simultanéité ou antériorité des élections d'où résulte l'incompatibilité.* Lorsque deux parents ou alliés ont été élus simultanément, c'est-à-dire par le même scrutin, il y a lieu de proclamer celui qui a obtenu le plus grand nombre de suffrages. (C. d'État, 9 mars 1836, 24 juillet 1847.)

Lorsque, pour cause de parenté ou d'alliance, l'incompatibilité prévue par la loi, quant aux fonctions de conseillers municipaux, existe entre deux personnes élues par deux sections différentes de la même commune, l'élection faite la première est la seule valable, quel que soit le nombre des suffrages obtenus par chacun des candidats. —Cette solution, qui résultait déjà d'une circulaire du ministre de l'intérieur, du 11 août 1831, a été consacrée par de nombreux arrêts du Conseil d'État. (23 avril, 13 et 29 nov. 1832; 10, 19, 30 août 1847.)

122. *Démission de l'une des personnes qui sont en état d'incompatibilité.* C'est seulement lors de l'installation des conseillers municipaux qu'on doit examiner la position des membres élus relativement aux incompatibilités prononcées par la loi. — Ainsi, dans le cas de la double élection du gendre et du beau-père, si celui-ci se démet antérieurement à l'installation du conseil, l'incompatibilité disparaît. (C. d'État, 26 févr., 9 mars, 23 avril 1832; 5 août 1841; 22, 23 juin 1846; 27 mai, 29 juin 1847.)

123. *Incompatibilités survenues depuis l'installation du conseil municipal.* Si, postérieurement à son installation, l'on reconnaît qu'il existe dans un conseil municipal des parents ou alliés au degré prohibé, soit que cette circonstance n'eût pas été remarquée, soit qu'elle résulte de mariages récemment contractés, l'on doit prononcer l'exclusion des membres les derniers inscrits sur le tableau (toujours selon l'ordre des suffrages), ou l'on doit tirer au sort. — Si, dans une élection nouvelle, on nomme membre du conseil un citoyen parent ou allié de conseillers déjà en exercice, le conseil de préfecture doit annuler cette élection.

124. *Compétences respectives quant aux incompatibilités.* S'il appartient aux conseils de préfecture de statuer sur le contentieux-administratif, les tribunaux civils sont exclusivement compétents pour prononcer sur tout ce qui se rattache à l'état des personnes.

— Ainsi, lorsque, pour apprécier la validité d'une élection dont la nullité est demandée, il y a lieu de rechercher s'il existe entre le conseiller élu et l'un des membres du conseil en exercice, une alliance au degré prohibé, la solution de cette question préjudicielle est de la compétence exclusive des tribunaux ordinaires, et, dès lors, le conseil de préfecture doit surseoir à statuer au fond jusqu'à ce que les tribunaux aient prononcé sur le fait de l'alliance alléguée. (C. d'État, 8 juin 1847.)

C'est également à l'autorité judiciaire, à l'exclusion de l'autorité administrative, qu'il appartient de décider si l'alliance au degré prohibé subsiste encore après la dissolution du mariage duquel elle résultait, alors qu'il reste des enfants issus de ce mariage. (C. d'État, 10 août 1847.)

— Mais le conseil de préfecture est seul compétent pour statuer sur les exclusions pour cause d'incompatibilité résultant de la parenté ou de l'alliance (art. 20, loi du 21 mars 1831), *lorsque la parenté ou l'alliance n'est pas contestée.* (C. d'État, 7 août 1843 ; 10 août, 30 août 1847.)

CHAPITRE X.

DE LA DURÉE DU MANDAT ÉLECTORAL.

125. *Conseils municipaux renouvelés tous les 5 ans.*
126. *Vacances qui réduisent le conseil aux trois quarts de ses membres.*
127. *Questions relatives au renouvellement des conseils municipaux.*

125. « Les conseils municipaux sont élus pour 5 ans. » (L. 5 mai 1855, art. 8, § 2.) — La loi du 21 mars 1831 voulait que le renouvellement des conseils municipaux se fît par moitié tous les trois ans. On avait fondé cette disposition sur un double motif : le premier, qu'un renouvellement plus fréquent n'aurait pas laissé aux conseillers municipaux le temps de se former à leurs fonctions ; le second, qu'un renouvellement intégral aurait fait perdre la tradition des affaires. — La première de ces raisons est d'une incontestable vérité ; elle se fortifie encore aujourd'hui de cette considération qu'avec le suffrage universel, plus encore qu'avec le suffrage restreint,

il importe de ne pas raviver trop souvent ces luttes locales
dont la vivacité laisse souvent dans les esprits des traces re-
grettables. Il est donc désirable d'espacer, plus encore que ne
le faisait la loi de 1831, ces occasions périodiques d'agitation.
— Quant à la perte de la tradition des affaires par un renouvellement intégral, il n'arrivera presque jamais qu'une telle
mesure ne laisse pas rentrer au conseil municipal une forte
partie des conseillers sortants ; ce qui suffit pour maintenir
la tradition des affaires. — La nécessité d'un renouvellement
périodique plus rare une fois reconnue, restait à résoudre la
difficulté de savoir si on le reculerait de deux ou de trois ans.
Après quelques débats on s'est décidé pour le renouvellement *quinquennal ;* mais, dès lors, il devenait nécessaire que
ce renouvellement fût intégral, car le renouvellement par
moitié aurait alors assigné aux fonctions municipales une durée de dix ans, ce qui eût été excessif. — Telles sont, d'a-
près l'*exposé des motifs* de la loi du 5 mai, les considérations
qui ont fait adopter la règle établie par cette loi dans le § 2
de l'art. 8.

126. *Vacances.* « En cas de vacances dans l'intervalle des
élections quinquennales, il est procédé au remplacement
*quand le conseil municipal se trouve réduit aux trois quarts
de ses membres.* » (L. 5 mai 1855, art. 8, § 3.) — Cette disposition reproduit en termes à peu près identiques la prescription contenue dans l'art. 22 de la loi du 21 mars 1831. L'interprétation généralement adoptée sous l'empire de cette loi
doit donc être suivie sous la loi nouvelle. L'administration a
toujours considéré l'art. 22 de la loi du 21 mars 1831 comme
impératif. Cet article porte, en effet : « *Il est procédé au renouvellement,* » etc. Si l'on ne se rangeait pas à cette interprétation de la loi, on risquerait de tomber dans les inconvénients les plus graves et dans un arbitraire sans limites ;
car, aux termes de l'art. 17 de la loi du 5 mai 1855, la délibération du conseil municipal étant régulière *lorsque la majorité des membres en exercice assiste à la séance* (V. *infrà,*
tit. III, n° 21), il pourrait arriver qu'un conseil de 12 membres fût réduit par des vacances au chiffre de 9. La majorité
des membres en *exercice* serait alors de 5 ; et, comme dans
la délibération prise par ces cinq conseillers, la majorité se
trouverait être de 3 seulement, il est facile de voir à quelles
conséquences on arriverait. Il doit donc être bien entendu

que, lorsque des vacances auront fait descendre le nombre des conseillers municipaux jusqu'aux trois quarts du chiffre normal, il devra être sursis à toute délibération jusqu'à ce que, par de nouvelles élections, il ait été pourvu au remplacement des membres manquants.

Les membres du conseil nouvellement élus, en exécution de l'art. 8, ne doivent rester en fonctions que jusqu'au moment où ceux qu'ils remplacent seraient eux-mêmes sortis du conseil. Sans cela, le renouvellement deviendrait impossible. En règle générale, les pouvoirs du remplaçant n'ont pas plus de durée que n'en auraient eu ceux du remplacé.

127. *Le remplacement des membres dont l'élection est annulée est-il possible avant que le conseil soit réduit aux trois quarts de ses membres?* — En examinant le texte du § 3 de l'art. 8, il est facile de reconnaître que s'il prescrit de convoquer les électeurs pour compléter le conseil municipal réduit aux trois quarts de ses membres, il n'interdit pas qu'on le complète avant que cette limite soit atteinte. Il est même souvent utile de recourir à cette mesure. Il appartient donc aux préfets de reconnaître quand il y a lieu d'user de la faculté que la loi leur donne, et, ainsi que l'exprime une instruction du ministre de l'intérieur, en date du 10 sept. 1834, ils devront concilier les exigences des intérêts communaux, avec le soin de ne pas fatiguer les citoyens par des réunions trop fréquentes qui pourraient affaiblir la puissance et la vérité du système électoral.

Le Conseil d'État a rendu, les 9 mars 1836 et 21 juill. 1839, des arrêts dans ce sens.

TITRE II.

ASSEMBLÉES DES CONSEILS MUNICIPAUX.

Dans le titre Ier, nous nous sommes attachés à faire connaître les conditions requises, tant pour être électeur que conseiller municipal. Nous avons, d'après la loi, tracé le cercle dans lequel doit se mouvoir le corps électoral de la commune. Il s'agit maintenant de pénétrer dans le mécanisme intérieur du conseil municipal, et d'en analyser les divers ressorts.

CHAPITRE I.

INSTALLATION DES CONSEILS MUNICIPAUX.

1. *L'installation des conseils municipaux n'a plus lieu de plein droit.*
2. *Nécessité de l'installation.*
3. *Séance d'installation. — Formalités à remplir.*
4. *Réclamation contre l'installation. — Compétence.*
5. *Procès-verbal. — Formule.*

1. Le § 2 de l'art. 52 de la loi du 21 mars 1831 était ainsi conçu : « Si aucune réclamation contre la validité des élections n'a été portée devant le conseil de préfecture, ou bien si ce conseil a négligé de prononcer, dans les délais fixés (un mois), l'installation des conseillers aura lieu *de plein droit.* »

Cette disposition n'ayant pas été reproduite dans la loi du 5 mai 1855, et celle du 21 mars étant abrogée, aucun conseil municipal ne peut plus se dire installé *de plein droit.* Le maire, avant d'installer le conseil, devra donc toujours attendre qu'il y ait été invité par le préfet ou le sous-préfet, sauf à réclamer auprès d'eux cette invitation, si elle se faisait trop attendre.

Mais, en abrogeant la loi du 21 mars, le législateur a laissé debout le § 3 du même article 52 qui porte « *l'ancien con-*

seil restera en fonctions jusqu'à l'installation du nouveau. »
L'art. 49, § 2, de la loi nouvelle porte, en effet : « Les membres des conseils municipaux.... *continueront leurs fonctions jusqu'à l'installation de leurs successeurs.* » Du reste, une telle disposition n'était pas rigoureusement nécessaire, parce qu'il est de l'essence même de toute organisation administrative, qu'il ne peut y avoir aucune solution de continuité dans la représentation municipale.

2. D'après ce principe, l'installation seule peut investir les nouveaux conseillers municipaux des pouvoirs de ceux qu'ils remplacent. Elle marque le moment précis de cette transmission. Aussitôt après avoir reçu les instructions du préfet à cet égard, le maire ne saurait donc mettre trop d'empressement et de soins à procéder à cette opération.

La solennité de l'installation n'a pas seulement pour objet de proclamer les pouvoirs des conseillers municipaux nouvellement élus. Elle tend aussi à faire connaître aux conseillers sortants que leur mission est expirée. Les uns et les autres doivent donc y être convoqués. Mais il est évident que l'absence d'un plus ou moins grand nombre des anciens membres du conseil ne saurait être un motif de retard pour l'installation des nouveaux.

3. *Séance d'installation.* L'installation des conseillers municipaux a lieu dans une séance du conseil municipal. — C'est au maire, en qualité de président du conseil, ou à l'adjoint appelé à le suppléer, en cas d'empêchement, qu'il appartient de procéder à l'installation. Les principales formalités de la séance consistent : 1° à faire connaître la date et la teneur de la lettre du préfet ou du sous-préfet qui l'autorise ; 2° à donner lecture du procès-verbal de l'élection des nouveaux conseillers, et de toutes les décisions en dernier ressort qui ont validé les élections contestées (on doit ajourner l'installation de tous ceux à l'égard desquels sont intervenues des décisions qui sont encore susceptibles d'appel) ; 3° à recevoir le serment de tous les conseillers admis ; 4° enfin à dresser du tout un procès-verbal détaillé. Ce procès-verbal est signé par tous les membres présents tant du nouveau que de l'ancien conseil municipal. Du reste, le refus de signer que feraient quelques-uns des membres sortants ne saurait invalider cet acte qui est rendu parfait par la signature du maire président et des récipiendaires.

4. Si l'une ou plusieurs des formalités qui viennent d'être spécifiées avaient été omises, et si, par suite, l'installation donnait lieu à des réclamations, le droit d'en connaître ne pourrait appartenir qu'au préfet, et le recours contre les décisions de ce magistrat ne pourrait avoir lieu devant le Conseil d'État, par la voie contentieuse, car ce sont des actes purement administratifs. (C. d'État, 28 déc. 1849.)

La séance d'installation ne doit être consacrée qu'à cette solennité, et toute délibération y est interdite, à moins que l'installation ne coïncide avec l'une des sessions ordinaires, ou que le préfet, reconnaissant la nécessité d'appeler l'attention du conseil municipal sur une affaire spéciale, ne l'ait convoqué extraordinairement, en vertu de l'art. 15, pour qu'il soit procédé dans la même séance à l'installation des nouveaux membres du conseil et à l'examen de cette affaire.

5. *Procès-verbal.* Le procès-verbal qui constate l'accomplissement de toutes les formalités mentionnées au n° précédent est inscrit sur le registre des délibérations du conseil municipal, et copie doit en être immédiatement adressée au sous-préfet. Voici une *formule* qui peut servir à la rédaction de cet acte :

L'an mil huit cent   et le   du mois de   nous, maire (*ou adjoint à défaut du maire*) de la commune de   , en vertu de l'invitation que nous a faite M. le préfet (*ou M. le sous-préfet*) par sa lettre du   , de procéder sans le moindre retard à l'installation des membres du conseil municipal nouvellement élus, après avoir convoqué,   jours à l'avance, à la réunion de ce jour, tant les conseillers sortants que les membres du nouveau conseil dont l'élection a été reconnue régulière, nous sommes transporté à la mairie dans le lieu ordinaire des séances du conseil municipal, où il a été procédé ainsi qu'il suit à ladite installation.

Étaient présents MM. (*les désigner ici par leurs noms*), membres de l'ancien conseil, et MM. (*même désignation*), membres nouvellement élus.

Nous avons d'abord donné lecture à l'assemblée de la lettre par laquelle M. le préfet (*ou M. le sous-préfet*) nous annonce que l'élection de ces derniers a été reconnue régulière et nous invite à les installer.

(*Mentionner ici les noms de ceux dont l'installation est ajournée.*)

Nous avons, en second lieu, donné lecture du procès-verbal des élections auxquelles il a été procédé le   , opérations qui n'ont pas été contestées, sauf celles qui concernent MM. (*désignation des noms*) et à l'égard desquelles sont intervenues les décisions suivantes (*dire lesquelles*) qui ont validé lesdites élections:

En troisième lieu chacun de MM. les conseillers municipaux ainsi valablement élus a, sur notre interpellation, déclaré qu'il acceptait le mandat dont ses concitoyens ont voulu l'investir.

Par conséquent, aucun obstacle ne s'opposant à l'installation de ces messieurs en qualité de membres du conseil municipal, nous avons lu, en leur présence, la formule du serment prescrit par l'art. 14 de la constitution et le sénatus-consulte des 25-30 déc. 1852, lequel serment est ainsi conçu : « *Je jure obéissance à la constitution et fidélité à l'Empereur;* » puis nous avons appelé successivement chacun des nouveaux conseillers présents et les avons invités à prêter le serment susmentionné, ce que chacun d'eux a fait immédiatement en disant : « *Je le jure,* » dans l'ordre suivant : (*Dresser ici la liste des conseillers dans l'ordre décroissant des suffrages obtenus par chacun d'eux. — V. le tableau mis à la fin de la formule.*)

En conséquence de tout ce qui précède, nous avons enfin déclaré que MM. (*noms*) étaient installés comme membres du conseil municipal de la commune de   , en remplacement de MM. (*noms*), conseillers sortants.

En foi de quoi le présent procès-verbal a été dressé par nous en double expédition, dont une pour être déposée aux archives de la mairie et l'autre pour être envoyée à M. le préfet.   (*Signatures.*)

TABLEAU
des conseillers municipaux de la commune d

DÉPARTEMENT D

Arrondissement d

Canton d

Commune d

N° D'ORDRE.	NOMS.	PRÉNOMS,	PROFESSION ou qualités.	DATE de la naissance.	DATE de l'élection.	DATE de l'installation.	NOMBRE de suffrages obtenus.	SIGNATURE de chaque conseiller.	OBSERVATIONS.

CHAPITRE II.

SESSIONS DU CONSEIL MUNICIPAL.

6. *Epoques des sessions ordinaires*
7. *Durée des sessions ordinaires.*
8. *Sessions extraordinaires.*

9. *Convocations pour un objet spécial et déterminé.*
10. *Mode des convocations.*
11. *Objets dont les conseils municipaux peuvent s'occuper tant en session ordinaire qu'en session extraordinaire.*

6. Rien n'a été plus variable depuis 60 ans que les règles relatives aux assemblées des conseils municipaux. Aux termes de l'art. 54 du décret du 14 déc. 1789, le conseil général de la commune pouvait être convoqué toutes les fois que l'administration municipale l'aurait jugé convenable. La constitution de l'an III rendit les réunions périodiques et voulut qu'elles fussent fixées par l'administration sans qu'il pût y en avoir plus de trois par mois. La loi de pluviôse an VIII ne permit aux conseils municipaux de se réunir qu'une fois par an pendant quinze jours. Celle du 21 mars 1831 porta qu'il y aurait, de trois mois en trois mois, *quatre sessions ordinaires* dont la durée fut limitée à dix jours. C'est ce dernier système qu'a adopté la loi du 5 mai 1855 dont l'art. 15, § 1, est ainsi conçu : « Les conseils municipaux *s'assemblent en session ordinaire* quatre fois l'année : au commencement de *février, mai, août* et *novembre.* » — De ce mot : *s'assemblent,* ne résulte pas seulement une faculté pour les conseils municipaux. C'est une obligation que la loi leur impose dans l'intérêt de la bonne gestion des affaires communales. Le législateur du reste, pour rendre ces réunions le moins onéreuses possible, a pris soin de choisir, pour les sessions des conseils municipaux, les époques les plus favorables aux travaux de ces conseils et celles où leurs membres jouissent de la plus grande liberté.

Quoique les époques des sessions ordinaires soient fixées d'avance, les conseillers municipaux ne peuvent se réunir sans une convocation régulière émanée du maire, sauf dans les cas d'exception prévus ci-après.

Si, à l'époque d'une des sessions ordinaires des conseils municipaux, le maire d'une commune négligeait d'en réunir le conseil municipal, chaque membre du conseil aurait le droit de provoquer la convocation, auprès du sous-préfet et du préfet; à défaut, par ces fonctionnaires, de faire droit aux réclamations, on devrait s'adresser au ministre de l'intérieur.

7. « Chacune des sessions ordinaires *peut durer dix jours.* » (L. 5 mai 1855, art. 15, § 1, *in fine.*)

Ces dix jours se comptent à partir de celui de l'ouverture, et la session est terminée à l'expiration de ce délai, qu'il y ait eu ou non dix séances[1]. Ainsi, un conseil municipal ne peut pas s'ajourner au delà de ce terme. Il est arrivé cependant que certains conseils ont prolongé leurs sessions ordinaires dans le courant du trimestre, par des ajournements successifs. C'est une irrégularité qui aurait pour effet d'éluder les dispositions de la loi et de rendre les séances des conseils municipaux presque permanentes. Si, par exemple, un conseil, réuni le premier dimanche de février, s'ajournait de dimanche en dimanche, il en résulterait que les dix séances de la session trimestrielle se prolongeraient jusque vers la fin d'avril et ne cesseraient que quelques jours avant celle de mai. — Si un conseil municipal n'avait pas terminé, dans les dix jours consécutifs formant une session trimestrielle, des affaires qui ne pourraient souffrir de retard, ou si, par quelque circonstance, la session avait été sans résultat, une session extraordinaire pourrait être convoquée, soit pour telles affaires déterminées, soit même pour toutes les affaires rentrant dans les attributions des conseils municipaux.

8. Mais, outre les quatre sessions ordinaires des conseils municipaux, il peut survenir des circonstances extraordinaires qui nécessitent leur convocation. Le législateur a prévu ce cas et y a pourvu par les dispositions suivantes qui concilient les justes exigences de l'intérêt des communes avec les nécessités de l'ordre public :

« Le préfet ou le sous-préfet *prescrit* la convocation extraordinaire du conseil municipal ou *l'autorise*, *sur la demande du maire*, toutes les fois que les intérêts de la commune l'exigent. » (L. 5 mai 1855, art. 15, § 2.)

Les convocations extraordinaires demandées par le maire peuvent, d'après la disposition qui précède, être autorisées immédiatement par le sous-préfet sans qu'il soit dans l'obligation d'en référer au préfet. Il en est de même de celles qu'il y a lieu de prescrire d'office. La loi n'a pas dit que la convocation serait faite par le sous-préfet en vertu d'une délégation du préfet ou sauf son approbation, et la nécessité d'en référer à ce fonctionnaire entraînerait des lenteurs. Il

---

1. Dans un grand nombre de communes, la session trimestrielle ne se compose souvent que d'une seule séance.

est bien entendu que le préfet a le droit de prescrire d'office ces convocations ou de les autoriser quand le sous-préfet lui en réfère.

Cette convocation doit limiter l'époque de la session extraordinaire à un seul jour ou à une durée de tel nombre de jours. Ce soin est nécessaire : autrement un conseil convoqué extraordinairement pourrait, en s'ajournant à volonté, se mettre en permanence, ce qui serait contraire au texte et à l'esprit de la loi.

Si l'affaire pour laquelle le conseil municipal a été convoqué extraordinairement ne pouvait pas être terminée pendant la durée de la session extraordinaire ainsi limitée, une nouvelle convocation aurait lieu ultérieurement, d'après une demande spéciale faite à cet effet ou même d'office.

9. « La convocation peut également avoir lieu, *pour un objet spécial et déterminé*, sur la demande du tiers des membres du conseil municipal, adressée directement au préfet qui ne pourra la refuser que par un arrêté motivé. Cet arrêté est notifié aux réclamants qui peuvent se pourvoir devant le ministre de l'intérieur. » (L. 5 mai 1855, art. 15, § 3.)

Ce paragraphe consacre de nouveau une disposition qui se trouvait déjà dans la loi du 21 mars 1831, et qui intéresse à un très-haut degré le régime intérieur des communes, ainsi que l'indépendance des conseillers municipaux. Par elle toute proposition utile que la majorité du conseil ou le maire auraient systématiquement écartée du cours ordinaire d'une session, pourrait arriver au grand jour d'une discussion sérieuse. Il suffirait pour cela du tiers des membres du conseil municipal, du moins avec le concours du préfet dont la décision sur ce point peut être l'objet d'un pourvoi auprès du ministre.

10. « Les convocations du conseil municipal se font *par écrit et à domicile*. — Quand le conseil municipal se réunit en session *ordinaire*, la convocation doit être faite 3 *jours au moins avant celui de la réunion.* — Quand le conseil municipal est convoqué *extraordinairement*, la convocation a lieu 5 *jours au moins* avant celui de la réunion. *Elle contient l'indication des objets spéciaux et déterminés* pour lesquels le conseil doit s'assembler. » (L. 5 mai 1855, art. 16, §§ 1, 2 et 3.)

Les conseillers municipaux doivent, comme on le voit, être toujours convoqués par lettres remises à leur domicile.

De simples invitations verbales transmises par un appariteur ou tout autre intermédiaire, occasionneraient une foule d'inconvénients que la remise d'une lettre fait éviter. La loi n'oblige le maire à indiquer l'objet de la réunion que pour les convocations *extraordinaires*. Dans ce dernier cas, une telle désignation était indispensable, puisque, aux termes du § 5 de l'art. 16 de la loi du 5 mai 1855 (V. *infrà*, n° 11), le conseil ne peut s'occuper alors *que des objets pour lesquels il a été spécialement convoqué*. Quant aux réunions ordinaires, l'indication dont il s'agit était inutile ou plutôt impossible, puisque le conseil est alors autorisé *à s'occuper de toutes les matières qui rentrent dans ses attributions*.

« En cas d'urgence, le sous-préfet peut abréger les délais de la convocation. » (L. 5 mai 1855, art. 16, § 6.)

11. « Dans les *sessions ordinaires*, le conseil peut s'occuper de *toutes les matières qui rentrent dans ses attributions*. En cas de *réunion extraordinaire*, le conseil ne peut s'occuper que des objets *pour lesquels il a été spécialement convoqué*. » (L. 5 mai 1855, art. 16, §§ 4 et 5.)

Nous ne pouvons entrer ici dans le détail des matières qui rentrent dans les *attributions des conseils municipaux*. Un Code spécial est consacré à cette matière.

En discutant, dans leurs sessions ordinaires, sur toutes les affaires de leur compétence, les conseils municipaux font plus qu'user d'une autorisation. C'est une mission que la loi leur confie et dont elle ne peut que favoriser l'accomplissement. Quant aux réunions extraordinaires, il y aurait inévitablement beaucoup de temps perdu ; l'ordre public pourrait même quelquefois recevoir de fâcheuses atteintes, si le conseil municipal pouvait y délibérer sur des objets étrangers au but de sa convocation.

CHAPITRE III.

PRÉSIDENCE DU CONSEIL MUNICIPAL ET FONCTIONS
DU SECRÉTAIRE.

12. *Présidence du maire. Voix prépondérante.*
13. *Présidence de l'adjoint remplaçant le maire.*
14. *L'adjoint pris en dehors du conseil ne peut, dans les autres cas, siéger au conseil qu'avec voix consultative.*

12. Le maire, à quelque point de vue qu'on le considère, soit comme le délégué de l'administration centrale, soit comme le représentant des intérêts de la cité, n'en reste pas moins le chef nécessaire de l'administration communale, le président naturel du conseil municipal. Ce principe, qui résultait déjà de la législation précédente, se trouve confirmé par l'art. 19, § 1, de la loi du 5 mai 1855, en ces termes : « *Le maire préside le conseil municipal.* »

« *Il y a voix prépondérante en cas de partage.* » (Ibid.)

Ce privilége, exorbitant au premier abord, serait déjà suffisamment justifié par la situation élevée du maire, qui est le premier magistrat de la commune ; mais il fallait bien, d'un autre côté, donner un moyen de résoudre une difficulté qui se présentait fréquemment, celle d'une *égalité de voix*, produisant des délibérations nulles sur des questions urgentes. Le législateur a pensé, avec raison, que, lorsqu'un tel incident venait à se produire, il devait appartenir au président de faire pencher la balance du côté de l'opinion qu'il avait adoptée.

Les motifs puissants qui ont fait attribuer à la voix du président cette prédominance exceptionnelle, en cas de partage, continuent de subsister, et doivent avoir les mêmes conséquences, dans le cas où le vote a lieu au scrutin secret. Le droit de prépondérance prend, en effet, sa source dans une circonstance donnée où son exercice est indispensable. Toutes les fois que cette circonstance se reproduit, le même droit doit donc reparaître, parce qu'il est inhérent à la qualité du maire, et, par conséquent, indépendant de la forme adoptée pour le vote. Le maire ne peut, il est vrai, dans ce cas, exercer son droit de prépondérance sans qu'il y ait violation, en ce qui le concerne, de la condition essentielle du scrutin secret. Mais cet inconvénient, tout grave qu'il puisse être, n'est pas de nature à prévaloir sur les hautes considérations exposées ci-dessus.

13. Lorsque l'adjoint préside le conseil municipal, en remplacement du maire, les mêmes droits lui appartiennent. (L. 5 mai 1855, art. 19, § 2.) Magistrat institué pour remplacer le maire toutes les fois que celui-ci, par un empêchement quelconque, se trouve dans l'impossibilité de remplir ses fonctions, l'adjoint est alors, en effet, assimilé au maire de la manière la plus absolue.

14. Mais il en serait autrement, *dans tout autre cas.* Les adjoints, pris en dehors du conseil, auraient seulement alors le droit d'y siéger *avec voix consultative.* (L. 5 mai 1855, art. 16, § 3.)

Dans la discussion de ce paragraphe au Corps législatif, H. Aymé, l'un des membres de la commission, rappela que, de concert avec plusieurs de ses collègues, il avait proposé un amendement d'après lequel les adjoints auraient eu, comme le maire, voix délibérative dans le conseil municipal.

« Sans doute, dit cet orateur, le droit pour le gouvernement de nommer les maires et les adjoints est une question dès à présent tranchée; on a bien fait de décider que les maires pourraient être pris en dehors des conseils municipaux. Les attributions des maires sont, en effet, de plusieurs natures; ils représentent le pouvoir pour l'exécution des lois, et en même temps ils sont les gardiens des intérêts des communes. Mais pourquoi le projet de loi établit-il, dans l'intérieur du conseil municipal, une différence entre les adjoints et le maire? Tous ont une même origine; pourquoi leur droit ne serait-il pas le même aussi? La position qu'on fait aux adjoints ne paraît donc pas être bien justifiée. Il y a lieu de croire qu'un homme sérieux hésitera avant d'accepter cette position subordonnée, qui ne lui donnerait que voix consultative dans le conseil municipal. Le maire peut, dans certains cas, déléguer une partie de ses attributions à ses adjoints. Lorsqu'en vertu de cette délégation, un adjoint se sera spécialement occupé de telle ou telle affaire, il ne pourra donc pas appuyer par son vote, dans le conseil municipal, la solution qu'il aura préparée? C'est là ce qu'on ne saurait comprendre. »

M. Langlais, rapporteur de la commission, répondit ainsi aux objections qui précèdent :

« Proclamer que l'adjoint aurait voix délibérative, ce serait pousser à ce que les adjoints, aussi bien que les maires, fussent le plus souvent choisis en dehors du conseil municipal. Or, la constitution dit que le maire sera nommé par le pouvoir exécutif et *pourra* être pris en dehors du conseil municipal. Ainsi la règle, c'est que le maire soit pris dans le sein du conseil, tandis que la nomination en dehors du conseil, c'est l'exception. Pour la commission, cette règle est très-judicieuse; pour elle, le meilleur maire, c'est celui qui est à la fois l'homme de la commune et l'homme du gouvernement, l'homme, en un mot, que la commune eût choisi elle-même. — Une autre considération encore a décidé la commission. Qu'est-ce que la commune? c'est une association d'intérêts. Elle ne peut gérer ses intérêts elle-même : il lui faut des mandataires. Il est juste qu'elle les nomme. Une dérogation est faite à cette règle, en ce qui touche le maire, parce que celui-ci a deux natures d'attributions distinctes, les unes se référant uniquement à l'intérêt communal, les autres se rattachant à l'administration générale de l'État, et n'appartenant au maire que par délégation. Le moindre de ces deux intérêts, l'intérêt communal, devait nécessairement être sacrifié à l'autre, et c'est ce qui a tranché la question en faveur du gouvernement quant à la nomination du maire. Mais pour l'adjoint, qui n'est qu'un suppléant, il n'y avait pas les mêmes motifs de décider. D'ailleurs la voix du maire est seule. Les adjoints, au contraire, apportant plusieurs votes dans le conseil, pourraient y exercer une influence qui gênerait l'action du principe électif. Ainsi dans les conseils municipaux de vingt-sept membres, tels qu'ils existent pour les villes de trente mille âmes, un maire et trois adjoints auraient apporté quatre voix, et c'est un nombre que la commission a trouvé trop élevé. — En définitive, par l'application de l'art. 19, l'autorité marche d'accord avec les populations; on a des conseils municipaux pénétrés de l'esprit des localités. Les populations ont des magistrats municipaux qu'elles aiment et qu'elles ont choisis. Dans le système proposé, on marcherait à côté des populations, ou, pour mieux dire, on marcherait loin d'elles. Au lieu de magistrats municipaux, on aurait des fonctionnaires et des employés. »

15. Mais de ce droit de présidence, attribué au maire ou à l'adjoint qui le remplace, en cas d'empêchement, pendant les sessions ordinaires ou extraordinaires du conseil municipal, il ne faudrait pas conclure que ce magistrat devrait également être le président des commissions particulières nommées au scrutin par le conseil municipal, à l'effet d'exa-

miner telle ou telle affaire. En effet, il y a une grande différence entre un conseil municipal en session et une commission choisie, il est vrai, par le conseil, mais qui n'est revêtue d'aucun caractère légal. Celle-ci a mission de se livrer à des recherches, et de préparer un travail, mais elle ne peut prendre aucune délibération, ni engager en aucune façon le conseil. On ne voit pas dès lors pourquoi le maire tiendrait de son titre la présidence d'une réunion qui n'a rien d'officiel.

16. « Les fonctions de secrétaire sont remplies par un des membres du conseil municipal nommé au scrutin et à la majorité des membres présents. Le secrétaire est nommé pour chaque session. » (L. 5 mai 1855, art. 19, § 4.)

Rien n'est plus précis et n'était plus nécessaire qu'une pareille disposition. On ne peut concevoir, en effet, une assemblée délibérante dont l'un des membres ne serait pas spécialement chargé de constater le résultat de chaque vote. Le secrétaire, à qui sont confiées ces importantes attributions, est donc l'un des premiers éléments de l'assemblée, où sa présence n'est pas moins utile que celle du président lui-même; car, si le président dirige les débats, il appartient souvent, de fait, au secrétaire, de préciser le sens et la portée des délibérations qui ont été prises.

Tels sont les motifs qui ont décidé le législateur à ne pas abandonner la désignation du secrétaire à l'arbitraire du président ou au hasard de l'âge, et à vouloir, ainsi que le prescrit l'art. 19 de la loi du 5 mai, que le secrétaire soit nommé au scrutin et à la majorité, *pour chaque session.*

Pour arriver à cette nomination, qui est la première opération à laquelle doivent se livrer les conseillers au moment où ils se réunissent pour la première fois, il est de règle, vu l'absence d'une disposition précise, que les fonctions de secrétaire provisoire soient remplies par le plus jeune des conseillers présents, jusqu'à l'élection du secrétaire définitif.

17. Il pourrait arriver qu'aucun des conseillers municipaux ne voulût accepter les fonctions de secrétaire du conseil, et se charger de la rédaction des procès-verbaux. Si ce cas se présentait, que devrait-on faire? Y aurait-il quelque moyen de vaincre de pareils refus? La loi n'en offre évidemment aucun. Comme il s'agissait d'une fonction publique, qui est une véritable marque de confiance, le législateur n'a pas dû prévoir qu'une peine pût jamais être nécessaire pour obliger à l'accepter. Remarquons d'ailleurs que tout ce qui tient aux fonctions municipales exige du zèle et du dévouement. Rien ne saurait être plus contraire à leur essence qu'une disposition pénale qui tendrait à les imposer.

Il faut bien cependant trouver un moyen de résoudre une difficulté qui tient à l'organisation même du conseil municipal, puisque aucune réunion délibérante ne peut fonctionner sans l'assistance d'un secrétaire. — La dissolution du conseil serait un expédient d'un effet incertain, puisque les mêmes embarras pourraient se représenter dans l'assemblée nouvelle ; cette mesure d'ailleurs pourrait présenter de graves inconvénients, dans certains cas ; si, par exemple, il était nécessaire de délibérer sur des affaires urgentes. Il ne reste donc qu'à choisir, à chaque nouvelle séance, un des membres présents, pour remplir les fonctions de secrétaire, ou bien à faire venir du dehors une personne qui consente à dresser le procès-verbal, soit officieusement, soit moyennant rétribution. La première de ces deux mesures serait assurément la plus régulière, si elle n'était impraticable ; mais les membres du conseil, qui ont déjà refusé le titre de secrétaire définitif, consentiront-ils à accepter celui de secrétaire provisoire ? Nous pensons, en conséquence, que le conseil municipal doit, dans le cas dont il s'agit, avoir la faculté de s'adjoindre, soit le secrétaire de la mairie, soit toute autre personne, mais seulement pour tenir la plume.

— La question s'est élevée de savoir s'il est nécessaire d'élire un nouveau secrétaire à chaque convocation extraordinaire, ou si le secrétaire élu dans la session trimestrielle pouvait continuer ses fonctions pendant toute la durée du trimestre. Le premier mode est seul régulier. Le conseil, en nommant un secrétaire pour la session trimestrielle, n'a pu lui conférer des pouvoirs pour des séances étrangères à cette session, et lorsqu'il ignorait même si ces séances auraient lieu. Le motif qu'on allègue en faveur de l'autre mode, savoir : le désir d'abréger les opérations, n'a pas de valeur ; car, s'il y a accord ou majorité prononcée pour maintenir le secrétaire, la formalité d'un scrutin ne peut entraîner beaucoup de longueurs, et, dans le cas contraire, la discussion prendrait plus de temps que trois scrutins. Il faut donc, dans tous les cas, élire un secrétaire à chaque session extraordinaire.

8

CHAPITRE IV.

CONDITIONS NÉCESSAIRES POUR LA VALIDITÉ DES DÉLIBÉRATIONS.

18. « Le conseil municipal ne peut délibérer que lorsque la majorité des *membres en exercice* assiste à la séance. » (L. 5 mai 1855, art. 17, § 1.)

En adoptant cette disposition, le législateur s'est proposé un double but. Il a voulu, en premier lieu, que le cours des opérations d'un conseil municipal ne pût pas être entravé par la négligence ou les absences légitimes de quelques-uns de ses membres ; mais il a pris soin, d'un autre côté, d'assurer à chaque délibération la garantie de la majorité des membres du conseil. En exigeant la présence d'un plus grand nombre de votants, on eût souvent obligé le conseil à ajourner sa délibération sur des questions urgentes ; en se contentant d'un nombre moindre, on se fût exposé à faire dominer le vœu de la minorité. Mais que doit-on entendre par ces mots : *membres en exercice?*

Cette expression doit évidemment s'appliquer à tous ceux qui sont régulièrement investis du caractère de conseillers municipaux, et ont, *actuellement, le droit d'en exercer les fonctions.* Parmi les membres du conseil *en exercice,* on ne doit, par conséquent, compter ni les membres morts, ni ceux qui ont perdu la qualité de Français ou la jouissance des droits civils ou politiques, ni ceux qui n'ont jamais accepté les fonctions de conseillers municipaux, ni ceux qui ont été *déclarés démissionnaires.* Quant aux conseillers qui ont *donné leur démission,* nous pensons qu'ils doivent être considérés comme étant en exercice, jusqu'au moment de leur remplacement par une élection.

19. Ces règles sont cependant susceptibles d'une restriction importante : — « Lorsque, après deux convocations successives, faites par le maire, à huit jours d'intervalle et dûment constatées, les membres du conseil municipal ne se sont pas réunis en nombre suffisant, la délibération prise après la troisième convocation est valable, quel que soit le nombre des membres présents. » (L. 5 mai 1855, art. 17, § 2.) — Cette disposition est la reproduction littérale de l'art. 26 de la loi du 18 juill. 1837. Elle s'explique et se justifie d'elle-même. Il était en effet indispensable que l'administration municipale ne fût jamais exposée à des lenteurs qui auraient compromis les intérêts de la commune. La disposition de l'art. 17 est, en outre, fort sage en ce qu'elle oblige le maire à constater le nombre des convocations. Cette constatation résultera de la déclaration faite par le maire sur le registre-journal que, tel jour, il a convoqué les conseillers munici-paux, etc., etc.

20. « Les conseillers siégent dans l'ordre du tableau. — Les résolutions sont prises à la majorité absolue des suffrages. » (L. 5 mai 1855, art. 18, §§ 1 et 2.) — La *majorité* des voix signifie la moitié plus un des membres présents. Le vote d'un conseiller municipal qui n'aurait pas assisté à la délibération ne devrait pas être compté. Ce vote, en effet, ne serait pas présumé assez éclairé, puisqu'il aurait pu changer par suite de la discussion.

21. « Les délibérations sont inscrites, par ordre de date, *sur un registre coté et parafé par le sous-préfet.* » (L. 5 mai 1855, art. 22, § 2.)

En chargeant les sous-préfets de coter et de parafer le registre sur lequel sont inscrites les délibérations des conseils municipaux, la loi a voulu donner une garantie de plus à la surveillance des intérêts communaux, et à la bonne tenue des registres où tout ce qui concerne ces intérêts est consigné.

22. « Les délibérations sont *signées* par tous les membres *présents à la séance*, ou mention est faite de la cause qui les a empêchés de signer. — Copie en est adressée au préfet ou au sous-préfet dans la huitaine. » (L. 5 mai, art. 22, §§ 3 et 4.)

Il ne peut y avoir aucune incertitude sur l'obligation imposée à *tous les membres présents* de signer la délibération à laquelle ils ont assisté. Mais la prescription de la loi, à cet égard, ne porte avec elle aucune sanction. Il pourrait donc arriver que les conseillers, composant la minorité, ne voulussent point signer la délibération où leur opinion n'a point été suivie. Dans ce cas, la délibération doit-elle toujours être regardée comme valable? — L'affirmative ne nous paraît pas douteuse. En effet, s'il en pouvait être autrement, il dépendrait toujours de la minorité d'invalider à son gré les délibérations où elle n'aurait pu faire prévaloir son avis, et il est probable qu'un pareil moyen serait souvent employé, au grand préjudice des intérêts communaux. Mais il est indispensable que le procès-verbal de la délibération soit signé par la majorité des membres présents. Il ne suffirait pas qu'il fût fait mention, en tête de ce procès-verbal, des noms des membres qui auraient assisté à la délibération, ni même que ce procès-verbal fût signé par le maire. Les délibérations des conseils municipaux, comme tous les autres actes publics, ne peuvent recevoir d'authenticité que par la signature des parties qui y ont pris part, ou du moins par la mention expresse de l'impossibilité où elles se seraient trouvées de signer, soit parce qu'elles ne sauraient pas écrire, soit par tout autre motif.

23. Les membres de la minorité ne peuvent non plus exiger qu'il soit fait mention de leur opinion et des raisons qui la motivent, qu'autant qu'il s'agit d'une délibération qui n'emporte pas avec elle décision. Il faut, en effet, remarquer

que les délibérations des conseils municipaux sont de deux
sortes : les unes portant décision, les autres ne contenant
qu'un avis sur tel ou tel objet. Dans les discussions qui précèdent les unes et les autres, il est nécessaire que toutes les
opinions se manifestent librement, parce que toutes doivent
être appréciées et jugées. Il ne faut pas que la majorité fasse
abus du nombre pour étouffer la voix de la minorité, qui a
droit d'être entendue et qui doit compter dans la balance. —
Mais la minorité, de son côté, ne peut pas exiger que l'on
fasse des catégories, et que l'on fractionne le conseil municipal en deux camps opposés. Ainsi lorsque la discussion a
été fermée, et qu'une *résolution* a été adoptée, il ne doit plus
en rester d'autre trace que la décision elle-même et les motifs sur lesquels elle est fondée. Cette décision est alors
l'œuvre du conseil municipal tout entier, sans distinction
de majorité et de minorité. La minorité ne peut donc,
dans ce cas, être admise à protester contre les décisions, par l'insertion au procès-verbal des motifs qui l'ont
dirigée.

Mais il en serait autrement si, au lieu d'une décision à
prendre, il ne s'agissait que d'un simple avis à donner : alors
la délibération doit avoir toutes les formes d'un procès-
verbal, et conséquemment elle doit énoncer aussi bien les
motifs de la minorité que ceux de la majorité.

24. « Il est voté au *scrutin secret* toutes les fois que trois
des membres présents le réclament. » (LL. 18 juillet 1837,
art. 29, § 2 ; et 5 mai 1855, art. 22, § 1). Les motifs qui font
admettre en certains cas le scrutin secret dans les délibérations des assemblées législatives, peuvent quelquefois faire
désirer que ce mode soit adopté pour assurer l'indépendance
des votes des conseillers municipaux. Pour que le scrutin
secret soit alors obligatoire, il suffit que trois des conseillers présents se réunissent pour en former la demande
expresse, sans qu'il soit nécessaire qu'ils en expliquent les
motifs.

25. « Les séances des conseils municipaux ne sont pas publiques. » (L. 5 mai 1855, art. 22, § 1.) — La loi ne dit point
que les séances des conseils municipaux seront *secrètes*, et
que personne ne pourra y être admis. Elle se contente de dire
que ces séances *ne seront pas publiques*. Ces mots signifient
donc tout simplement que le *public* ne doit pas être admis

aux délibérations, ce qui pourrait les rendre tumultueuses et passionnées.

La loi n'interdit pas non plus la publication des délibérations du conseil municipal. Le silence qu'elle garde sur ce point nous paraît laisser subsister dans toute sa vigueur l'art. 29 de la loi du 18 juillet 1837, où, après avoir également dit : « Les séances des conseils municipaux ne sont pas publiques, » le législateur ajoute immédiatement : « Leurs débats ne peuvent être publiés OFFICIELLEMENT *qu'avec l'approbation de l'autorité supérieure.* » La publication *non officielle* reste donc permise, sauf la responsabilité que le publicateur peut attirer sur lui par un récit infidèle des faits. L'opinion que nous venons d'émettre ne nous paraît en rien infirmée par la faculté que le dernier paragraphe de l'art. 22 de la loi du 5 mai 1855 donne *à tout habitant ou contribuable de la commune de demander communication, sans déplacement, et même de prendre copie, de la délibération du conseil municipal.* Car, malgré l'autorisation implicite de la loi, aucune sorte de publicité peut n'avoir été donnée aux délibérations du conseil municipal. Tout contribuable de la commune peut alors avoir un intérêt direct à les connaître. Il était donc juste que la loi permît de lui en donner communication et même de lui en laisser prendre copie.

26. « Les membres du conseil municipal ne peuvent prendre part aux délibérations relatives aux affaires dans lesquelles ils ont un intérêt, soit en leur nom personnel, soit comme mandataires. » (L. 5 mai 1855, art. 21.) — Cette règle n'est pas nouvelle dans notre législation. — Les juges, lorsqu'ils ont un intérêt personnel dans le litige porté devant eux, se font toujours un devoir de s'abstenir. Dans tous les cas, ils pourraient être *récusés.* Les conseillers municipaux, qui sont des juges aussi, dans les propositions qui leur sont soumises ou qu'ils provoquent, ne doivent pas être affranchis de la même loi de convenance. S'ils y manquaient la loi annulerait leur vote. — Nos lois municipales n'avaient pas encore porté, sur le cas spécial dont il s'agit ici, une interdiction aussi générale que celle de l'art. 21 de la loi du 5 mai. Mais l'art. 56 de la loi du 18 juillet 1837, relatif aux contestations *d'une section avec la commune* ou des diverses *sections entre elles,* contenait déjà une disposition analogue. Cet article veut, en effet, que les membres du corps municipal *intéressés à la* *jouissance des biens ou droits revendiqués par l'une des sections ou contre elle, ne puissent participer aux délibérations relatives au litige.* — L'art. 58 de la même loi veut aussi que la section ou toute partie qui aura obtenu une condamnation contre la commune ou contre une autre section, ne soit point passible des charges ou contributions imposées pour l'acquittement des frais et dommages-intérêts résultant du procès. — Or, l'esprit de ces dispositions est manifeste : toute personne en contestation avec la commune, au sujet des biens qui font ou qui peuvent devenir l'objet d'un procès, est par cela seul étrangère à la commune en ce point; elle perd momentanément la qualité de communiste, à plus forte raison celle de conseiller municipal.

27. Il suit de ce qui précède qu'un conseiller municipal ne peut prendre part à la délibération dans laquelle il s'agit de statuer sur le point de savoir si la commune lui intentera ou non un procès. Il faut, en effet, pour qu'une commune soit autorisée à plaider, que le maire en fasse la demande expresse, d'après l'avis conforme du conseil municipal. (L. 18 juill. 1837, art. 49 et 52.) La participation de l'adversaire de la commune à la délibération dans laquelle cet avis est voté, pourrait donc, en cas de partage des voix, déterminer une solution négative sur la question du procès qu'elle se propose d'intenter contre lui. — Ainsi l'intérêt communal se trouverait livré à la merci d'un intérêt contraire, ce qui est complétement inadmissible.

— Cependant, si la présence du membre intéressé pouvait être utile pour éclairer le conseil sur les circonstances du litige, et prévenir peut-être une action irréfléchie ou téméraire, nul doute que, dans ce cas, il ne pût assister aux délibérations; mais alors, comme il n'interviendrait que pour donner des renseignements, il ne devrait point participer au vote. (Inst. min. int., 7 janv. 1840.)

28. M. Legrand, membre de la commission de la loi du 5 mai 1855, avait demandé que la même interdiction fût prononcée à l'égard des conseillers municipaux qui seraient membres d'une *administration subventionnée par la commune, lorsqu'il s'agirait de voter sur l'allocation proposée en faveur de cette administration;* mais on jugea que ce serait aller trop loin. Tout ce que le législateur a voulu prévenir, c'est la lutte de l'intérêt personnel contre l'intérêt communal.

Lors même que celui-ci devrait toujours être vainqueur, il n'en serait pas moins utile d'adopter une règle qui met la considération du conseil municipal à l'abri de toute suspicion.

29. Le président et le secrétaire d'un conseil municipal manqueraient gravement à leur devoir s'ils refusaient de signer une délibération, régulière d'ailleurs, parce qu'elle aurait été prise contre leur avis personnel. Le pouvoir du maire, en effet, en tant que président du conseil, se borne à diriger les délibérations, et celui du secrétaire, à en constater le résultat; comme tous les autres membres de l'assemblée ils n'ont que leur voix à mettre dans la balance. Lorsque leur opinion ne triomphe pas, ils n'en doivent pas moins respecter le vote de la majorité, et s'ils refusent de se soumettre à la volonté qu'elle a légalement émise, ils doivent à l'instant donner leur démission.

30. Aux termes de l'art. 60 du décret des 14-22 déc. 1789, les citoyens qui se prétendent lésés par un acte quelconque d'un corps municipal peuvent exposer leur sujet de plainte à l'administration supérieure chargée de vérifier les faits et de faire droit à la réclamation. — Dès lors, quand un citoyen prétend qu'une délibération d'un conseil municipal est diffamatoire pour lui, c'est devant l'administration supérieure, et non devant les tribunaux correctionnels, qu'il doit réclamer. (C. d'État, 18 mai, 14 août 1854.)

CHAPITRE V.

DES CONSEILLERS MUNICIPAUX RÉPUTÉS DÉMISSIONNAIRES.

31. *Dans quel cas le préfet peut déclarer démissionnaire un membre d'un conseil municipal.*

32. *Peut-on considérer comme absent le conseiller municipal qui, présent, refuse de voter?*

33. *Marche à suivre avant et après cette déclaration.*

31. « Tout membre du conseil municipal qui, sans motifs légitimes, a manqué à trois *convocations* consécutives, peut être déclaré démissionnaire par le préfet, sauf recours, dans les dix jours de la notification, devant le conseil de préfecture. » (L. 5 mai 1855, art. 20.)

Il est regrettable que le législateur, dans l'article qui précède, se soit encore servi du mot *convocations*, qui, sous l'empire de la loi du 21 mars 1831, avait déjà fait naître des doutes sur le point de savoir si, par ce mot, il fallait entendre trois *appels consécutifs* adressés par le maire au conseiller municipal qui n'a pas répondu au premier, ou bien trois *sessions successives* du conseil municipal. Toutefois, c'est dans ce dernier sens qu'on interprétait généralement l'art. 26 de la loi du 21 mars, reproduit dans l'art. 20 de la loi du 5 mai, avec cette restriction toutefois qu'il était dit dans le premier : « Le préfet *déclarera* démissionnaire, etc.; » tandis que, d'après le second, cette disposition, d'*impérative* qu'elle était, est devenue *facultative*. — L'art. 20 de la loi contient aussi une disposition nouvelle, celle qui permet au conseiller municipal d'appeler auprès du conseil de préfecture, dans les dix jours de la notification, de la décision du préfet qui l'a déclaré démissionnaire. Mais ni la modification ni l'addition que nous venons de signaler n'altèrent la force des motifs que, dans la deuxième édition de cet ouvrage, nous avions fait valoir à l'appui de cette opinion que le mot *convocations* doit se traduire par celui de *sessions*. Nous y disions : « Avant la loi du 21 mars, et quand le gouvernement avait le droit de révoquer les conseillers municipaux, il avait adopté comme règle administrative de prononcer la révocation pour absences non justifiées, pendant *trois sessions consécutives*. — C'est dans le même esprit que fut conçue la disposition législative qui forme l'art. 26 de la loi du 21 mars. — Le but du gouvernement en la présentant, et celui des chambres en la sanctionnant de leurs votes, fut d'imprimer le sceau de la légalité à une mesure qui, jusque-là, n'avait été qu'un usage administratif; et si l'on se servit alors du mot de *convocations* au lieu de celui de *sessions*, c'est parce que, en général, il n'y a qu'une seule convocation du maire pour chaque session, tant ordinaire qu'extraordinaire, du conseil municipal. D'ailleurs, ne serait-ce pas se jeter dans des difficultés inextricables que de faire dépendre la qualité de conseiller municipal de convocations dont l'existence pourrait souvent être incertaine ? — Le législateur lui-même nous semble avoir pris le soin de fixer le sens du mot *convocations*, lorsque, pour éviter dans la loi du 22 juin 1833, les difficultés qui s'étaient présentées dans l'exécution de celle du 21 mars 1831, il a formellement, dans l'art. 7 de la première de ces lois, remplacé le mot de *convocations* par celui de *sessions*, en disposant que, lorsqu'un membre du conseil général aura manqué à *deux sessions consécutives*, sans excuses légitimes ou empêchement admis par le conseil, il sera regardé comme démissionnaire, et qu'il sera procédé à une nouvelle élection. » — Enfin, depuis que ces lignes avaient été écrites, le C. d'État, par un arrêt du 16 janv. 1846, a décidé qu'il n'y a pas lieu, de la part du préfet, de déclarer démissionnaire un membre du conseil municipal, pour défaut d'assistance aux séances du conseil, lorsqu'il n'est pas établi que ce membre ait manqué à trois *convocations successives* régulièrement faites ; et le ministre de l'intérieur, par une circulaire du 20 mai 1846, a donné des instructions dans le même sens. — Ainsi, à notre avis, un conseiller municipal ne s'est mis dans le cas d'être déclaré démissionnaire par arrêté du préfet, que lorsqu'il aura laissé passer trois *sessions*, *à chacune desquelles il avait été convoqué*, sans présenter des motifs d'excuse reconnus valables par le conseil. Il importe peu, du reste, que les sessions soient *ordinaires* ou *extraordinaires*, puisque les unes et les autres sont précédées de *convocations*. — Le préfet excède ses pouvoirs en déclarant démissionnaire le conseiller municipal qui a manqué à trois convocations successives, sans que le conseil municipal ait reconnu si les motifs d'absence de ce conseiller ne sont pas légitimes. (C. d'État, 29 juill. 1847.) — Cette jurisprudence doit évidemment continuer à être suivie, puisque l'art. 20 de la loi du 5 mai 1855 et l'art. 26 de celle du 21 mars 1831 sont absolument identiques.

32. Quoique l'art. 20 de la loi du 5 mai ne concerne explicitement *dans ses termes*, que le membre du conseil qui a *manqué d'assister* aux délibérations pendant trois sessions consécutives, nous pensons qu'il y aurait lieu d'en faire l'application au conseiller municipal qui, bien que présent, aurait refusé de prendre part aux délibérations, c'est-à-dire de voter avec ses collègues, si ce refus s'était renouvelé pendant toute la durée de trois sessions consécutives. Un pareil procédé, encore plus insultant envers le conseil municipal qu'une simple absence par négligence, mérite en effet à tous égards d'être frappé de la déchéance prévue par cet article

33. Il suit de tout ce qui précède que lorsqu'un conseiller municipal ne peut pas se rendre à une convocation, il doit immédiatement faire connaître les motifs qui l'en empêchent, et le conseil statue sur la légitimité de cette excuse.— A chaque nouvelle absence, le conseil municipal conserve le même droit de statuer sur la valeur des excuses produites; mais là s'arrête sa puissance. Ce conseil ne peut pas, dans une délibération, prononcer le blâme, la censure ou telle autre peine disciplinaire contre l'un de ses membres, à raison des absences qu'il a faites. Il y aurait danger en effet à ce que le conseil municipal s'attribuât une autorité disciplinaire. Un temps précieux, destiné à la *gestion des affaires de la commune*, pourrait ainsi se trouver entièrement absorbé par des intérêts purement individuels.

— Mais quelle marche doit-on suivre pour rendre exécutoire l'art. 26? Cette marche est naturellement tracée. Le conseil constate, par une délibération, qu'il y a eu manquement à trois sessions consécutives, et qu'aucun motif d'excuse n'a été produit ou que les motifs allégués ne lui ont pas paru légitimes. Une expédition du procès-verbal est ensuite transmise, par le maire, au préfet, qui, sur le vu de cette pièce, examine s'il y a lieu de déclarer démissionnaire le conseiller qu'elle concerne.

Du reste, tant que la déclaration du préfet n'est pas rendue, le conseiller municipal conserve son titre et doit être compris dans toutes les convocations; mais ses pouvoirs expirent à l'instant même où le préfet prend un arrêté en exécution de l'art. 20; et dès qu'il a reçu notification de cet arrêté, le maire ne peut plus adresser de lettre de convocation au conseiller municipal déchu.

CHAPITRE VI.

NULLITÉ DES DÉLIBÉRATIONS DES CONSEILS MUNICIPAUX EN CERTAINS CAS.

34. *Délibération prise par un conseil municipal sur des objets étrangers à ses attributions.*

35. *Le préfet, en conseil de préfecture, en prononce la nullité, sauf recours à l'Empereur en Conseil d'État.*

36. *Délibération prise par un conseil municipal hors de ses réunions légales.*

34. « Toute délibération d'un conseil **municipal** portant sur des *objets étrangers à ses attributions*, est nulle de plein droit. » (L. 5 mai 1855, art. 23, § 1.)

La disposition contenue dans ce paragraphe est d'une très-haute importance. Tout fonctionnaire, tout corps constitué doit strictement se renfermer dans la limite des pouvoirs qui lui sont attribués. Hors de cette sphère, tous ses actes sont entachés de nullité. Il fut un temps, en France, où l'autorité municipale s'exerçait par un corps collectif. Les conseillers municipaux participaient alors à la puissance *exécutive*. Ils avaient par conséquent un *rôle actif* à remplir. Mais, aujourd'hui, le conseil municipal *délibère et n'agit pas :* ses *attributions*, soigneusement définies par la loi, sont purement administratives. (V. le titre relatif aux *Attributions des conseils municipaux*.) — Ainsi, d'une part, tout envahissement sur le pouvoir exécutif du maire ; de l'autre, toute délibération portant sur un objet étranger à ses propres attributions, constitueraient, de la part du conseil municipal, des actes illégaux et *nuls de plein droit*. — Rien, toutefois, ne prive le conseil municipal de la faculté *d'émettre des vœux sur tous les objets d'intérêt local*. On peut même dire que c'est là précisément sa mission, et l'art. 24 de la loi du 18 juillet 1837 ne laisse à ce sujet aucune incertitude.

35. Lorsqu'une délibération a été prise en violation des règles qui précèdent, « le préfet, en conseil de préfecture, en déclare la nullité. En cas de réclamation du conseil municipal, il est statué par un décret de l'Empereur, le Conseil d'État entendu. » (L. 5 mai, art. 23, § 2.)

Lorsque l'art. 28 de la loi du 21 mars 1831, identique au fond à l'art. 23 de celle du 5 mai 1855, fut discuté à la Chambre des députés, un de ses membres proposa de faire déclarer la nullité de la délibération par *le conseil de préfecture, présidé par le préfet*, plutôt que par le *préfet en conseil de préfecture*. Ce mode de procéder offrait, à son avis, plus de garanties d'indépendance, attendu que, dans le second cas, le préfet décide seul, en se contentant de prendre l'avis du conseil ; tandis que, dans le premier, il y a décision rendue à la pluralité des voix, parmi lesquelles celle du préfet ne compte que pour une.

M. Dupin combattit cette proposition. « Les conseils de préfecture, dit-il, en tant que tribunaux de première instance, et le Conseil d'État en tant que tribunal d'appel, jugent, en général, sur des matières contentieuses. Mais quand la chose a un caractère administratif, c'est le préfet, seul chargé de l'administration, qui doit la décider ; il peut et il doit s'aider, en quelque sorte, du conseil de préfecture, qui, alors, n'est plus un tribunal, mais seulement un conseil.—Il s'agit ici de toute délibération d'un conseil municipal portant sur des objets étrangers à ses attributions ; ce sont des excès de pouvoir, abus exorbitant. Un conseil municipal aurait, par exemple, pris une délibération politique, anticonstitutionnelle. Si l'on soumet le cas à un conseil de préfecture, qui décidera qu'il n'y a pas lieu à accusation ; à un Conseil d'État, qui décidera que le corps municipal n'est pas punissable, on ne peut pas faire le procès au conseil de préfecture ou au Conseil d'État. Si c'est au préfet qu'on s'adresse, voilà un administrateur qui répond par lui-même, et qui pourrait être poursuivi devant les tribunaux ; si l'affaire remonte au comité de l'intérieur, l'ordonnance qui sera rendue sera contre-signée, et l'on aura un ministre responsable. — Il s'agit ici d'une chose d'administration, de l'annulation d'un acte exorbitant, monstrueux : c'est au préfet, sur sa responsabilité, à déclarer la nullité. C'est ensuite au ministre dans la compétence duquel l'acte vient à se ranger, à prononcer. C'est là une garantie véritablement constitutionnelle. » —Ces motifs déterminèrent l'adoption de l'art. 28 avec ces mots : *le préfet, en conseil de préfecture*, qui se trouvent reproduits dans la loi nouvelle.

36. « Sont également nulles de plein droit toutes les délibérations prises par un conseil municipal *hors de sa réunion légale.* — Le préfet, en conseil de préfecture, déclare l'illégalité de la réunion et la nullité des délibérations. » (L. 5 mai, art. 24.)

Par *réunion légale* du conseil municipal on doit entendre, ainsi que nous l'avons dit (*suprà*, n° 10), toute assemblée de ce conseil qui a eu lieu, *sur la convocation du maire*, soit lors de l'une des quatre *sessions ordinaires*, soit en *session extraordinaire*, en vertu d'une prescription ou d'une autorisation émanée du préfet ou du sous-préfet. Évidemment le droit d'initiative que la loi réserve à l'autorité administrative supérieure, serait complétement illusoire, si un conseil municipal pouvait se réunir quand bon lui semblerait. Il importerait peu que la délibération fût, *au fond*, conforme aux règles d'une administration prévoyante et sage. Elle n'en serait pas moins entachée d'un *vice de forme* qui imposerait au préfet l'obligation absolue de l'annuler par un arrêté pris en conseil de préfecture, sauf à autoriser une réunion nouvelle du conseil municipal, à l'effet de statuer régulièrement sur le même objet.

37. Il y a lieu de faire observer que dans ce dernier article, la loi n'ouvre point, ainsi que dans le cas prévu par l'art. 23, un recours devant l'Empereur, en Conseil d'État, contre la décision prise par le préfet en conseil de préfecture. Le motif de cette différence, dont le législateur ne s'est point expliqué, du reste, c'est que, lorsqu'il s'agit d'examiner si un conseil municipal est sorti du cercle de ses attributions, il est nécessaire de se livrer à une appréciation qui peut quelquefois présenter des difficultés. C'est là un point de droit administratif, dont la solution définitive appartient naturellement au Conseil d'État. La loi devait donc réserver une garantie contre une erreur possible du préfet. Mais le point de savoir si un conseil municipal s'est assemblé, *hors de sa réunion légale*, est une simple question de fait de toute évidence par elle-même, et sur laquelle il n'est pas possible de se tromper. Il devait donc appartenir au préfet seul de la juger souverainement.

38. « Tout conseil qui se mettrait en *correspondance* avec un ou plusieurs autres conseils, ou publierait des *proclamations* ou *adresses*, sera immédiatement suspendu par le préfet. » (L. 5 mai 1855, art. 25.)

39. Il importe de mesurer la portée de chacun des mots que nous avons soulignés dans cet article. Celui de *correspondance* suppose le désir qu'aurait un conseil municipal d'entrer en communication avec une autre commission municipale *pour se concerter avec elle sur une mesure quelconque*. Ce fait suffit par lui-même, aux termes de l'art. 25, pour entraîner la *suspension du conseil*. Mais il est évident que les auteurs de la réunion se seraient, en outre, rendus passibles de l'application de l'art. 123 C. pén., qui est ainsi conçu : « *Tout concert de mesures contraires aux lois*, pratiqué, soit par *la réunion* d'individus ou *de corps dépositaires de quelque partie de l'autorité publique*, soit par députation, soit *par correspondance entre eux*, sera puni d'un emprisonnement de deux mois au moins et de six mois au plus contre chaque coupable, qui pourra de plus être condamné à *l'interdiction des droits civiques*, et de tout emploi public, pendant dix ans au plus. »

La *proclamation* est une allocution générale formulée par un corps constitué ou par une réunion de simples citoyens ne prenant mandat que d'eux-mêmes. Il est facile de comprendre combien la publication de semblables écrits pourrait, dans certains cas, devenir dangereuse pour l'ordre public. — L'*adresse* est une sorte de lettre collective rédigée à l'effet d'exprimer au Pouvoir des félicitations, des vœux ou des protestations à l'occasion de certains événements ou de certaines mesures. De telles manifestations, lorsqu'elles se renferment dans les limites d'un vote où sont exprimés les sentiments du conseil municipal sur tel événement ou sur telle mesure, et qu'elles sont adressées au Gouvernement lui-même par la voie hiérarchique, n'ont rien, ce nous semble, de contraire à la loi, car il n'est pas un seul événement public qui ne se rattache par quelque point aux intérêts locaux que le conseil municipal a mission d'administrer et de défendre. Mais ce qui, dans aucun cas, ne peut être permis, c'est la *publication* que le conseil municipal ferait lui-même de semblables adresses. Les termes de l'art. 25 de la loi du 5 mai sont, sur ce point, généraux, absolus, et n'admettent aucune exception.

40. « Tout éditeur, imprimeur, journaliste ou autre, qui rendra publics les actes interdits au conseil municipal par les art. 24 et 25 de la présente loi, sera passible des peines portées en l'art. 123 du Code pénal. » (L. 5 mai, art. 26.)

La loi, comme on le voit, s'oppose en termes formels à toute sorte de publicité quant aux actes interdits aux conseils municipaux. La peine qui frappe, dans ce cas, l'écrivain et l'imprimeur est une rigoureuse conséquence du principe établi par l'art. 59 C. pén., et d'après lequel il n'est fait aucune distinction, sauf disposition contraire, entre les *auteurs* et les *complices* d'un même délit.

CHAPITRE VII.

SUSPENSION ET DISSOLUTION DES CONSEILS MUNICIPAUX.

41. *A qui appartient le droit de suspendre et de dissoudre les conseils municipaux.*

42. *Durée de la suspension.* — *Si, après ce délai, la dissolution n'est pas prononcée, le conseil reprend ses fonctions.*

43. *Nomination d'une commission pour remplacer le conseil municipal suspendu ou dissous.* — *Par qui est-elle nommée?*

44. *Nombre des membres de cette commission.*

45. *Le gouvernement peut maintenir la commission en fonctions jusqu'à l'époque du renouvellement quinquennal.*

41. Un principe aussi large que celui du suffrage universel, présidant à l'élection des conseils municipaux, pourrait devenir la source des plus graves perturbations, si le gouvernement n'était armé du droit de les *suspendre* et de les *dissoudre*. Cette garantie d'ordre avait été jugée indispensable, même sous les régimes les plus démocratiques. La constitution du 5 fruct. an III, art. 193 et 194, reconnaissait aux administrations départementales le droit d'annuler les actes des administrations municipales contraires aux lois, et de *suspendre* ces administrations. Le Directoire (art. 196) pouvait aussi, par des arrêtés motivés, *destituer* les administrateurs des communes. Le même principe avait été consacré par l'art. 27 de la loi du 21 mars 1831, aux termes duquel la *dissolution* des conseils municipaux pouvait être prononcée par ordonnance. — Dans les cas prévus par l'art. 30 de la même loi, ces conseils pouvaient être *suspendus* par le préfet, jusqu'à la décision royale. Le pouvoir de suspendre et de dissoudre les conseils municipaux ne pouvait donc pas être méconnu sous le régime actuel. L'art. 13, § 1 de la loi du 5 mai 1855 porte, en conséquence : « Les conseils municipaux peuvent être *suspendus* par le préfet; la *dissolution* ne peut être prononcée que par l'Empereur. »

42. « La *suspension* prononcée par le préfet sera de *deux mois*, et *pourra* être prolongée par le Ministre de l'intérieur jusqu'à *une année;* à l'expiration de ce délai, si la dissolution n'a pas été **prononcée par un décret**, le conseil municipal

reprend ses fonctions. » (L. 5 mai, art. 12, § 2.) — La dissolution est une mesure grave qui demande à être mûrement
pesée. La suspension a pour but de permettre au gouvernement d'en bien examiner les conséquences. Elle peut suffire
d'ailleurs pour laisser aux passions locales le temps de s'a-
paiser. Si l'autorité reconnaît que ce résultat a été atteint,
elle ne pousse pas l'affaire plus loin, et après un certain
temps d'épreuve, que la loi actuelle permet de prolonger
jusqu'à une année, le conseil municipal reprend ses fonctions.

43. « *En cas de suspension, le préfet* nomme immédiatement *une commission pour remplir les fonctions du conseil
municipal dont la suspension a été prononcée. — En cas de
dissolution*, la commission *est nommée soit par l'Empereur,
soit par le préfet*, suivant la distinction établie au § 1er de
l'art. 2 de la présente loi. » (L. 5 mai, art. 13, §§ 3 et 4.)
Il résulte de ces deux paragraphes qu'aussi bien en cas de
dissolution que de *suspension*, il appartient au préfet de
nommer la commission municipale provisoire dans les communes d'une population inférieure à 3000 âmes, sauf dans
les chefs-lieux de département, d'arrondissement ou de canton ; mais, qu'après la *dissolution* du conseil municipal, dans
une commune autre que celles qui viennent d'être spécifiées,
la nomination des membres de la commission provisoire ne
peut être faite que par l'Empereur. S'il n'y a point identité,
il existe du moins quelque analogie entre les deux cas spécifiés dans les art. 2 et 13 de la loi du 5 mai. Cette circonstance donne la raison de l'assimilation qu'on a faite des
maires et des commissions municipales, quant au mode de
leur nomination. Une telle disposition ne peut qu'accroître
l'autorité morale de ces commissions.
Lorsque l'art. 13 fut discuté dans le sein de la commission
du Corps législatif, un de ses membres proposa d'y ajouter
que la commission provisoire serait investie des mêmes pouvoirs que le conseil municipal, même pour le vote du budget et celui des impositions extraordinaires communales
mais on fit observer avec raison qu'une telle énonciation
était parfaitement inutile, puisqu'il était déjà dit dans l'article
que la commission provisoire était instituée *pour remplir
les fonctions du conseil municipal.* Un arrêt du conseil
d'État, du 12 mai 1853, avait déjà statué dans le même sens.

Sous l'empire de la loi du 5 mai 1855, il peut se présenter une difficulté à laquelle avait déjà donné lieu l'exécution de l'art. 10 de la loi du 7 juill. 1852. Comme cet article ne donnait au préfet, ainsi que la loi actuelle, le droit de nommer une commission provisoire qu'après la *suspension* ou la *dissolution* du conseil municipal, une décision du ministre de l'intérieur, de janvier 1854, porte que si un conseil municipal a donné sa *démission en masse*, le préfet, au lieu de l'accepter, doit *suspendre* le conseil municipal et procéder ensuite à l'organisation d'une commission municipale. Cette décision devrait évidemment servir aujourd'hui de règle dans un cas semblable.

44. « Le nombre des membres de cette commission ne peut être inférieur à la moitié de celui des conseillers municipaux. » (L. 5 mai, art. 13, § 5.) — La commission administrative provisoire doit représenter en tout le conseil municipal suspendu. Il importe, en conséquence, qu'elle soit, comme l'assemblée qu'elle remplace, un vrai conseil, assez nombreux pour représenter toutes les opinions intéressées à s'y produire. Mais, d'un autre côté, il était à craindre que, dans une commune dont le conseil municipal avait été dissous, on ne trouvât que très-difficilement d'autres hommes capables de faire partie de la commission administrative. Tel a été le double motif de la disposition qui veut que le nombre des membres de la commission ne puisse jamais être inférieur *à la moitié* de celui des conseillers municipaux.

45. « *La commission nommée en cas de dissolution peut être maintenue en fonctions jusqu'au renouvellement quinquennal.* (L. 5 mai, art. 13, § 6.)
Quelque garantie que puisse offrir la commission administrative provisoire, pour la bonne gestion des intérêts communaux, il faut cependant reconnaître que son existence est contraire au principe même de nos institutions municipales basées sur le système électif. La dissolution du conseil municipal est une mesure extrême, indispensable quelquefois sans doute, mais dont on ne doit pas prolonger la durée au delà du terme rigoureusement nécessaire. Ainsi toute dissolution appelle une réélection ; mais après quel délai celle-ci devra-t-elle avoir lieu? Aux termes de l'art. 27 de la loi du 21 mars 1831, l'intervalle entre ces deux mesures ne pouvait dépasser trois mois. En 1851, la commission de l'Assem-

blée législative avait proposé de porter ce délai à *six mois*, et la loi du 7 juillet 1852 le fixait à *une année*. Mais l'expérience avait fait reconnaître que ce délai n'était pas toujours suffisant pour prévenir le danger de nouvelles agitations. Dans cet état de choses, le législateur a pensé qu'il convenait de laisser à l'administration *la faculté* de maintenir en fonctions la commission municipale jusqu'à l'époque à laquelle eussent expiré les fonctions du conseil municipal dissous. « Cette extension, est-il dit dans l'*exposé des motifs*, doit être approuvée de ceux qui voudraient que les conseils municipaux fussent nommés directement par le pouvoir, et, d'un autre côté, ne paraîtra point exagérée aux partisans les plus déclarés du principe électif. Ceux-ci reconnaîtront sans peine que plus large est la base du droit électoral, plus énergique doit être aussi le moyen d'en réprimer les abus. »

LÉGISLATION ET INSTRUCTIONS.

LOI DU 5 MAI 1855

SUR L'ORGANISATION MUNICIPALE [1],

AVEC DES NOTES DE CONCORDANCE ENTRE CETTE LOI ET LA LÉGISLATION
ANTÉRIEURE SUR LE MÊME OBJET [2].

SECTION I. — *Composition et mode de nomination du corps municipal.*

Art. 1er. Le corps municipal de chaque commune se compose du maire, d'un ou plusieurs adjoints, et des conseillers municipaux.

Les fonctions des maires, des adjoints et des autres membres du corps municipal sont gratuites. (*L.* 21 *mars* 1831, *art.* 1er *légèrement modifié.*)

Art. 2. Le maire et les adjoints sont nommés par l'Empereur, dans les chefs-lieux de département, d'arrondissement et de canton, et dans les communes de 3000 habitants et au-dessus.

Dans les autres communes, ils sont nommés par le préfet, au nom de l'Empereur.

Ils doivent être âgés de vingt-cinq ans accomplis, et inscrits, dans la commune, au rôle de l'une des quatre contributions directes.

Les adjoints peuvent être pris, comme le maire, en dehors du conseil municipal.

Le maire et les adjoints sont nommés pour cinq ans.

Ils remplissent leurs fonctions, même après l'expiration de ce terme, jusqu'à l'installation de leurs successeurs.

Ils peuvent être suspendus par arrêté du préfet.

Cet arrêté cessera d'avoir effet s'il n'est confirmé, dans le délai de deux mois, par le ministre de l'intérieur.

Les maires et les adjoints ne peuvent être révoqués que par décret

1. Exposé des motifs présenté au Corps législatif, dans la séance du 3 février 1855 par M. Boujean, président de la section de l'intérieur du Conseil d'Etat, rapporteur et MM. Cuvier et de Chantérac, conseillers d'Etat. — Rapport fait, au nom de la commission du Corps législatif, par M. Langlais. — Discussion, séance du 2 avril; adopté au scrutin par 236 suffrages contre 7. — Délibéré en séance du Sénat du 27 avril, sur le rapport de M. Bonjean. — Promulgué le 5 mai 1855.

2. Loi du 21 mars 1831; — Décret du 3 juillet 1848; — Loi du 7 juillet 1852.

de l'Empereur. (*L. 7 juillet 1852, art. 7 et 8. — L. 21 mars 1831, art. 3 et 4 modifiés.*)

Art. 3. Il y a un adjoint dans les communes de 2500 habitants et au-dessous ; deux dans celles de 2501 à 10 000 habitants. Dans les communes d'une population supérieure, il pourra être nommé un adjoint de plus par chaque excédant de 20 000 habitants.

Lorsque la mer ou quelque autre obstacle rend difficiles, dangereuses ou momentanément impossibles les communications entre le chef-lieu et une fraction de commune, un adjoint spécial, pris parmi les habitants de cette fraction, est nommé en sus du nombre ordinaire ; cet adjoint spécial remplit les fonctions d'officier de l'état civil, et peut être chargé de l'exécution des lois et règlements de police dans cette partie de la commune. (*L. 21 mars 1831, art. 2 modifié.*)

Art. 4. En cas d'absence ou d'empêchement, le maire est remplacé par un de ses adjoints, dans l'ordre des nominations.

En cas d'absence ou d'empêchement du maire et des adjoints, le maire est remplacé par un conseiller municipal désigné par le préfet, ou, à défaut de cette désignation, par le conseiller municipal le premier dans l'ordre du tableau.

Ce tableau est dressé d'après le nombre des suffrages obtenus, et en suivant l'ordre des scrutins. (*L. 21 mars 1831, art. 5 légèrement modifié.*)

Art. 5. Ne peuvent être ni maires ni adjoints :

1° Les préfets, sous-préfets, secrétaires généraux et conseillers de préfecture ;

2° Les membres des cours, des tribunaux de première instance et des justices de paix ;

3° Les ministres des cultes ;

4° Les militaires et employés des armées de terre et de mer en activité de service ou en disponibilité ;

5° Les ingénieurs des ponts et chaussées et des mines en activité de service, les conducteurs des ponts et chaussées et les agents voyers ;

6° Les agents et employés des administrations financières et des forêts, ainsi que les gardes des établissements publics et des particuliers ;

7° Les commissaires et agents de police ;

8° Les fonctionnaires et employés des collèges communaux et les instituteurs primaires communaux ou libres ;

9° Les comptables et les fermiers des revenus communaux et les agents salariés par la commune ;

Néanmoins, les juges suppléants aux tribunaux de première instance et les suppléants de juges de paix peuvent être maires ou adjoints.

Les agents salariés du maire ne peuvent être ses adjoints.

Il y a incompatibilité entre les fonctions de maire et d'adjoint et le service de la garde nationale. (*L. 21 mars 1831, art. 6 et 18 légèrement modifiés, 7 et 8 textuellement reproduits.*)

Art. 6. Chaque commune a un conseil municipal composé de 10 membres, dans les communes de 500 habitants et au-dessous ;

De 12, dans celles de   501 à   1500 ;
De 16, dans celles de   1501 à   2500 ;
De 21, dans celles de   2501 à   3500 ;
De 23, dans celles de   3501 à 10 000 ;
De 27, dans celles de 10 001 à 30 000 ;
De 30, dans celles de 30 001 à 40 000 ;

De 32, dans celles de 40001 à 50000;

De 34, dans celles de 50001 a 60000;

De 36, dans celles de 60001 et au-dessus. (*L. 21 mars 1831, art.* 9 *légèrement modifié.*)

Art. 7. Les membres du conseil municipal sont élus par les électeurs inscrits sur la liste communale dressée en vertu de l'article 13 du décret du 2 février 1852 1.

Le préfet peut, par un arrêté pris en conseil de préfecture, diviser les communes en sections électorales.

Il peut, par le même arrêté, répartir entre les sections le nombre des conseillers à élire, en tenant compte du nombre des électeurs inscrits. (*E. 7 juillet 1852, art. 3 modifié.*)

Art. 8. Les conseillers municipaux doivent être âgés de vingt-cinq ans accomplis.

Ils sont élus pour cinq ans.

En cas de vacance dans l'intervalle des élections quinquennales, il est procédé au remplacement quand le conseil municipal se trouve réduit aux trois quarts de ses membres. (*L. 21 mars 1831, art. 17 modifié et 22.*)

Art. 9. Ne peuvent être conseillers municipaux :

1° Les comptables de deniers communaux et les agents salariés de la commune ;

2° Les entrepreneurs de services communaux;

3° Les domestiques attachés à la personne ;

4° Les individus dispensés de subvenir aux charges communales, et ceux qui sont secourus par les bureaux de bienfaisance. (*L. 21 mars 1831, art. 18 modifié.*)

Art. 10. Les fonctions de conseiller municipal sont incompatibles avec celles :

1° De préfets, sous-préfets, secrétaires généraux, conseillers de préfecture ;

2° De commissaires et d'agents de police ;

3° De militaires ou employés des armées de terre et de mer en activité de service;

4° De ministres des divers cultes en exercice dans la commune.

Nul ne peut être membre de plusieurs conseils municipaux. (*L. 21 mars 1831, art. 18 modifié.*)

Art. 11. Dans les communes de 500 âmes et au-dessus, les parents au degré de père, de fils, de frère, et les alliés au même degré, ne peuvent être en même temps membres du conseil municipal. (*L. 21 mars 1831, art. 20.*)

Art. 12. Tout conseiller municipal qui, par une cause survenue postérieurement à sa nomination, se trouve dans un des cas prévus par les articles 9, 10 et 11, est déclaré démissionnaire par le préfet, sauf recours au conseil de préfecture. (*Disposition nouvelle.*)

---

1. *Décret organique pour l'élection des députés au Corps législatif.*—Art. 12. Sont électeurs sans conditions de cens tous les Français, âgés de vingt et un ans accomplis, jouissant de leurs droits civils et politiques.

Art. 13. La liste électorale est dressée pour chaque commune par le maire. Elle comprend, par ordre alphabétique :

1° Tous les électeurs habitant dans la commune depuis six mois au moins ;

2° Ceux qui, n'ayant pas atteint, lors de la formation de la liste, les conditions d'âge et d'habitation, doivent les atteindre avant la clôture définitive.

Art. 18. Les conseils municipaux peuvent être suspendus par le préfet; la dissolution ne peut être prononcée que par l'Empereur.

La suspension prononcée par le préfet sera de deux mois, et pourra être prolongée par le ministre de l'intérieur jusqu'à une année; à l'expiration de ce délai, si la dissolution n'a pas été prononcée par un décret, le conseil municipal reprend ses fonctions.

En cas de suspension, le préfet nomme immédiatement une commission pour remplir les fonctions du conseil municipal dont la suspension a été prononcée.

En cas de dissolution, la commission est nommée soit par l'Empereur, soit par le préfet, suivant la distinction établie au § 1er de l'article 2 de la présente loi.

Le nombre des membres de cette commission ne peut être inférieur à la moitié de celui des conseillers municipaux.

La commission nommée en cas de dissolution peut être maintenue en fonctions jusqu'au renouvellement quinquennal. (*L. 7 juill.* 1852, *art. 9 et 10 modifiés.*)

Art. 14. Dans la ville de Paris, dans les autres communes du département de la Seine et dans la ville de Lyon, le conseil municipal est nommé par l'Empereur, tous les cinq ans, et présidé par un de ses membres, également désigné par l'Empereur.

Les conseils de Paris et de Lyon sont composés de trente-six membres.

Il n'est pas autrement dérogé aux lois spéciales qui régissent l'organisation municipale dans ces deux villes. (*Disposition nouvelle.*)

SECTION II. — *Assemblée des conseils municipaux.*

Art. 15. Les conseils municipaux s'assemblent, en session ordinaire, quatre fois l'année : au commencement de février, mai, août et novembre. Chaque session peut durer dix jours.

Le préfet ou le sous-préfet prescrit la convocation extraordinaire du conseil municipal, ou l'autorise, sur la demande du maire, toutes les fois que les intérêts de la commune l'exigent.

La convocation peut également avoir lieu pour un objet spécial et déterminé, sur la demande du tiers des membres du conseil municipal, adressée directement au préfet, qui ne peut la refuser que par un arrêté motivé. Cet arrêté est notifié aux réclamants, qui peuvent se pourvoir devant le ministre de l'intérieur. (*L. 21 mars 1831, art. 23 et 24,* 1er *et* 3e *alinéa légèrement modifiés.*)

Art. 16. La convocation se fait par écrit et à domicile.

Quand le conseil municipal se réunit en session ordinaire, la convocation se fait trois jours au moins avant celui de la réunion.

Quand le conseil municipal est convoqué extraordinairement, la convocation se fait cinq jours au moins avant celui de la réunion. Elle contient l'indication des objets spéciaux et déterminés pour lesquels le conseil doit s'assembler.

Dans les sessions ordinaires, le conseil peut s'occuper de toutes les matières qui rentrent dans ses attributions.

En cas de réunion extraordinaire, le conseil ne peut s'occuper que des objets pour lesquels il a été spécialement convoqué.

En cas d'urgence, le sous-préfet peut abréger les délais de convocation. (*L. 21 mars 1831, art. 24 et dispos. nouv.*)

Art. 17. Le conseil municipal ne peut délibérer que lorsque la majorité des membres en exercice assiste à la séance.

Lorsque, après deux convocations successives, à huit jours d'intervalle, et dûment constatées, les membres du conseil municipal ne sont pas réunis en nombre suffisant, la délibération prise après la troisième convocation est valable, quel que soit le nombre des membres présents. (L. 21 mars 1831, art. 25, et L. 18 juill. 1837, art. 26.)

Art. 18. Les conseillers siégent dans l'ordre du tableau.

Les résolutions sont prises à la majorité absolue des suffrages.

Il est voté au scrutin secret toutes les fois que trois des membres présents le réclament. (L. 18 juill. 1837, art. 27 et 29.)

Art. 19. Le maire préside le conseil municipal et a voix prépondérante en cas de partage.

Les mêmes droits appartiennent à l'adjoint qui le remplace.

Dans tout autre cas, les adjoints pris en dehors du conseil ont seulement droit d'y siéger avec voix consultative.

Les fonctions de secrétaire sont remplies par un des membres du conseil, nommé au scrutin secret et à la majorité des membres présents. Le secrétaire est nommé pour chaque session. (L. 7 juill. 1852, art. 8. — L. 18 juill. 1837, art. 27. — L. 21 mars 1831, art. 24.)

Art. 20. Tout membre du conseil municipal qui, sans motifs légitimes, a manqué à trois convocations consécutives, peut être déclaré démissionnaire par le préfet, sauf recours, dans les dix jours de la notification, devant le conseil de préfecture. (L. 21 mars 1831, art. 26 modifié.)

Art. 21. Les membres du conseil municipal ne peuvent prendre part aux délibérations relatives aux affaires dans lesquelles ils ont un intérêt, soit en leur nom personnel, soit comme mandataires. (Dispos. nouv., conforme à la jurisprudence.)

Art. 22. Les séances des conseils municipaux ne sont pas publiques.

Les délibérations sont inscrites, par ordre de date, sur un registre coté et parafé par le sous-préfet.

Elles sont signées par tous les membres présents à la séance, ou mention est faite de la cause qui les a empêchés de signer.

Copie en est adressée au préfet ou au sous-préfet, dans la huitaine.

Tout habitant ou contribuable de la commune a droit de demander communication, sans déplacement, et de prendre copie des délibérations du conseil municipal de sa commune. (L. 18 juill. 1837, art. 28, 29. — L. 21 mars 1831, art. 25.)

Art. 23. Toute délibération d'un conseil municipal portant sur un objet étranger à ses attributions est nulle de plein droit.

Le préfet, en conseil de préfecture, en déclare la nullité. En cas de réclamation du conseil municipal, il est statué par un décret de l'Empereur, le Conseil d'État entendu. (L. 21 mars 1831, art. 28 légèrement modifié.)

Art. 24. Sont également nulles de plein droit toutes les délibérations prises par un conseil municipal hors de sa réunion légale.

Le préfet, en conseil de préfecture, déclare l'illégalité de la réunion et la nullité des délibérations. (L. 21 mars 1831, art. 29.)

Art. 25. Tout conseil municipal qui se mettrait en correspondance avec un ou plusieurs autres conseils, ou qui publierait des proclamations ou adresses, sera immédiatement suspendu par le préfet. (L. 21 mars 1831, art. 30.)

Art. 26. Tout éditeur, imprimeur, journaliste, ou autre, qui rendra publics les actes interdits au conseil municipal par les articles 24 et 25 de la présente loi, sera passible des peines portées en l'article 123 du Code pénal. (*Dispos. empruntée à la loi du 22 juin 1833 sur les conseils généraux.*)

SECTION III. *Assemblées des électeurs municipaux, et voie de recours contre les opérations électorales.*

Art. 27. L'assemblée des électeurs est convoquée par le préfet aux jours déterminés par l'article 33 de la présente loi. (*L.* 21 *mars* 1831, *art.* 43.)

Art. 28. Lorsqu'il y aura lieu de remplacer des conseillers municipaux élus par des sections, conformément à l'article 7 de la présente loi, ces remplacements seront faits par les sections auxquelles appartenaient ces conseillers. (*L.* 21 *mars* 1831, *art.* 46.)

Art. 29. Les sections sont présidées, savoir : la première par le maire, et les autres, successivement, par les adjoints, dans l'ordre de leur nomination, et par les conseillers municipaux, dans l'ordre du tableau. (*L.* 21 *mars* 1831, *art.* 44.)

Art. 30. Le président a seul la police de l'assemblée.

Ces assemblées ne peuvent s'occuper d'autres objets que des élections qui leur sont attribuées. Toute discussion, toute délibération leur sont interdites. (*L.* 21 *mars* 1831, *art.* 48.)

Art. 31. Les deux plus âgés et les deux plus jeunes des électeurs présents à l'ouverture de la séance, sachant lire et écrire, remplissent les fonctions de scrutateurs.

Le secrétaire est désigné par le président et les scrutateurs. Dans les délibérations du bureau, il n'a que voix consultative.

Trois membres du bureau, au moins, doivent être présents pendant tout le cours des opérations. (*Dispos. empruntée au décret du 2 févr.* 1852 *sur les élections au Corps législatif.*)

Art. 32. Les assemblées des électeurs communaux procèdent aux élections qui leur sont attribuées au scrutin de liste. (*L.* 21 *mars* 1831, *art.* 49.)

Art. 33. Dans les communes de 2500 habitants et au-dessus, le scrutin dure deux jours; il est ouvert le samedi et clos le dimanche. Dans les communes d'une population moindre, le scrutin ne dure qu'un jour; il est ouvert et clos le dimanche. (*L.* 7 *juill.* 1852, *art.* 3.)

Art. 34. Le bureau juge provisoirement les difficultés qui s'élèvent sur les opérations de l'assemblée.

Ses décisions sont motivées.

Toutes les réclamations et décisions sont insérées au procès-verbal; les pièces et les bulletins qui s'y rapportent y sont annexés, après avoir été parafés par le bureau. (*L.* 21 *mars* 1831, *art.* 50. — *Décr.* 2 *févr.* 1852, *art.* 16.)

Art. 35. Pendant toute la durée des opérations, une copie de la liste des électeurs, certifiée par le maire, contenant les noms, domicile, qualification de chacun des inscrits, reste déposée sur la table autour de laquelle siége le bureau. (*Décr.* 2 *févr.* 1852, *art.* 17.)

Art. 36. Nul ne peut être admis à voter, s'il n'est inscrit sur cette liste.

Toutefois, seront admis à voter quoique non inscrits, les électeurs por teurs d'une décision du juge de paix ordonnant leur inscription, ou d'un arrêt de la Cour de cassation annulant un jugement qui aurait prononcé leur radiation. (*Décr.* 2 *févr.* 1852, art. 19.)

Art. 37. Nul électeur ne peut entrer dans l'assemblée s'il est porteur d'armes quelconques. (*Décr.* 2 *févr.* 1852, art. 20.)

Art. 38. Les électeurs sont appelés successivement à voter par ordre alphabétique.

Ils apportent leurs bulletins préparés en dehors de l'assemblée.

Le papier du bulletin doit être blanc et sans signe extérieur.

A l'appel de son nom, l'électeur remet au président son bulletin fermé.

Le président le dépose dans la boîte du scrutin, laquelle doit, avant le commencement du vote, avoir été fermée à deux serrures, dont les clefs restent, l'une entre les mains du président, l'autre entre les mains du scrutateur le plus âgé.

Le vote de chaque électeur est constaté sur la liste, en marge de son nom, par la signature ou le parafe de l'un des membres du bureau.

L'appel étant terminé, il est procédé au réappel, par ordre alphabétique, des électeurs qui n'ont pas voté. (*Décr.* 2 *févr.* 1852, art. 21, 22, 23.)

Art. 39. Le président doit constater, au commencement de l'opération, l'heure à laquelle le scrutin est ouvert.

Le scrutin ne peut être fermé qu'après être resté ouvert pendant trois heures au moins.

Le président constate l'heure à laquelle il déclare le scrutin clos, et, après cette déclaration, aucun vote ne peut être reçu. (*Dispos. nouv.*)

Art. 40. Après la clôture du scrutin, il est procédé au dépouillement de la manière suivante :

La boîte du scrutin est ouverte et le nombre des bulletins vérifié.

Si ce nombre est plus grand ou moindre que celui des votants, il en est fait mention au procès-verbal.

Le bureau désigne, parmi les électeurs présents, un certain nombre de scrutateurs.

Le président et les membres du bureau surveillent l'opération du dépouillement. Ils peuvent y procéder eux-mêmes s'il y a moins de 300 votants. (*Décr.* 2 *févr.* 1852, art. 27 et 28.)

Art. 41. Si le dépouillement du scrutin ne peut avoir lieu le jour même, les boîtes contenant les bulletins sont scellées et déposées pendant la nuit au secrétariat ou dans une des salles de la mairie.

Les scellés sont également apposés sur les ouvertures du lieu où les boîtes ont été déposées.

Le maire prend les autres mesures nécessaires pour la garde des boîtes du scrutin. (*Décr.* 2 *févr.*, art. 26.)

Art. 42. Les bulletins sont valables, bien qu'ils portent plus ou moins de noms qu'il n'y a de conseillers à élire.

Les derniers noms inscrits au delà de ce nombre ne sont pas comptés.

Les bulletins blancs ou illisibles, ceux qui ne contiennent pas une désignation suffisante, ou qui contiennent une désignation ou qualification inconstitutionnelle, ou dans lesquels les votants se font connaître, n'entrent pas en compte dans le résultat du dépouillement, mais ils sont annexés au procès-verbal. (*Dispositions nouvelles et, pour le 3e ali-néa, Décr.* 2 *févr.* 1852, *art.* 30.)

Art. 43. Immédiatement après le dépouillement, le président pro-clame le résultat du scrutin.

Le procès-verbal des opérations électorales est dressé par le secré-taire; il est signé par lui et par les autres membres du bureau. Une co-pie, également signée du secrétaire et des membres du bureau, en est aussitôt envoyée au préfet par l'intermédiaire du sous-préfet.

Les bulletins, autres que ceux qui doivent être annexés au procès-verbal, sont brûlés en présence des électeurs. (*Décr.* 2 *févr.* 1852, *art.* 31 *et* 33 *légèrement modifiés.*)

Art. 44. Nul n'est élu au premier tour de scrutin, s'il n'a réuni, 1° la majorité absolue des suffrages exprimés; 2° un nombre de suffrages égal au quart de celui des électeurs inscrits. Au deuxième tour de scru-tin, l'élection a lieu à la majorité relative, quel que soit le nombre des votants. Les deux tours de scrutin peuvent avoir lieu le même jour.

Dans le cas où le deuxième tour de scrutin ne peut avoir lieu le même jour, l'assemblée est de droit convoquée pour le dimanche sui-vant.

Si plusieurs candidats obtiennent le même nombre de suffrages, l'é-lection est acquise au plus âgé. (*L.* 21 *mars* 1831, *art.* 49 *modifié.* — *L.* 7 *juill.* 1852, *art.* 4 *complété.*)

Art. 45. Tout électeur a le droit d'arguer de nullité les opérations de l'assemblée dont il fait partie.

Les réclamations doivent être consignées au procès-verbal, sinon elles doivent être, à peine de nullité, déposées au secrétariat de la mairie, dans le délai de cinq jours, à dater du jour de l'élection. Elles sont immédiatement adressées au préfet par l'intermédiaire du sous-préfet; elles peuvent aussi être directement déposées à la préfecture, ou à la sous-préfecture, dans le même délai de cinq jours.

Il est statué par le conseil de préfecture, sauf recours au Conseil d'État.

Si le conseil de préfecture n'a pas prononcé dans le délai d'un mois, à compter de la réception des pièces à la préfecture, la réclamation est considérée comme rejetée. Les réclamants peuvent se pourvoir au Conseil d'État dans le délai de trois mois.

En cas de recours au Conseil d'État, le pourvoi est jugé sans frais. (*L.* 21 *mars* 1831, *art.* 52, *et* 3° *alinéa complétés et légèrement modifiés.*)

Art. 46. Le préfet, s'il estime que les conditions et les formes légale-ment prescrites n'ont pas été remplies, peut également, dans le délai de quinze jours, à dater de la réception du procès-verbal, déférer les opé-rations électorales au conseil de préfecture.

Le recours au Conseil d'État contre la décision du conseil de préfec-ture est ouvert, soit au préfet, soit aux parties intéressées, dans les délais et les formes réglées par l'article précédent. (*L.* 21 *mars* 1831, *art.* 51, 2° *alinéa complété.*)

Art. 47. Dans tous les cas où une réclamation, formée en vertu de la présente loi, implique la solution préjudicielle d'une question d'État, le conseil de préfecture renvoie les parties à se pourvoir devant les juges compétents, et fixe un bref délai dans lequel la partie qui aura élevé la question préjudicielle doit justifier de ses diligences. (*L.* 21 *mars* 1831. *art.* 52, 2° *alinéa, rédaction modifiée.*)

Art. 48. Dans le cas où l'annulation de tout ou partie des élections est devenue définitive, l'assemblée des électeurs est convoquée dans un délai qui ne peut excéder trois mois. (L. 21 *mars* 1831, *art.* 52, 3° *alinéa modifié.*)

Art. 49. Dans les six mois qui suivront la promulgation de la présente loi, il sera procédé au renouvellement intégral des conseils municipaux, ainsi qu'à la nomination des maires et adjoints.

Les membres des conseils municipaux, les maires et adjoints actuellement en exercice, continueront leurs fonctions jusqu'à l'installation de leurs successeurs.

Section IV. — *Dispositions particulières* [1].

Art. 50. Dans les communes chefs-lieux de département, dont la population excède quarante mille âmes, le préfet remplit les fonctions de préfet de police, telles qu'elles sont réglées par les dispositions actuellement en vigueur de l'arrêté des consuls du 12 messidor an VIII.

Toutefois, les maires desdites communes restent chargés, sous la surveillance du préfet, et sans préjudice des attributions, tant générales que spéciales, qui leur sont conférées par les lois,

1° De tout ce qui concerne l'établissement, l'entretien, la conservation des édifices communaux, cimetières, promenades, places, rues et voies publiques, ne dépendant pas de la grande voirie; l'établissement et la réparation des fontaines, aqueducs, pompes et égouts;

2° De la police municipale, en tout ce qui a rapport à la sûreté et à la liberté du passage sur la voie publique, à l'éclairage, au balayage, aux arrosements, à la solidité et à la salubrité des constructions privées;

Aux mesures propres à prévenir et à arrêter les accidents et fléaux calamiteux, tels que les incendies, les épidémies, les épizooties, les débordements;

Aux secours à donner aux noyés;

A l'inspection de la salubrité des denrées, boissons, comestibles et autres marchandises mises en vente publique, et de la fidélité de leur débit;

3° De la fixation des mercuriales;

4° Des adjudications, marchés et baux.

Les conseils municipaux desdites communes sont appelés, chaque année, à voter, sur la proposition du préfet, les allocations qui doivent être affectées à chacun des services dont les maires cessent d'être chargés. Ces dépenses sont obligatoires.

Si un conseil n'allouait pas les fonds exigés pour ces dépenses, ou n'allouait qu'une somme insuffisante, l'allocation nécessaire serait inscrite au budget par décret impérial, le Conseil d'État entendu.

Art. 51. Sont abrogées la loi du 21 mars 1831, et les dispositions du décret du 3 juillet 1848 et de la loi du 7 juillet 1852 relatives à l'organisation des corps municipaux.

---

1. Tout ce qui suit est emprunté à la loi du 19 juin 1851 sur l'agglomération lyonnaise.

TABLEAU DE LA JURISPRUDENCE

CONCERNANT LA LOI DU 5 MAI 1855, DEPUIS LA PROMULGATION DE CETTE LOI JUSQU'EN JANVIER 1860.

ÉLECTIONS MUNICIPALES.

COUR DE CASSATION.

RÉVISION ANNUELLE DES LISTES ÉLECTORALES.

1. *Condamnations judiciaires.* L'art. 15, § 5, de la loi du 5 mai 1855, qui attache la *perte du droit de voter* à la condamnation *pour vol* (V. *suprà*, p. 10, § 5 de l'art. 15 du décret du 2 février 1852), ne s'applique point aux individus condamnés pour fait de *maraudage*, en vertu des art. 388 et 475, n° 15, C. pén. (Cass., 30 mars 1858, *Morat*.)

2. Lorsqu'un individu a le droit d'être inscrit sur la liste électorale, on doit également l'y porter ou l'y maintenir, malgré l'allégation d'une condamnation judiciaire qui aurait été prononcée contre lui, mais dont il n'est pas justifié. (Cass., 18 juin 1855.)

3. *Fonctionnaires publics et Ministres des cultes reconnus par l'État.* Ces diverses personnes peuvent être inscrites sur les listes électorales sans avoir à justifier de la *résidence de six mois dans la Commune*, exigée par l'art. 13, § 1, du décret du 2 février 1852. (V. *suprà*, p. 4, § 2, *in fine*.)

C'est ce qui a été jugé dans l'espèce suivante :

Le sieur Simoni demandait que M. Albertini fût inscrit sur la liste électorale de la Commune de Casterla, dont il est desservant. Le Juge de paix du canton d'Omessa, statuant sur l'appel de la décision de la Commission municipale, déclara cette demande non recevable, par le motif que le Ministre du culte dont on réclamait l'inscription habitait la Commune *depuis moins de six mois*.

Mais le pourvoi formé contre cette décision a été accueilli par un arrêt de la Chambre des requêtes, en date du 11 mai 1858, par le motif que l'art. 5 de la loi du 31 mai 1850, relatif aux Fonctionnaires publics et au Ministres du culte (1), n'a rien de contraire au décret du 2 février 1852, et que, en conséquence, il n'a pas été abrogé par l'art. 52 de ce décret.

4. Les Fonctionnaires et les Ministres des cultes reconnus par l'Etat ne peuvent être inscrits que sur la liste électorale de la Commune où ils exercent leurs fonctions. Un Juge de paix avait statué dans ce sens, en infirmant la décision d'une Commission municipale qui avait maintenu l'inscription d'un *Fonctionnaire sur la liste électorale de la Commune où était son domicile d'origine*. Le pourvoi formé contre la sentence de ce magistrat a été rejeté. (Cass., 18 mai 1855.)

5. *Question d'État.* Dans le cas où l'appel formé, devant le Juge de paix, contre une décision de la Commission municipale (V. *suprà*, p. 35, n° 36), soulève une *question d'état* (par exemple, de *nationalité*), ce magistrat doit surseoir jusqu'à la solution de cette question préjudicielle par les Tribunaux compétents. (Cass., 6 avril 1858, *Dhélès*.)

Il doit en être ainsi, lors même que le défendeur ferait défaut. (Même arrêt.) En effet, la non-comparution du défendeur n'implique pas la reconnaissance de la qualité d'étranger, sur laquelle se base l'instance dirigée contre lui. Il faut, dans tous les cas, que la question du fond soit jugée; or, elle ne peut pas l'être par le Juge de paix.

6. *Demandes en inscription ou en radiation.* Nous avons vu, *suprà*, p. 29, n° 25, que, DANS LE DÉLAI DE 10 JOURS, *à partir de la publication de la liste électorale, tout électeur, inscrit sur l'une des listes du département, pouvait réclamer la radiation ou l'inscription de tout individu indûment inscrit ou omis*. Cette règle résulte de la loi du 15 mars 1849, art. 7, § 1, et de l'art. 5 du décret organique du 2 février 1852. On doit, pour son application, observer les délais impartis pour l'exercice des actions judiciaires, lesquels délais se comptent par jours et par heures. Ainsi le jour où la liste électorale est publiée dans la Commune ne doit pas être compris dans le nombre des dix qui sont accordés à tout électeur inscrit sur une des listes du département pour former des demandes en inscription ou en radiation. (Cass., Ch. req., 11 mai 1858; *Simoni*.)

7. *Appel des décisions de la Commission municipale.* Le droit conféré à tout électeur inscrit sur l'une des listes du département, de demander des inscriptions ou des radiations, dérive du droit absolu de contrôler la composition de listes qui intéressent l'universa-

---

¹ Cet article est ainsi conçu :

« Les Fonctionnaires publics seront inscrits sur la liste électorale de la Commune dans laquelle ils exerceront leurs fonctions, *quelle que soit la durée de leur domicile dans cette Commune*.

« La même disposition s'applique aux *Ministres des cultes reconnus par l'État.* »

lité des citoyens d'un même département. Ce même droit implique, par conséquent, la faculté d'attaquer non-seulement la liste dressée *d'office par le Maire*, mais encore les changements qui auront pu y être apportés par des *décisions de la Commission municipale*. Ainsi, pour l'exercice du droit d'appel contre ces décisions, on doit admettre même les électeurs qui n'avaient pas figuré dans la demande portée devant la Commission. (Cass., ch. req. 11 mai 1858, *Maestracci*.)

8. *Délai de l'appel devant le Juge de paix.* Aux termes de l'art. 9, § 2, de la loi du 15 mars 1849, l'appel de la décision de la Commission municipale doit être porté devant le Juge de paix, dans le délai des *cinq jours de la notification donnée aux parties*. (V. *suprà*, p. 34, n. 35.) Tout appel devant le Juge de paix qui ne serait pas formé dans ce délai devrait donc être rejeté. (Cass., ch. req., 11 mai 1858, *Maestracci*.)

9. *Communication des listes électorales*. Il n'est pas nécessaire que les listes électorales soient publiées par voie d'*affiches;* il suffit que la minute de ces listes reste déposée au secrétariat de la Mairie, pour être communiquée à tout requérant. C'est ce que décide un arrêt du Conseil d'État du 1er juin 1853. (V. *suprà*, p. 25, n° 20). Mais cette communication est formellement prescrite par l'art. 7 du décret organique du 2 février 1852, et les listes électorales doivent *rester à la disposition de tous les citoyens, électeurs ou non, et en dehors même des délais* (15 au 25 janvier), *fixés par la loi pour leur révision.*

Il est, en effet, de principe, que les listes électorales sont *publiques et permanentes*. (V. *suprà*, p. 21, n° 12.)

Il doit être bien entendu que ces mots : *Rester à la disposition des citoyens,* n'impliquent, pour l'Autorité municipale, aucune obligation, soit de laisser emporter les listes, soit de les reproduire par la voie de l'impression. Le vœu de la loi est satisfait par une simple communication donnée à tout requérant.

10. *Pourvoi en cassation contre la décision du Juge de paix.* Un Maire et les Membres d'une Commission municipale ne sont pas recevables à attaquer la sentence d'un Juge de paix, qui, en matière d'élections municipales, a infirmé la décision qu'ils avaient rendue comme Juges du premier degré. (Cass., 18 juin 1855.)

11. Est non recevable le pourvoi en cassation contre le jugement rendu par un Juge de paix, en matière électorale, lorsque le demandeur en cassation ne justifie pas avoir dénoncé sa requête dans le délai de 10 jours prescrit par l'art. 11 de la loi du 15 mars 1849, et par l'art. 23 du décret organique du 2 février 1852. C'est ce que la Cour de cassation, ch. req., a décidé par un arrêt du 11 mai 1858, en rejetant le pourvoi du sieur Coti, instituteur en Corse, contre un jugement rendu par le Juge de paix du canton de Murato, le 12 février 1858, qui avait rejeté sa demande en inscription

tion sur la liste électorale, comme n'ayant pas six mois de domicile (V. dans ce sens, *suprà*, p. 37, n° 37.)

12. L'électeur qui n'a été partie, ni devant la Commission municipale, ni, sur l'appel, devant le Juge de paix, pour contester l'inscription d'un citoyen sur la liste électorale, n'est pas recevable à se pourvoir en cassation contre la sentence du Juge de paix qui a confirmé le maintien de ce citoyen sur la liste. (Cass. ch. req., 6 avril 1857, et 11 mai 1858.) — V. aussi ce qui a été dit dans ce sens, p. 37, n° 37, § 2.

13. La sentence par laquelle un Juge de paix a maintenu sur la liste électorale un électeur, par la raison que ce dernier n'a jamais cessé d'être domicilié dans la Commune, malgré une absence momentanée, échappe à la censure de la Cour de cassation. (Cass., 18 juin 1855.) — V. au sujet de la résidence, *suprà*. p. 7, n° 7.

14. *Distribution ou colportage d'écrits. — Bulletins électoraux.* — Aux termes de l'art. 6 de la loi du 27 juillet 1849 sur le colportage, tous distributeurs ou colporteurs de livres, écrits, brochures, gravures ou lithographies doivent être pourvus d'une autorisation du Préfet: cette disposition, qui n'atteint pas seulement la profession de colporteur, mais encore la distribution accidentelle par toute personne non autorisée, comprend donc, dans sa généralité, la distribution des simples *bulletins électoraux, même par les électeurs.*

Mais l'immunité consacrée par l'art. 10 de la loi du 16 juillet 1850, en faveur des professions de foi et des circulaires électorales, existe également au profit des bulletins électoraux. Si donc *un exemplaire du bulletin ou de la liste des candidats* a été *déposé au parquet* du Procureur impérial, revêtu de la signature de tous les candidats qui y sont portés, les autres exemplaires, aussi nombreux qu'ils soient, peuvent circuler librement, vingt-quatre heures après le dépôt et pendant les vingt jours qui précèdent l'élection, sans autorisation du Préfet et même sans signature. La loi du 16 juillet 1850 est d'ailleurs applicable aux élections municipales comme aux élections législatives.

Ces importantes décisions ont été consacrées par un arrêt rendu par la Cour de cassation *(Chambres réunies)*, à la date du 30 janvier 1857. et dont voici le texte:

« Ouï M. le Conseiller Le Roux de Bretagne en son rapport; M° Duboy, Avocat, en ses observations, et M. le Procureur général de Royer, en ses conclusions; après en avoir délibéré en chambre du conseil;

« Vu l'art. 6 de la loi du 27 juillet 1849;

« Attendu que, tout en reconnaissant, en fait, que Thomas, Jongis et Boyer ont, les 12 et 19 août 1855, distribué, sans autorisation du Préfet de la Haute-Loire, des bulletins de vote ayant pour titre: *Élections du Conseil municipal de Saint-Just-près-Chomelix,* et contenant les noms de seize candidats proposés pour ces élections, l'arrêt attaqué a refusé de faire aux inculpés l'application de cet article par le triple motif que ces bulletins imprimés, sans commentaire, ne rentraient pas dans la dénomination d'*écrits ;* que le fait, tel qu'il s'était produit, ne pouvait porter atteinte à l'ordre public ni aux bonnes mœurs ; et que soumettre cette distribution à l'autorisation préalable du Préfet, ce serait soumettre à l'approbation de ce fonctionnaire la candidature de l'éligible et le vote de l'électeur ;

« Attendu, sur le premier point, qu'il est généralement admis que, dans toutes les lois sur la police de l'imprimerie et de la presse, le mot *écrit* est employé dans l'acception la plus large ; qu'il ne peut en être autrement dans la loi sur la police du colportage ;

« Qu'aux termes de l'art. 6 précité, tous distributeurs ou colporteurs de livres, écrits, brochures, gravures ou lithographies doivent être pourvus d'une autorisation du Préfet ;

« Que cette disposition, qui n'atteint pas seulement la profession de colporteur, mais encore la distribution accidentelle par toute personne non autorisée, comprend, dans sa généralité, *la distribution des simples bulletins électoraux ;* qu'en effet, comme les gravures et les lithographies, ils portent avec eux leur signification, sans avoir besoin de commentaire ; qu'ils sont la manifestation d'une opinion et l'expression d'un vœu en faveur des candidats qu'ils désignent aux suffrages des électeurs ;

« Attendu que ces bulletins peuvent contenir une offense envers ceux dont le nom serait porté, à leur insu, à côté d'autres noms indignes de figurer sur la même liste ; qu'ils pourraient aussi devenir, par suite de certaines combinaisons artificieuses, une cause de surprise et d'erreur pour ceux qui s'en serviraient dans l'émission de leur vote ; qu'ils pourraient même être l'occasion d'un danger ou du moins d'un scandale public à raison de certaines candidatures qu'ils proposeraient ;

« Que leur distribution rentre donc, comme celle des autres écrits destinés à la publicité, sous l'application de l'art. 6 ;

« Attendu, au second point de vue, que les inculpés n'ont pu être renvoyés des poursuites par le motif qu'il ne serait pas résulté de dommage, pour l'ordre public et les bonnes mœurs, du fait qui leur était imputé ; qu'en effet, cet article a pour objet, comme toute loi préventive, non de punir le mal que la distribution a fait, mais d'empêcher celui qu'elle peut faire ; que c'est ce qui résulte clairement de la disposition finale qui porte que les peines applicables aux contrevenants seront prononcées, sans préjudice des poursuites qui pourraient être dirigées, pour crimes ou délits, soit contre les auteurs ou éditeurs des écrits, soit contre les distributeurs ou colporteurs eux-mêmes ;

10

« Attendu, sous le dernier rapport, qu'indépendamment des facilités résultant pour l'électeur, comme pour l'éligible, de l'emploi des bulletins dont la distribution aura été autorisée par le Préfet, l'éligible peut toujours produire sa candidature, soit par la voie des journaux, soit au moyen de circulaires ou professions de foi qui peuvent, suivant l'art. 10 de la loi du 16 juillet 1850, *être applicables même aux élections municipales, être affichées et distribuées, sans autorisation aucune, pendant les vingt jours qui précèdent l'élection, à la seule condition qu'elles soient signées des candidats, et que le dépôt en ait été préalablement fait au Parquet du Procureur impérial;*

« Qu'un bulletin peut même, s'il fait connaître, avec les noms des candidats, l'élection à laquelle il est destiné, être considéré comme une manifestation de candidature, et profiter, à ce titre, des franchises spéciales dont il s'agit, pourvu qu'il réunisse les conditions exigées pour la circulaire, c'est-à-dire que l'exemplaire qui doit en tenir lieu soit signé de tous les candidats qui y sont portés, et soit déposé au Parquet avant toute distribution;

« Qu'après l'accomplissement de ces formalités, soit à l'égard du bulletin tenant lieu de circulaire, soit à l'égard de la circulaire ou profession de foi elle-même, les bulletins destinés à exprimer le vote peuvent être distribués librement et sans signature pendant les vingt jours qui précèdent l'élection; mais qu'on ne pourrait, sans méconnaître le texte et l'esprit de la loi, étendre le bénéfice de cette immunité aux bulletins qui seraient distribués, comme dans l'espèce, sans la double garantie de la signature des candidats et du dépôt préalable au Parquet;

« Que, de son côté, l'électeur peut toujours écrire son vote ou le faire écrire par autrui sur le bulletin qu'il doit préparer d'avance; qu'il peut même se servir, pour exprimer son choix, de bulletins imprimés dont l'emploi était interdit par la législation antérieure, mais qu'il ne peut s'en servir pour créer de son chef ou pour propager des candidatures non avouées; que, s'il peut user d'une légitime influence auprès des autres électeurs, son droit, quant à la distribution des bulletins de vote, n'est pas autre que celui du candidat lui-même et ne peut s'exercer qu'aux mêmes conditions; qu'autrement, les obligations imposées à ce dernier pour cette distribution seraient illusoires, puisqu'il trouverait toujours, dans la complaisance d'un électeur, le moyen de s'en affranchir;

« Que c'est surtout sous l'empire du suffrage universel qu'il importe de veiller à ce que l'exercice du droit électoral ne dégénère pas en abus, à ce que l'un des devoirs les plus importants de la vie civile s'accomplisse loyalement, sans surprise et sans fraude, et à ce que l'élection soit l'expression fidèle de la volonté de tous ceux qui y prennent part, et non l'œuvre d'individus sans mission et sans responsabilité;

« Qu'en appliquant ainsi la loi, le droit de l'électeur et de l'éligible reste indépendant de l'Administration, qu'il peut s'exercer en toute liberté, et que la sincérité, la moralité des élections trouvent des garanties qui pourraient leur manquer, si aucune mesure n'était prise relativement à la distribution et au colportage des bulletins électoraux ;

« Qu'en décidant le contraire, l'arrêt attaqué a faussement interprété, et, par suite, violé l'art. 6 de la loi du 27 juillet 1849 ;

« Casse et annule l'arrêt rendu le 26 juin 1856 par la Cour impériale de Lyon, etc. »

CONSEIL D'ÉTAT.

ASSEMBLÉES ÉLECTORALES

15. *Convocation des électeurs.—Indications inexactes.* Nous avons vu, *suprà*, p. 41 et suiv., nᵒˢ 42 et 43, quelles indications devaient être données dans les avertissements adressés aux électeurs. L'exactitude à cet égard ne saurait être trop recommandée à MM. les Maires. Cependant, quelques irrégularités commises sur ce point n'entraîneraient pas nécessairement la nullité de l'élection. Ainsi, une élection municipale a été maintenue, quoiqu'il fût indiqué sur les cartes relatives aux élections municipales qui devaient avoir lieu dans la Commune, que le scrutin ne serait ouvert qu'un seul jour, lorsqu'il devait, au contraire, durer deux jours, d'après le chiffre de la population de la Commune. Mais de nombreuses circonstances favorables à l'élection étaient venues contrebalancer cette grave irrégularité : 1° l'arrêté préfectoral prescrivant l'ouverture du scrutin, *pendant deux jours*, avait été publié dans la Commune ; 2° conformément à cet arrêté, le scrutin avait effectivement été ouvert pendant deux jours ; 3° si aucun électeur ne s'était présenté le second jour, cette abstention s'expliquait par les circonstances locales ; 4° enfin, plus de la moitié des électeurs inscrits avaient pris part au vote, et l'élection avait été faite presque à l'unanimité des suffrages exprimés. (C. d'État, 10 sept. 1856 ; *Élections de Paulin.*)

16. *Convocation tardive.* Dans une élection du département de l'Isère, on avait tiré un grief de ce que l'arrêté préfectoral, fixant le jour de la réunion des électeurs, ne serait parvenu dans la Commune que l'avant-veille de l'élection, et que cette publication tardive n'aurait pas laissé le temps nécessaire pour rectifier la liste électorale, conformément à l'art. 8 du décret réglementaire du 2 février 1852. Mais l'élection fut maintenue par le Conseil d'État, d'après cette considération qu'il ne résultait pas de l'instruction que les électeurs n'eussent pas été avertis en temps utile, ni que les candidatures n'eussent pas été suffisamment connues ; attendu, d'ailleurs, que les réclamants n'indiquaient pas les rectifications à la liste électorale, que le défaut de temps n'aurait pas permis de faire. (C. d'Etat, 18 mars 1857, *Elections de la Côte-Saint-André.*)

17. *Local de l'élection.* Aucun moyen de nullité ne saurait résulter de ce que l'assemblée électorale, au lieu d'être convoquée à la Mairie, se serait réunie dans la maison du Maire, si c'est dans cette maison que se font habituellement les réunions relatives à l'administration municipale, et si le local où les électeurs ont été réunis est assez vaste pour qu'un certain nombre d'entre eux aient pu y rester constamment et surveiller les opérations électorales. (C. d'Etat, 30 juillet 1857, *Elections de Saint-Pol-de-Monts.*)

Le Conseil d'Etat avait déjà statué dans ce sens, par un arrêt du 8 avril 1847. (V. *suprà*, p. 43, n° 43, § 2.)

18. *Police de l'assemblée. Présence dans la salle d'agents de la force publique.* Le président a la police de l'assemblée. (L. 5 mai 1855, art. 30; V. *suprà*, p. 49, n° 53, § 5.) — Il peut donc, lorsqu'il le juge nécessaire au maintien de l'ordre, appeler les agents de la force publique dans la salle du scrutin, et la présence de ces agents, lorsqu'elle n'a point porté atteinte à la liberté des votes, n'entraîne en rien la nullité des opérations électorales. (C. d'Etat, 19 juin 1856, *Elections de Trie ;* 23 juillet 1856, *Elections de Berry-Bouy.*)

19. *Gendarmes.* La présence de *gendarmes* dans la salle de l'élection n'est pas non plus une cause de nullité des opérations électorales, s'ils ont été appelés pour le maintien de l'ordre, et lorsqu'il n'est point établi que cette circonstance ait porté atteinte à la liberté des votes. (C. d'Etat, 19 juin 1856, *Elections de Trie;* 30 juillet 1857, *Elections de Saint-Pol-de-Monts.*)

20. *Commissaire de police.* Il en serait de même de la présence du *Commissaire de police* dans la salle de l'assemblée électorale. (C. d'Etat, 30 juillet 1857, *Elections de Saint-Pol-de-Monts.*)

21. *Division en sections.* Il appartient aux Préfets, par des arrêtés pris en Conseil de préfecture, de diviser les Communes en sections électorales, et de répartir entre ces sections le nombre des Conseillers municipaux à élire, *en tenant compte des électeurs inscrits.* (L. 5 mai 1855, art. 7. V. *suprà*, p. 43, n° 45.)

22. Les arrêtés pris dans ce but sont dès lors des actes d'administration, non susceptibles d'être attaqués devant le Conseil d'Eta par la voie contentieuse, et qui ne pourraient être que l'objet d'u recours devant le Ministre de l'intérieur. (C. d'Etat, 31 juin 1856 *Elections de Séméac-Blachon.*)

23. Lorsque le Préfet a, par un arrêté, divisé une Commune en sections électorales, et réparti entre ces sections le nombre des Conseillers municipaux à élire, le Maire ne peut, au mépris de cette décision, faire voter les électeurs dans une seule assemblée, sans entacher de nullité toute l'opération électorale. Cette nullité doit être prononcée, lors même que le Maire de la Commune prétendrait que l'arrêté du Préfet est parvenu trop tard à sa connaissance, si cette allégation n'est pas justifiée. (C. d'Etat, 3 avril 1856 ; *Elections d'Hescamp-Saint-Clair.*)

24. Lorsque le Préfet divise une Commune en sections pour les opérations électorales, il doit fixer les limites territoriales de ces sections. Ce sont les divers quartiers de la Commune qui doivent être répartis entre les circonscriptions électorales. Les sections ne pourraient donc être composées d'électeurs indistinctement choisis dans toute l'étendue de la Commune. (C. d'Etat, 14 mai 1856 ; *Bonnet et consorts.*)

25. *Composition du bureau. — Scrutateurs.* L'art 31 de la loi du 5 mai 1855, attribuant les fonctions de scrutateurs *aux deux plus jeunes des électeurs présents, sachant lire et écrire* (V. *suprà*, p. 46, n° 48), un électeur qui remplit ces conditions ne peut être écarté des fonctions de scrutateur par la raison qu'il serait *octogénaire.* (C. d'Etat, 9 juillet 1856 ; *Elections d'Ecos.*)

26. La nullité des opérations ne saurait résulter de ce qu'un électeur aurait été appelé à faire partie du bureau comme étant le plus âgé des électeurs présents, bien qu'il fût moins âgé qu'un autre électeur également présent au moment où le bureau a été formé, s'il n'est pas d'ailleurs allégué que cette circonstance ait eu pour effet de modifier le résultat de l'élection. (C. d'Etat, 30 juillet 1857 ; *Elections de Saint-Pol-de-Monts.*)

27. Mais on doit prononcer la nullité des opérations de la section, lorsqu'il résulte de l'instruction que, malgré les réclamations faites par plusieurs des électeurs présents, les quatre scrutateurs de la section ont été choisis par le Maire, contrairement aux prescriptions de la loi. (C. d'Etat, 28 décembre 1858 ; *Elections de Grand-champ.*)

28. Quoique, aux termes de l'art. 31 de la loi du 5 mai 1855, les scrutateurs doivent être pris parmi les électeurs, une élection ne devrait pas être déclarée nulle par cela seul qu'un des scrutateurs désignés ne serait pas électeur, si cette irrégularité n'avait été l'objet d'aucune réclamation dans l'assemblée électorale, et si d'ailleurs, rien n'établissait qu'elle a eu de l'influence sur le résultat des opérations. (C. d'Etat, 13 février 1856, *Elections de Montauban.*)

29. Aucune disposition législative ne s'oppose à ce que des parents au degré de père et de fils, remplissent, en même temps, les fonctions de scrutateurs. La présence simultanée du père et du fils du bureau, lors d'une élection, ne serait donc pas de nature à l'entacher de nullité, si, d'ailleurs, cette circonstance n'avait porté aucune atteinte à la liberté et à la sincérité des suffrages. (C. d'État, 26 mars 1856, *Elections de Monchaux-Soreng*).

30. *Attributions du bureau.* Le bureau n'est appelé qu'à statuer provisoirement sur les difficultés qui s'élèvent à l'occasion des opérations électorales. (L. 5 mai 1855, art. 34. — V. *supra*, p. 49, n° 54). — Il excèderait donc ses pouvoirs en prononçant sur l'éligibilité d'un candidat. (C. d'État, 26 mars 1856, *Élections de Bourg-Charente*).

31. Lorsqu'après le dépouillement du scrutin, les candidats élus ont été proclamés, le bureau ne peut, sans excès de pouvoirs, décider, dans une réunion particulière, tenue en dehors de l'assemblée, que des bulletins, comptés lors du dépouillement, seront annulés, et modifier ainsi le résultat des opérations au profit d'autres candidats. (C. d'État, 38 août 1856, *Élections de Sijean*.)

32. *Préparation des bulletins en dehors de l'assemblée.* Aux termes de l'art. 38, § 2, de la loi du 5 mai 1855 (V. *suprà*, p. 54, n° 63), les électeurs doivent préparer leurs bulletins de vote *en dehors de l'assemblée.* Toutefois l'inobservation de cette règle n'entraîne pas la nullité de l'opération électorale, lorsqu'il n'est pas justifié qu'une telle circonstance ait eu pour but ou pour effet d'exercer de l'influence sur la sincérité de l'élection. (C. d'État, 21 février 1856, *Élections de Villeneuve;* — 26 mars 1856, *Élections de Nempont;* — 16 avril 1856, *Élections de Boult-sur-Suippe;* — 9 juillet 1856, *Élections de Guittinières.*)

33. *Admission des bulletins des électeurs présents.* Le président de l'assemblée électorale doit recevoir le bulletin de tout électeur qui se présente pour voter. (V. *suprà*, p. 54, n° 64). Aussi a-t-il été jugé que le refus fait, par le président du bureau, d'admettre le bulletin d'un électeur *inscrit sur la liste et porteur de sa carte*, entraîne la nullité des opérations, s'il est d'ailleurs reconnu que la supputation de ce vote aurait pu modifier le résultat d'un premier tour de scrutin. (C. d'État, 10 septembre 1856, *Élections de Rillans*).

34. *Électeur non muni de sa carte.* Il n'y aurait pas même lieu de refuser le bulletin de vote d'un électeur qui ne serait pas *muni de sa carte*, si, d'ailleurs, il est inscrit sur la liste électorale, et s'il justifie de son identité. En effet, la distribution des cartes aux électeurs n'est qu'un moyen d'ordre qui a pour but de constater leur identité au moment du vote, sans entraver le cours des opérations par des recherches. (C. d'État, 13 février 1856, *Élections de Montauban*). — V. le n° précédent.

35. *Secret et liberté des votes. — Papier des bulletins.* Il y a violation du secret des votes, et, par conséquent, nullité de l'élection, lorsque le Maire a fait distribuer des bulletins écrits sur un papier d'une nature particulière, dit *papier de soie*, tel qu'il était impossible de s'en procurer de pareil dans la Commune. (C. d'État, 7 mai 1856, *Élections de Beil*). — V. dans ce sens, *suprà*, p. 55, n° 65.

36. *Bulletin présenté ouvert.* Aucun électeur n'a le droit de présenter son bulletin ouvert au président, et le devoir du président est de refuser tout bulletin qui lui serait présenté sans être fermé. (V. *suprà*, p. 56, n° 66). Le secret du vote est, en effet, considéré par le législateur comme le meilleur moyen d'assurer la liberté des suffrages Toutefois les opérations électorales ne devraient pas être annulées pour ce seul motif qu'un certain nombre d'électeurs auraient présenté leurs bulletins ouverts, s'ils l'avaient fait spontanément, et sans que cet acte eût eu pour but ou pour effet de faire connaître ou d'influencer le vote des autres électeurs. (C. d'État, 6 janvier 1859, *Elections du Blanc*.)

37. *Bulletins numérotés.* Lorsqu'un Maire fait distribuer aux électeurs des bulletins de vote portant des numéros d'ordre, cette circonstance constitue une atteinte grave portée au secret des votes et à la sincérité de l'élection, laquelle doit, en conséquence, être annulée. (C. d'État, 16 avril 1856, *Elections de Veys*). — V. dans ce sens, *suprà*, p. 62, n° 77, *Bulletins marqués*.

38. *Manœuvres pouvant entacher la sincérité de l'élection.* L'exercice du droit électoral, d'après le suffrage universel, qui est maintenant, en France, la base des pouvoirs publics, serait faussé dans son principe, si les élections municipales et autres n'étaient pas pures de toute manœuvre tendant à en altérer la pureté et la sincérité. Le législateur a dû prendre, en conséquence, de minutieuses précautions pour préserver le vote des citoyens de toute atteinte de fraude, de violence ou de corruption. C'est ce qu'il a fait. (V. *suprà*, chap VII, p. 53 et suiv.) — Mais il importe aussi à la dignité de l'Administration que les griefs articulés contre les opérations électorales ne soient pas légèrement accueillis ; ces griefs doivent être suffisamment justifiés. Quant à l'appréciation des preuves produites à l'appui des réclamations, elle appartient, en première instance, aux Conseils de préfecture, et, par voie de recours, au Conseil d'État. Depuis 1855 jusqu'en 1860, de nombreuses protestations ont été formées en matière électorale. Plusieurs ont été accueillies, d'autres ont été repoussées, soit parce que les faits dont on se plaignait n'étaient pas établis, soit parce que ces faits, bien que justifiés, n'étaient point de nature à influer sur la liberté ou la sincérité des votes.

Il serait donc difficile de préciser d'avance quels sont les actes qui doivent faire considérer une élection comme entachée de nullité par suite de *manœuvres coupables*. Toutefois, aucun doute ne serait possible sur la nécessité d'annuler une élection dans laquelle se serait produit l'un des faits suivants :

1° Si des agents de l'Administration, en distribuant aux électeurs, avec leurs cartes de convocation, les listes des candidats appuyés par l'Autorité municipale, leur avaient publiquement annoncé que tout autre choix serait inutile et considéré comme hostile au Gouvernement ; 2° Si le Maire, président de l'une des sections électorales, s'était rendu dans la salle de l'assemblée et avait ouvert le scrutin deux heures après l'heure fixée par les bulletins de convocation, retard calculé pour modifier la composition du bureau et le résultat du scrutin ; 3° S'il avait été interdit aux électeurs de stationner dans la salle, disposée d'ailleurs de façon qu'il fût impossible de circuler autour du bureau. (C. d'État, nombreux arrêts, entre autres celui du 16 avril 1856, *Elections de la Française*).

39. *Constatation du vote.* Le vote de chaque électeur doit être constaté sur la liste, en marge de son nom, par la *signature* ou le *parafe* de l'un des membres du bureau. (L. 5 mai 1855, art. 38, § 6. V. *suprà*, p. 56, n° 67.) — Cette prescription de la loi est suffisamment accomplie au moyen d'un *signe quelconque* apposé en regard du nom de chaque électeur, par un membre du bureau, ce signe équivalant au parafe exigé. (C. d'État, 16 avril 1856, *Élections de Boult-sur-Suippe.*)

40. *Appel et réappel.* Lorsque, à raison du grand nombre des électeurs inscrits, il n'a pas été procédé à l'appel et au réappel, conformément aux prescriptions de l'art. 38, § 7, de la loi du 5 mai 1855 (V. *suprà*, p. 57, n° 68), cette irrégularité n'entraîne pas la nullité de l'élection, si elle n'a pu avoir d'influence sur le résultat du scrutin. (C. d'État, 11 déc. 1856, *Élections d'Agen.*)

41. *Clôture du scrutin.* Aux termes de l'art. 39, § 1, de la loi du 5 mai (V. *suprà*, p. 57, n° 69), le scrutin doit rester ouvert *pendant trois heures au moins;* mais, ni cet article, ni aucune autre disposition législative n'exige que *l'heure de la clôture du scrutin soit annoncée d'avance.* On ne saurait donc invoquer un pareil moyen pour faire invalider une élection. (C. d'État, 16 avril 1856, *Élections de Moulin-le-Carbonel; — 4 sept. 1856, Élections de Montjoy.*)

— Mais les élections doivent être annulées, lorsque le scrutin a été fermé avant l'heure qui avait été fixée par un arrêté émané de l'Autorité municipale et publié, si cette clôture anticipée a pu avoir pour effet de modifier le résultat des opérations électorales. (C. d'État, 20 nov. 1856, *Élections de Dourgne.*)

— La même décision devrait être prise, si le scrutin avait été fermé avant l'heure indiquée sur les cartes envoyées aux électeurs, bien que l'heure de cette clôture fût celle fixée par l'arrêté préfectoral. (C. d'État, 7 août 1856, *Élections de Saint-Mards-en-Othe.*)

42. *Dépouillement du scrutin.* Lorsque le dépouillement du scrutin ne peut avoir lieu le jour même de sa clôture, l'art. 41 de la loi du 5 mai indique les mesures de précaution qui doivent être prises jusqu'au lendemain. (V. *suprà*, p. 59, n° 73.) — Le procès-verbal de l'opération doit, à peine de nullité, constater l'observation de ces règles. L'élection devrait donc être annulée, s'il était établi que le dépouillement du scrutin n'a été terminé que le lendemain du jour où il avait été commencé, et si cependant le procès-verbal portait que toutes les opérations ont eu lieu le même jour; par conséquent, s'il n'avait été fait aucune mention, ni du renvoi au lendemain, ni de l'accomplissement des formalités prescrites en pareil cas. (C. d'État, 9 juillet 1856, *Élections de Saint-Laurent-d'Olt.*)

43. *Boîte du scrutin.* — *Scellés.* Aux termes de l'art. 41 de la loi du 5 mai 1855, la boîte du scrutin doit, pendant la nuit qui s'écoule entre les deux tours, être déposés, *sous scellés*, dans l'une des salles de la Mairie. (V. *suprà*, p. 59, n° 73.) — Mais, dans les Communes qui ne possèdent pas de Mairie, et où, par conséquent, il est impossible de se conformer à cette prescription de la loi, il est suffisamment satisfait au vœu du législateur, si la boîte du scrutin, après avoir été scellée par le président de l'assemblée, a été déposée dans une maison particulière, en présence des membres du bureau, et si les ouvertures du local où le dépôt en a été fait ont été également scellées. (C. d'État, 5 février 1857, *Élections de Lapte.*)

44. *Garde du scrutin.* Le Maire n'est point tenu de faire garder l'urne du scrutin par la force armée, pendant la nuit qui sépare les deux jours consacrés aux opérations électorales. (C. d'État, 31 janv. 1856, *Élections de Bergheim.*)

45. *Serrure à deux clefs, pour fermer l'urne du scrutin.* Il a été dit (*suprà*, p. 56, n° 66), que la prescription de l'art. 38 de la loi du 5 mai 1855, relative au dépôt des bulletins *dans une boîte fermant à deux clefs*, n'était pas tellement impérative qu'une élection dût être considérée comme nulle, par cela seul que cette règle n'aurait pas été ponctuellement observée, si, d'ailleurs, il ne pouvait s'élever aucun doute sur le secret des votes et sur la sincérité de l'élection. Nous avons invoqué, à l'appui de cette doctrine, deux arrêts rendus par le Conseil d'État, sous l'empire des lois antérieures, à la date des 22 févr. 1848 et 29 juin 1853.

Depuis la promulgation de la loi du 5 mai 1855, le Conseil d'État a plusieurs fois statué dans le même sens.

Ainsi, un arrêt du 26 mars 1856, *Élections de Couzon*, et un autre arrêt du 10 septembre 1856, *Élections de Montandon*, décident que la loi du 5 mai 1855 n'ayant attaché aucune sanction à la disposition de l'art. 38, § 5, l'inexécution de cette prescription *n'entraîne pas la nullité des opérations, lorsqu'il n'est pas allégué que cette circonstance ait favorisé des manœuvres de nature à porter atteinte à la sincérité du scrutin, lequel a été dépouillé séance tenante.*

— Il en serait autrement si, à raison de l'irrégularité dont nous venons de parler, il y avait lieu de soupçonner que les opérations électorales ont été entachées de fraude. (C. d'État, 10 septembre 1856, *Élections de Rillans.*)

46. *Nombre de bulletins supérieur au nombre des votants.* (V. *suprà*, p. 60, n° 77, § 2.) Lorsque le chiffre des bulletins trouvés dans l'urne est supérieur à celui des électeurs qui ont pris part au scrutin, il est de règle établie par une jurisprudence ancienne et constante du Conseil d'État, que ce fait n'entraîne pas la nullité de l'élection, si l'erreur du bureau a eu lieu de bonne foi, et n'a été d'ailleurs d'aucune influence sur le résultat du scrutin. Seulement on doit retrancher à chacun des concurrents un nombre de suffrages égal aux bulletins en excédant. — Les candidats qui, par suite de ce retranchement, n'auraient plus la majorité absolue des suffrages, et de plus (si c'est au premier tour de scrutin), un nombre de voix égal au quart des électeurs inscrits, ne devraient pas être proclamés élus. (C. d'État, 28 février 1856, *Elections de Villeneuve;* 26 mars 1856, *Elections de Château et de Prouilly;* 26 novembre 1856, *Elections de Ferrière;* 10 décembre 1856, *Elections de Mesnac;* 25 juin 1857, *Elections de Beauvoir;* 16 mars 1859, *Elections de Porto-Vecchio;* etc., etc.)

47. *Bulletins non comptés.* Lorsqu'il résulte de l'instruction qu'un certain nombre des suffrages obtenus par un candidat n'ont pas été comptés, lors du dépouillement du scrutin, ce fait n'entraîne pas la nullité de l'élection. Seulement, on doit réparer l'omission commise par les membres du bureau, en ajoutant ces suffrages à ceux qui avaient déjà été attribués au même candidat. (C. d'Etat, 21 janvier 1859, *Elections d'Aureillan.*)

48. *Procès-verbal.* D'après la contexture de l'art. 43 de la loi du 5 mai 1855 (V. *suprà*, p. 63 et 64, nos 79 et 80), il est hors de doute que le procès-verbal des opérations électorales doit être rédigé et signé *immédiatement après le dépouillement du scrutin, séance tenante, ou sans désemparer.* Cependant l'irrégularité grave que constituerait une rédaction du procès-verbal, faite seulement deux jours après l'élection, ne serait pas de nature à en faire prononcer la nullité, s'il n'était rien allégué contre la sincérité ou l'exactitude des énonciations portées dans le procès-verbal. (C. d'Etat, 10 septembre 1856; *Elections d'Homps.*)

49. *Délai dans lequel les réclamations contre les opérations électorales doivent être formées devant le Conseil de préfecture.* Il est dit (*suprà*, p. 77, n° 89,) que, aux termes de l'art. 45, § 2, de la loi du 5 mai 1855, les réclamations formées contre les opérations électorales doivent être déposées, soit au Secrétariat de la Mairie, soit dans les bureaux de la Préfecture ou de la Sous-Préfecture, *dans le délai de 5 jours, à dater du jour de l'élection.* En exécution de cette règle, le Conseil d'Etat a déclaré non-recevable une réclamation formée le 19 oct. 1856, contre des élections municipales qui avaient eu lieu les 12 et 13 du même mois. Ainsi le délai dans lequel les réclamations doivent être présentées n'est pas un *délai franc,* en dehors duquel soient compris le jour où les élections ont été terminées et celui où la réclamation est déposée. (C. d'Etat, 27 mai 1857; *Elections de Saint Laurent-d'Olt.*)

50. Mais un électeur est recevable à présenter, après l'expiration du délai de 5 jours, une protestation contre des élections municipales, lorsqu'il résulte des termes mêmes de cette protestation, qu'elle ne doit être considérée que comme un mémoire complémentaire et explicatif de la première protestation formée par ledit électeur, le jour même de l'élection, et annexée au procès-verbal. Dans ces circonstances, ce serait à tort que le Conseil de Préfecture refuserait d'examiner cette protestation comme ayant été tardivement présentée. (C. d'Etat, 7 avril 1859; *Elections de Calvi.*)

51. Il doit, du reste, être bien entendu que, si l'opération électorale a duré deux jours, c'est seulement *à partir du second jour* que le délai de 5 jours doit courir. Ainsi il suffit que la réclamation soit déposée à la Préfecture, *dans les 5 jours*, à partir de la seconde réunion des électeurs. (C. d'Etat, 14 mai 1856; *Elections de Cornille*; 20 nov. 1856; *Elections de Lafitte.* — V., au surplus, ce qui a été dit, *supra*, p. 77 et 78, n° 89.)

52. *Délai dans lequel les réclamations relatives aux opérations électorales doivent être jugées par le Conseil de préfecture.* Si le Conseil de préfecture n'a pas prononcé dans le délai d'un mois, à compter de la réception des pièces à la Préfecture, la réclamation est considérée comme rejetée, et les réclamants ont trois mois pour se pourvoir au Conseil d'Etat. (L. 5 mai 1855, art 45, § 4. — V. *suprà*, p. 78, n° 90.) D'après cette règle, il a été jugé, par de nombreux arrêts, que le Conseil de Préfecture commettrait un *excès de pouvoirs* en statuant sur les protestations en matière électorale plus d'un mois après la réception des pièces à la Préfecture. (C. d'Etat, 14 mai 1856, *Elections de Pourrières*; 16 mars 1859, *Elections de Castello di Rostino*, etc., etc.)

— Par suite, encore, lorsque le Conseil de Préfecture a statué après le délai d'un mois, à compter de la réception des pièces à la Préfecture, les réclamants, au lieu d'attaquer son arrêté par voie d'opposition, doivent se pourvoir directement devant le Conseil d'Etat, et le Conseil de Préfecture excéderait ses pouvoirs en admettant l'opposition à un pareil arrêté et en y faisant droit. (C. d'Etat, 20 novembre 1856, *Elections de Chatillon-la-Palud;* 7 janvier 1857, *Elections de Cierp.*)

53. *Enquête ordonnée par le Conseil de Préfecture.* Lorsqu'une protestation a été dirigée par un Maire contre les opérations électorales de la Commune qu'il administrait, et que le Conseil de Préfecture saisi de cette réclamation ordonne une enquête sur les faits qui s'y trouvent allégués, le soin de diriger cette enquête ne peut être confié au Maire plaignant. Il y aurait lieu de craindre, en effet, que les dépositions des témoins ne fussent pas faites avec une liberté entière, et, dès lors, on ne pourrait les considérer comme étant l'expression de la pure vérité. (C. d'Etat, 2 janvier 1857, *Elections de Charchigné.*)

54. *Ultrà-petita.* La règle établie par l'art. 480, § 4, C. pr. civ., s'applique aux décisions rendues par les Conseils de Préfecture. Ainsi lorsqu'un de ces Conseils est saisi d'une protestation par laquelle des électeurs demandent l'annulation de l'élection des deux derniers Conseillers portés au tableau, il ne peut annuler l'ensemble des élections municipales. Il est, en effet, de principe qu'un Tribunal ne peut statuer en dehors de la demande qui lui est soumise. (C. d'Etat, 14 mai 1856, *Elections de Cornille*.)

55 *Délai dans lequel il doit être statué par le Conseil d'Etat, sur les pourvois formés contre des décisions de Conseils de Préfecture.* Les pourvois contre les décisions des Conseils de Préfecture doivent être formés dans le délai de trois mois. (L. 5 mai 1855, art. 45, § 4, et art. 46, § 2. — V. *suprà*, p. 82, n° 94, et p. 83, n° 97.) Ainsi un pourvoi est non recevable s'il est enregistré au Secrétariat général du Conseil d'Etat plus de trois mois après la notification donnée aux parties de l'arrêté du Conseil de Préfecture (C. d'Etat, 16 avril 1856, *Elections de Baubigny*) ; sans préjudice de ce qui a été dit (*suprà*, p. 83, n° 97), sur la non-recevabilité du pourvoi, lorsqu'il s'est écoulé trois mois depuis que les parties, sans avoir reçu notification de cet arrêté, *en ont eu pleine connaissance.* Aucune décision rendue sur ce point, depuis la loi du 5 mai 1855, n'est venue contredire la jurisprudence antérieure, dont nous avons rendu compte, *loc. cit.*

56. *Griefs non articulés devant le Conseil de Préfecture.* Les réclamants ne peuvent, dans leur pourvoi, soumettre au Conseil d'Etat des griefs dont il n'aurait pas été question dans la requête présentée au Conseil de Préfecture. Le litige doit être le même devant les Juges du premier et du second degré. (C. d'Etat, 31 janvier 1856, *Elections de Mouilleron.* — 16 avril 1856, *Elections de Saint-Vit.*)

57. *Intervention non admissible.* Les électeurs qui n'ont pas signé la protestation, sur laquelle a statué un arrêté du Conseil de Préfecture frappé de pourvoi, ne sont pas recevables à intervenir devant le Conseil d'Etat, pour se joindre aux signataires et demander l'annulation de l'arrêté. (C. d'Etat, 9 mars 1859, *Elections de Mercœur.*)

ASSEMBLÉES DE CONSEILS MUNICIPAUX.

58. *Absence de tous les Conseillers municipaux après deux convocations successives.* Aux termes de l'art. 17 de la loi du 5 mai 1855. (V. *suprà*, p. 115, n° 19), lorsque, après deux convocations faites par le Maire, à huit jours d'intervalle, les membres du Conseil municipal ne se sont pas réunis en nombre suffisant, la délibération intervenue après la troisième convocation est valable, *quel que soit le nombre des membres présents.* On doit conclure des termes généraux et absolus de cette disposition que, s'il y a *absence complète* des Conseillers municipaux, le procès-verbal que le Maire doit dresser, pour constater le résultat de la convocation, tient lieu de la délibération qui n'a pu être prise. (Décis., Min. de l'intérieur, août 1858.)

59. *Suspension d'un Conseil municipal par le Préfet*. L'art. **13** de la loi du 5 mai 1855, aux termes duquel « les Conseils municipaux peuvent être *suspendus* par le Préfet » (**V.** *suprà*, p. 128, n° 41), n'assujettit à aucune condition le droit qu'il confère à ce fonctionnaire, et lui laisse l'appréciation des circonstances dans lesquelles ce droit doit être exercé. (C. d'État, 25 juin 1857. *Conseil municipal de Saint-Mards-en-Othe.*)

60. *Réunion d'un Conseil municipal, sans l'observation des délais prescrits pour la convocation de ses membres*. Aux termes de l'art. 16, § 2, de la loi du 5 mai 1855, si le Conseil municipal se réunit en *session ordinaire*, la convocation doit être faite *trois jours au moins avant celui de la réunion*, et si le Conseil municipal est convoqué *extraordinairement*, la convocation doit avoir lieu, *cinq jours au moins avant celui de la réunion*. (V. *suprà*, p. 107, n° 10.)

Ces dispositions méritent d'autant plus d'attention qu'elles n'existaient ni dans la loi du 21 mars 1831, ni dans celle du 18 juillet 1837.

Mais leur importance va-t-elle jusqu'à frapper de nullité la délibération d'un Conseil municipal, qui n'aurait pas été précédée d'une convocation faite dans les délais prescrits?

La solution à donner à cette question nous paraît devoir dépendre des circonstances. Si le retard mis à faire une convocation avait été calculé de manière à obtenir l'absence de certains membres du Conseil, dont on pouvait craindre l'opposition aux mesures projetées; ou bien si l'affaire mise en délibération avait soulevé des difficultés sérieuses au sein du Conseil, de telle sorte qu'il y eût lieu de penser que la proposition adoptée à une faible majorité, aurait été rejetée par le vote des membres dont l'absence n'a tenu qu'à une convocation tardive, évidemment, alors, et dans d'autres cas analogues, il y aurait lieu d'annuler la délibération comme entachée de manœuvres frauduleuses.

Mais si l'inobservation des délais voulus n'avait eu pour cause qu'un simple oubli des prescriptions de la loi, qu'une pure négligence exempte de tout mauvais calcul, nous n'hésitons pas à penser qu'une telle irrégularité ne serait pas assez grave pour entraîner l'annulation de la délibération.

DOCTRINE

Réponses faites, par l'auteur du Code-formulaire des élections municipales, a des questions qui lui avaient été faites sur diverses difficultés.

Assemblées électorales. — Division en sections.

61. *Un Electeur communal peut-il réclamer contre les opérations électorales d'une section dont il n'a pas fait partie ?*

Sous l'empire de la loi du 21 mars 1831, cette question, après de vives controverses, avait fini par recevoir une solution constamment négative. Le Conseil d'État, par ses arrêts des 8 avril, 2 août 1836 (*Élections de La Réole*); du 31 oct. 1838 (*Élections de Vignat*); du 8 mai 1841 (*Élections de Simorre*); du 14 juin 1847 (*Élections de Pléhan*), avait, pendant une période de plus de dix années, persisté à décider que le droit d'attaquer les opérations d'une section électorale ne peut appartenir qu'aux Électeurs de cette section. Le Ministre de l'intérieur appelé à donner son avis sur la même question, dans l'une des affaires soumises au Conseil d'État, s'était prononcé dans le même sens.

L'art. 52 de la loi du 21 mars 1831, qui avait servi de base à cette jurisprudence unanime et persévérante, portait, en effet : « Tout *membre de l'assemblée* aura le droit d'arguer les opérations de nullité. » Or, avait-on dit, lorsqu'un collége électoral se divise en sections, chacune d'elles forme une *assemblée distincte* parfaitement indépendante des autres. Ainsi, pour attaquer les opérations électorales d'une section, il faut nécessairement, aux termes de la loi, être *membre de cette section.*

Mais la même solution doit-elle être adoptée sous l'empire de la loi du 5 mai 1855? Lorsque cette question appela notre examen, dans la 1re édition du *Code Formulaire des Elections municipales,* nous fûmes principalement frappé d'une chose, c'est que l'art. 45, § 1, de la nouvelle loi, était conçu en termes à peu près identiques à ceux de l'art. 52 de l'ancienne loi. Il est dit, en effet, dans

l'art. 45 : « *Tout Electeur a le droit d'arguer de nullité les opérations de l'*ASSEMBLÉE *dont il fait partie.* » Il nous avait, en conséquence, paru logique de conclure que deux dispositions aussi
semblables dans leur texte devaient recevoir la même interprétation. (V. *suprà*, p. 76, n° 88.)

Après une étude plus approfondie de la même question, nous
sommes forcé de reconnaître aujourd'hui que la solution que nous
en avons donnée (*loc. cit.*) ne saurait être admise que sous la réserve d'une importante distinction. Les raisons qui militent en faveur de l opinion que nous avions admise nous paraissent, en effet, toujours les mêmes, lorsque le collége électoral communal a
été divisé en sections, *dont chacune doit élire un nombre déterminé
de Conseillers municipaux*, parce qu'alors, ainsi que nous l'avons
dit (p. 74, ? 1er), *le recensement des voix s'opère séparément dans
chaque section*, QUI CONSTITUE A ELLE SEULE UNE ASSEMBLÉE DIS-
TINCTE.

Mais il ne peut en être ainsi lorsque l'assemblée électorale a été
divisée en plusieurs sections, *uniquement pour la facilité du vote.*
Alors, en effet, le résultat du dépouillement des votes de chaque
section doit être porté, par chacun des présidents, *au bureau de la
première section*, qui, en présence des présidents des autres sections, *opère le recensement général et en proclame le résultat.*
(V. *suprà*, p. 75, n° 88.) Il n'y a donc véritablement alors *qu'une
seule assemblée :* d'où l'on doit conclure que l'un des membres de
cette assemblée, *à quelque section qu'il appartienne,* a le droit d'arguer de nullité les opérations qu'elle a faites.

Ainsi nous persistons à penser que, sous l'empire de la loi du
5 mai 1855, comme d'après les dispositions de la loi du 21 mars
1831, lorsque le collége électoral a été divisé en sections, dont
chacune est appelée, par un arrêté pris en vertu de l'art. 7 de la
première, *à élire complétement et séparément un certain nombre de
Conseillers municipaux,* un électeur communal ne peut pas être
admis à réclamer contre les opérations électorales d'une section
dont il n'a pas fait partie. Pourquoi ? parce qu'alors les diverses
sections électorales sont complétement indépendantes entre elles,
et que les électeurs d'une section étant étrangers à ce qui s'es-
passé dans les autres, n'ont aucun intérêt, ni, par suite, aucun titre
à critiquer les opérations qui se sont accomplies dans celles-ci.

Si, au contraire, les diverses sections d'un même collége élec
toral, bien qu'appelées à procéder séparément, ne sont cependant
que des fractions de la même assemblée ; si, dans chacune d'elles,
les électeurs sont libres de porter leurs suffrages sur autant de
noms qu'il y a de candidats à élire ; si, enfin, le résultat du scrutin doit être formé par le rapprochement de tous les scrutins par-
tiels qui auront eu lieu, il nous paraîtra, dans ce cas, évident que
le Conseil municipal devra se composer, non pas des Conseillers

qui auront été nommés par telle ou telle section, mais de tous ceux qui, dans les *sections réunies*, auront obtenu le plus grand nombre de suffrages. Dès lors, le collège électoral communal, bien que, pour la facilité du vote, il ait été scindé en plusieurs sections, n'en devra pas moins être considéré comme une *assemblée unique, procédant à une élection commune et collective*, dont tous les membres auront, en conséquence, un *intérêt* direct et, par suite, un *droit* évident à contrôler les opérations.

Il pourra cependant se présenter une autre circonstance où tel électeur aura intérêt, et droit, par conséquent, à provoquer l'annulation d'une élection faite dans une section dont il n'aura pas fait partie. Il peut arriver, par exemple, que dans un collège électoral où chacune des sections est appelée à élire des candidats distincts, il existe, entre deux élus, des *incompatibilités* qui rendent inévitable, soit la retraite de l'un d'eux, soit une réélection. Comment pourrait-on refuser alors à chacun des élus un intérêt personnel à contester la validité des opérations qui se sont faites dans la section dont il n'a pas fait partie, puisque, du maintien ou de l'annulation de ces opérations, dépend le sort de celles de la section à laquelle il appartient lui-même? Or, si l'on ne peut méconnaître l'*intérêt* que chacun des élus doit avoir à soulever une telle contestation, on devra nécessairement admettre aussi l'*action* qu'il exercera pour le défendre : car l'*intérêt*, suivant une vieille maxime de droit, *est le principe ou la mesure des actions*. Ainsi, n'est pas recevable, faute d'intérêt, à faire valoir une nullité, celui à qui cette nullité, si elle était admise, ne profiterait pas (Cass., 8 mars 1827); mais, par contre, pour que l'action soit admissible, il suffit que cette action puisse avoir, en définitive, un résultat utile à celui qui l'intente; il suffit même que cette utilité soit perceptible dans l'avenir. (Cass., 2 déc. 1829 et 14 août 1832.)

Or, il doit nécessairement en être ainsi sous l'empire de la loi actuelle, alors que les sections, aux termes de l'art. 33, votent toutes en même temps. On ne peut pas dire, dans ce cas, que les opérations des sections soient indépendantes les unes des autres. Comment alors pourrait-on méconnaître que chacun des candidats a *intérêt*, et *droit* par conséquent, à arguer de nullité ce qui s'est passé dans une section autre que la sienne?

C'est, du reste, ce que le Conseil d'État avait eu l'occasion de décider, par un arrêt du 25 mai 1841 (*Élections de Pontarlier*). L'un des considérants de cet arrêt est ainsi conçu : « Attendu que le sieur Colin, etc., *a intérêt* à ce que l'arrêté qui a prononcé cette annulation soit maintenu à l'égard des parties qui ne l'ont pas attaqué, et que, *dès lors, son intervention doit être admise*, etc. »

En nous résumant, et d'après tout ce qui précède, nous estimons :

1° Que, en règle générale, sous l'empire de la loi du 5 mai 1855, comme sous la loi du 21 mars 1831, lorsqu'un collége électoral communal a été divisé en sections, *dont chacune doit élire une fraction seulement du Conseil municipal,* chacune de ces sections formant une *assemblée* distincte, aucun des électeurs appartenant à l'une d'elles ne peut être admis à contrôler ce qui s'est passé dans les autres;

2° Qu'il en est tout autrement lorsque l'assemblée électorale a été partagée en plusieurs sections, *uniquement pour la facilité du vote,* parce que, alors, quel que soit le nombre des sections, il n'y a qu'une *seule assemblée électorale;* ou bien encore, lorsque les sections, bien que destinées à élire séparément une fraction distincte du Conseil municipal, ont élu des candidats contre lesquels il existe l'une des incompatibilités prévues par la loi, chacun de ces candidats ayant *intérêt,* et *droit,* par conséquent, *à contester ce qui a été fait dans une section autre que la sienne.*

LISTES ÉLECTORALES. — INSCRIPTIONS ORDONNÉES PAR LE JUGE DE PAIX.

62. *Un individu qui prétend avoir acquis la capacité électorale postérieurement à la clôture de la liste, c'est-à-dire depuis le 31 mars, soit par le complément d'une résidence de six mois, soit par l'accomplissement de sa 21e année, peut-il, à toute époque de l'année, en se fondant sur l'art. 36 de la loi du 5 mai 1855, demander au Juge de paix d'ordonner,* de plano, *son inscription sur la liste électorale ?*

Cette question doit être résolue négativement. En effet, aux termes de l'art. 20 du décret du 2 février 1852, le droit de statuer sur toute demande tendant à une inscription ou une radiation sur la liste électorale, appartient exclusivement à une Commission composée, à Paris, du Maire et de deux Adjoints; partout ailleurs, du Maire et de deux membres du Conseil municipal, désignés par ce Conseil.

Seulement, l'art. 21 du même décret réserve aux parties le droit d'interjeter appel de la décision rendue par cette Commission, et, d'après l'art. 22, *l'appel doit être porté devant le Juge de paix du canton,* dont le jugement, en dernier ressort, ne peut être déféré qu'à la Cour de cassation. On voit par ces dispositions qu'il n'entre pas dans les attributions du Juge de paix de prononcer, *en première instance,* sur les réclamations relatives aux inscriptions sur la liste électorale; que c'est seulement en qualité de *Juge du second degré, ou d'appel,* qu'il peut statuer sur un recours porté devant lui contre une décision de la Commission municipale.

11

Il suit de là que ce magistrat est toujours incompétent pour statuer *de plano* sur une demande d'inscription ou de radiation, au sujet de laquelle la Commission aurait omis ou refusé de prendre une décision. C'est, du reste, ce que la Cour de cassation a décidé par un arrêt du 15 mai 1849. (V. *suprà*, p. 36, n° 36, § 6.)

Il est vrai que l'art. 36, § 3, de la loi du 5 mai 1855, qui reproduit en termes identiques l'art. 19 du décret du 2 février 1852, accorde le droit de voter aux citoyens qui, *sans être inscrits sur la liste électorale, seraient porteurs d'une décision du Juge de paix ordonnant leur inscription.*

Mais cette disposition ne peut évidemment avoir eu pour but que de tracer la marche qu'on doit suivre dans les deux cas suivants : 1° Lorsqu'un citoyen, après avoir, en temps utile, réclamé devant la Commission municipale son inscription sur la liste des électeurs, a vu sa demande rejetée, et puis, sur l'appel porté devant le Juge de paix, a obtenu un jugement, *postérieur à la clôture de la liste*, qui ordonne son inscription ; 2° Lorsqu'une demande d'inscription portée, par appel, devant le Juge de paix, a soulevé une *question d'État*. Comme ce magistrat, aux termes de l'art. 22 du décret du 2 février 1852, a dû renvoyer le jugement de cette *question préjudicielle* devant les Juges compétents, la décision de ces derniers a pu se trouver retardée jusqu'après la clôture de la liste électorale.

On voit, dans ces deux cas, comment une décision du Juge de paix, intervenue après la clôture de la liste, quelquefois au moment même où il va être procédé à une élection, peut donner à un citoyen non inscrit le droit de voter. Mais en l'absence de toute décision de la part de la Commission municipale, on ne comprendrait pas comment une sentence du Juge de paix, magistrat qui ne peut jamais, en matière électorale, statuer comme Juge du premier degré, pourrait, postérieurement à la clôture de la liste, donner, à un citoyen qui ne s'y trouverait pas inscrit, le droit de voter dans une élection.

DEUXIÈME TABLEAU DE LA JURISPRUDENCE

CONCERNANT LA LOI DU 5 MAI 1855, DEPUIS LE 1ᵉʳ JANVIER 1860
JUSQU'AU 1ᵉʳ JUILLET 1865.

ÉLECTIONS MUNICIPALES

COUR DE CASSATION

RÉVISION ANNUELLE DES LISTES ÉLECTORALES

63. *Qualité de Français et âge de 21 ans accomplis.* La qualité de Français, nécessaire à l'exercice des droits électoraux est régulièrement prouvée par un livret; sauf au contestant à en contredire les énonciations. (*Req.*, 16 *et* 30 *mars* 1863. — *Aybram, David, Lenormand, Goumy*).

64. Il en est ainsi, alors même que ce livret a été délivré sur la simple production d'un passeport, le passeport pouvant lui-même être invoqué comme preuve de la nationalité, tant qu'il n'a pas été contredit. (*Req.*, 13 *juin* 1864. — *David.*)

65. L'âge ou la nationalité, en matière électorale, sont régulièrement établis au moyen d'un livret délivré conformément à la loi. (*Req.*, 16 *et* 30 *mars* 1863. — *Aybram, David, Lenormand, Goumy*.)

66. Soit d'un acte ou d'un contrat de mariage (*Req.*, 23, 30 *mars* 1863. — *Vieillard, Vibert.*)

66 *bis.* Soit de l'inscription sur une précédente liste électorale (*Req.*, 30 *mars* 1863. — *Blanchet.*)

67. Soit d'un certificat de libération du service militaire, lors même qu'il s'agirait du fils du réclamant, la nationalité du fils impliquant celle du père. (*Même arrêt.*)

68. Soit d'un acte de naissance. (*Req.*, 11 *mars* 1863. — *Lecomte.*

69. L'inscription sur la liste électorale ne peut être refusée, sous prétexte de non justification de la nationalité, à celui qui prouve régulièrement le fait de sa naissance en France, car tout individu né en France est présumé Français jusqu'à preuve contraire. (*Req.*, 16 *et* 23 *mars* 1863. — *Aybram, Fétizon et Vieillard.*)

70. Lorsque l'élimination d'un électeur inscrit est demandée sous le prétexte qu'il n'est pas Français, cette dénégation ne constitue pas une question d'état qui, d'après l'art. 22 du décret du 2 février 1852, rende le Juge de paix incompétent et l'oblige à surseoir, si la contestation ne se présente pas même avec un caractère spécieux, et si les documents mis sous les yeux du Juge de paix, joints à la possession d'état de l'électeur qu'on veut faire rayer de la liste électorale, viennent démentir l'allégation du tiers qui demande cette radiation. Dans ce cas, le Juge de paix a pu passer outre et statuer au fond sans violer l'art. 22 précité.

Rejet du pourvoi du Sr Pommier contre un jugement du Juge de paix du canton de Mèche (Doubs), en date du 11 février 1863. (*Cass.*, 31 *mars* 1863.)

71. La production devant la Cour de cassation d'un acte de naissance et d'une carte d'électeur établiraient suffisamment, comme preuves légales, la qualité de Français de celui qui réclame, en vertu de ces pièces, son inscription sur la liste électorale, si d'ailleurs il était constaté que ces pièces, non produites devant la Commission municipale, ont été mises sous les yeux du Juge de paix, qui n'en aurait tenu aucun compte : or, cette preuve est présumée faite lorsque les *circonstances particulières* sont tellesqu'elles ne permettent pas de douter que le réclamant avait fait cette production en appel ; lorsque, par exemple, le pourvoi ayant été déclaré au greffe du Juge de paix, c'est le Greffier de la Justice de paix, lui-même, qui a joint au pourvoi les pièces dont il s'agit. Il y a lieu, dans ce cas, de supposer que le réclamant avait fait devant le Juge de paix ce qu'il a négligé de faire devant la Commission municipale. En conséquence, c'est à tort que ce magistrat a repoussé la réclamation comme non justifiée.

Cassation, pour violation de l'art. 12 du décret du 2 février 1852, sur le pourvoi du Sr Charpiot, contre un jugement du Juge de paix du 4e arrond. de Paris, en date du 9 février 1863. (*Cass.*, 13 *avril* 1863.)

72. *Résidence de six mois dans la commune.* Celui qui, en sa qualité de Français et résidant depuis six mois dans la commune, a le droit d'être inscrit sur la liste électorale, doit y être porté d'*office* et ne peut être contraint à prouver qu'il n'est frappé d'aucune des incapacités prévues par les art. 15 et 16 du décret du 2 février 1852, attendu que nul n'est tenu de faire une preuve négative. (*Req.*, 2 *mars* 1862. — *Ausset.*)

73. Les électeurs qui ont, à Paris, un domicile de plus de six mois doivent être portés sur la liste de l'arrondissement où ils résident au moment de la révision des listes, et non sur celle de l'arrondissement qu'ils habitaient précédemment et où ils avaient plus de six mois de résidence. (*Req.*, 23 *mars* 1863. — *Dréo.*)

74. *Moyens de preuve.* L'habitation semestrielle nécessaire à l'inscription sur la liste électorale d'une commune peut être prouvée par témoins, ou par des certificats dont le Juge de paix peut, sans doute, apprécier la valeur, mais qu'il n'a pas le droit de repousser sans examen comme dépourvus de toute valeur légale. (*Req.*, 23 *avril* 1864.)

75. Lorsque celui qui demande son inscription sur la liste électorale produit, comme preuve de son domicile dans la commune, un certificat émané, par procuration d'un principal locataire, du gérant de la maison habitée par le réclamant, ce certificat fait preuve légale du domicile électoral et ne peut être repoussé par le Juge de paix, sous prétexte que la qualité prise par son auteur ne serait pas justifiée, si, d'ailleurs, la sincérité de ce certificat n'est pas révoquée en doute. (*Req.*, 10 *mars* 1863. — *Renou*.)

76. Mais il n'en est pas ainsi lorsqu'il s'agit :

1º De quittances de loyer (*Req.*, 23 *mars* 1863. — *Chauffeur*);

2º D'un certificat émané du propriétaire de la maison occupée par des locataires dont le réclamant est employé (*Req.*, 10 *mars.— Arnal*);

3º Du certificat d'un parent réclamant, constatant l'existence entre eux d'une habitation commune. (*Req.*, 10 *mars* 1863. — *Regnault*);

4º De certificats dont la signature n'est pas légalisée (*Req.*, 16 *et* 30 *mars* 1863. — *Vazeilles, Capette*).

77. *Pièces produites. Appréciation.* Le Juge de paix est investi d'un pouvoir souverain d'appréciation à l'égard des pièces produites devant lui pour établir le domicile électoral, lorsque ces pièces ou certificats ne constituent pas des preuves légales de ce domicile. (*Req.*, 10, 16, 24, 25, 30 *et* 31 *mars* 1863. — *Regnault, Vazeilles, Chauffeur, Clavel, Capette, Renou, Ceccaldi*.)

78. *Carte d'électeur.* La production d'une *carte d'électeur* délivrée par le Maire d'une commune, à une certaine époque déjà éloignée, peut bien faire présumer, jusqu'à preuve contraire, que le citoyen qui en est pourvu réunit encore, dans sa personne, les conditions légales d'*âge* et de *nationalité*, mais ne prouve rien quant au *domicile électoral* actuel dans la commune où la carte a été délivrée. (*Req.*, 30 *mars* 1863. — *Michel*.)

79. *Demande d'un délai. Conséquences.* La demande d'un délai, pour une production de pièces, lie la cause avec la partie qui a sollicité ce délai. Par suite, la décision, rendue après l'expiration du délai accordé est contradictoire, alors même que cette partie ne se serait pas présentée devant le Juge de paix. (*Req.*, 10 *mars* 1863. — *Capette*.)

80. *Certificat de concierge.* Le domicile électoral ne peut être établi par un *certificat de concierge*, produit, pour la première fois, devant la Cour de cassation. (*Req.*, 30 *mars* 1863. — *Michel*.

81. *Avertissement de contributions.* La production d'un avertis
sement pour la contribution personnelle et mobilière, délivré au
contribuable le 28 février 1862, prouve bien que ce contribuable
avait une résidence quelconque là où l'avertissement lui avait été
donné en 1862, mais elle ne constitue pas une preuve légale de
sa résidence de six mois dans la ville de Paris au moment de la
révision des listes électorales. — Rejet du pourvoi du Sʳ Michaux,
contre une décision du Juge de paix du 4ᵉ arr. de Paris, en date
du 10 février 1863. (*Cass.*, 13 *avril* 1863.)

82. *Certificat de libération.* Le jugement par lequel le Juge de
paix a déclaré, sur l'appel, en confirmant la décision de la Commission municipale devant laquelle celui qui réclamait son
inscription sur la liste électorale n'avait produit qu'un *certificat
de libération* du service militaire, ne justifiait pas de la résidence
de six mois exigée par l'art. 12 du décret du 2 février 1852, ce
jugement est suffisamment motivé, et au fond il échappe au contrôle de la Cour de cassation. — Rejet du pourvoi du Sʳ Seguin,
contre un jugement du Juge de paix du 4ᵉ arr. de Paris, en date
du 10 février 1863. (*Cass.*, 13 *avril* 1862.)

83. *Déplacement momentané.* L'électeur qui se déplace momentanément du lieu de sa résidence habituelle, pour aller remplir
des devoirs de famille dans une autre commune, ne perd pas le
bénéfice de sa résidence ordinaire au point de vue électoral. La
décision du Juge de paix qui maintient à cet électeur le droit de
voter dans la commune où il atteste que se trouve cette résidence
depuis plus de six mois, sans tenir compte de ses absences pour
les causes ci-dessus exprimées, fait une juste application des
art. 12 et 13 du décret du 2 février 1852; émanée du pouvoir souverain d'appréciation du Juge de paix, elle échappe au contrôle
de la Cour de cassation. — Rejet du pourvoi du Sʳ Véro contre
un jugement du Juge de paix du canton de Loudes (Haute-Loire),
en date du 5 février 1863. (*Cass.*, 31 *mars* 1863.)

84. *Erreur prétendue.* Lorsque le fait de la résidence actuelle,
dans une commune, d'un citoyen antérieurement inscrit sur la
liste électorale, n'est pas dénié, son inscription ne peut être radiée
sous le prétexte qu'elle était le résultat d'une erreur. (*Req.*,
30 *mars* — *Blanchet.*)

85. *Fonctionnaires publics.* Les fonctionnaires publics exercent
leur droit électoral dans la circonscription où ils habitent, avec
dispense de la durée semestrielle de l'habitation, et non au lieu
où ils exercent leurs fonctions. — Ainsi un brigadier de sergents
de ville doit être inscrit sur les listes électorales de la circonscription où il a son habitation, et non de celle où il occupe un
poste avec d'autres sergents de ville placés sous ses ordres et
relevés chaque jour. (*Req.*, 12 *avril* 1864.)

86. *Élèves d'un séminaire.* Les élèves d'un séminaire, âgés de

21 ans accomplis, ont le droit de se faire inscrire sur la liste électorale de la commune où ce séminaire est situé, lorsque, à raison de leur séjour dans cette commune, antérieur ou postérieur au temps de leur vacances, ils y ont l'habitation de plus de six mois exigé par l'art. 13 du décret du 2 février 1852. (*Req.*, 24 *avril* 1860. — *Allier et autres; 7 mars* 1864.)

87. *Gendarmes*. Les gendarmes ordinaires, à raison de leurs fonctions mi-partie civiles et militaires, doivent être inscrits sur la liste électorale de la commune où ils sont actuellement en résidence. (*Req.*, 23 *mars* 1863. — *Joly*.)

88. *Gendarmes-vétérans*. — Les gendarmes vétérans doivent, comme militaires en activité de service, être inscrits sur la liste électorale de la commune où ils étaient domiciliés avant leur départ, et non sur celle de la commune où ils sont en résidence sédentaire, à la différence des gendarmes ordinaires. (*Req.*, 23 *mars* 1863. — *Joly*.)

89. *Demande d'inscription ou de radiation de tiers*. L'électeur inscrit qui veut user de la faculté que lui confère l'art. 19 du décret du 2 février 1852, de réclamer l'inscription ou la radiation d'un ou de plusieurs individus omis ou indûment inscrits, doit nécessairement les désigner *nominativement*. Une désignation *collective* serait insuffisante. (*Req.*, 16, 18 *et* 23 *mars* 1863. — *Portalès*, *Durand*, *Dréo*.)

90. *Demande en réintégration de tiers sur la liste*. Lorsque des radiations ont été opérées par le Maire dans l'exercice de son droit de révision de la liste électorale, le tiers qui réclame la réintégration, sur cette liste, de citoyens qu'il prétend en avoir été indûment exclus, est tenu, comme devraient l'être ces derniers eux-mêmes, d'établir la preuve de leur capacité électorale actuelle. (*Req.*, 16 *mars* 1863. — *Portalès*.)

91. *Présomption de la production d'une pièce*. La preuve de la production d'une pièce peut résulter de la circonstance que cette pièce n'avait été demandée que pour être produite, en matière électorale, devant le Juge de paix, bien que cette production ne puisse directement s'induire d'aucune des énonciations du jugement de ce magistrat. (*Req.*, 30 *mars* 1863. — *Vibert*.)

92. *Incapacités par suite de condamnations judiciaires*. L'incapacité résulte, d'après la loi, de la condamnation et non de l'exécution du jugement et de l'expiration de la peine. La loi ne fait résulter la réhabilitation du condamné dans sa capacité électorale, ni de la suppression de la peine, ni d'un temps plus ou moins long écoulé depuis la condamnation. (*Req.*, 30 *mars* 1863. — *Bousseau*.)

93. *Vol*. Celui qui détourne après une saisie et après leur confiscation par l'autorité judiciaire, des objets dont sa femme avait été constituée gardienne, commet le délit de vol. — Dès lors, cet individu doit être déclaré déchu de ses droits électoraux et rayé de la liste de sa commune. (*Décis. du Juge de paix de Cognac,* 6 *juillet* 1860. — *Chasseriaux.*)

94. *Maraudage.* L'individu condamné à une simple amende comme s'étant rendu coupable d'un fait de *maraudage,* doit-il, à raison de cette condamnation, être rayé de la liste électorale? — La négative sur cette question est soutenue dans une dissertation insérée au *Correspondant des Justices de paix,* année 1863, p. 185 et suiv.

95. *Homicide involontaire.* L'art. 15, n° 3, du décret du 2 février 1852 ne s'applique pas au citoyen condamné à une peine correctionnelle pour délit d'homicide involontaire, sous prétexte qu'il serait de notoriété publique que ce citoyen a été, en réalité, condamné pour crime de meurtre. (*Req.,* 30 *mars* 1863. — *De Benedetti.*)

96. *Attentat aux mœurs.* La condamnation pour attentat aux mœurs n'entraîne l'incapacité électorale qu'autant que la peine consiste dans un emprisonnement et non dans une simple amende. (*Req.,* 18 *mars* 1863. — *Gibert.*)

97. *Adultère.* L'art. 11 de la loi du 31 mai 1850 porte : « Se- » ront rayés de la liste électorale, à la requête du Ministère public, » pour un laps de temps qui ne pourra être de moins de 5 ans, ni » excéder 10 ans, et dont la durée sera fixée par le Tribunal, les » individus qui auront encouru une condamnation pour les délits » prévus par les art. 338 et 339 du Code pénal. » Cette disposition a eu pour but d'étendre à l'électorat, dans une pensée de moralié, l'indignité que l'art. 79 de la loi organique du 15 mars 1849 avait admise seulement pour l'égiblilité.

La difficulté s'est élevée de savoir si l'incapacité résultant de cette disposition s'applique aux condamnations antérieures à la loi du 31 mai comme aux condamnations postérieures.

Voici comment la question s'est présentée. Un jugement du Tribunal correctionel de Rochefort, du 7 avril 1846, avait condamné le sieur C... pour complicité d'adultère. Par décision du 12 juillet 1850, la Commission municipale de sa commune refusa de le porter sur les listes électorales. 12 août, sentence infirmative du Juge de paix, ordonnant l'inscription, attendu que le Tribunal d'arrondissement n'avait pas fixé la durée de l'incapacité sur réquisition du Ministère public. Alors citation devant le Tribunal correctionel de Rochefort. 11 septembre, jugement rejetant les réquisitions du Ministère public, parce que la loi de 1850 ne s'applique pas aux condamnations antérieures et qu'un Tribunal ne peut juger deux fois le même fait. 5 décembre 1850, jugement confirmatif, du Tribunal supérieur de Saintes. Pourvoi par le Ministère public pour violation de la loi.

Le 21 février 1851, la Cour a cassé ce jugement par l'arrêt ci-après :

« Vu l'art. 10 de la loi du 15 mars 1849 et l'art. 11 de la loi du 31 mai 1850; — Attendu que le Tribunal de police correctionnelle qui avait statué le 7 avril 1846 sur les poursuites intentées contre C. Ch... pour complicité du délit d'adultère avait épuisé sa juridiction, et qu'il ne pouvait plus être compétemment saisi d'aucune réquisition à raison du même fait ; — Attendu que la compétence pour la solution des difficultés concernant la capacité électorale, qui s'élèvent à l'occasion des opérations relatives à l'inscription des citoyens sur la liste des électeurs, appartient aux Tribunaux civils, d'après la disposition de l'art. 10 de la loi du 15 mars 1849, et qu'il n'a point été dérogé à cette règle générale par la loi du 31 mai 1850; — Qu'ainsi en statuant sur les réquisitions du Ministère public prises en exécution de l'art. 11 de la loi du 31 mai 1850, le Tribunal correctionnel supérieur de Saintes a excédé les limites de sa compétence, violé la loi du 15 mars 1849 et faussement appliqué l'art. 11 de la loi du 31 mai 1850; — Casse. »

98. *Excuse légale.* L'art. 15, n° 3, du décret du 2 février 1852 ne s'applique point au citoyen qui a été condamné pour crime à l'emprisonnement par l'effet de l'admission d'une excuse légale. (*Req.*, 30 *mars* 1863. — *Subrini.*)

99. *Documents administratifs.* De simples renseignements administratifs, lorqu'ils sont contredits par la partie interressée, ne suffisent pas pour établir une condamnation correctionnelle entraînant l'incapacité électorale. (*Req.*, 29 *mars* 1864.)

100. *Indivisibilité de l'aveu.* Si, tout en reconnaissant la condamnation prononcée en première instance, l'intéressé ajoute qu'elle a été infirmée sur son appel, cette seconde partie de sa déclaration doit être acceptée par suite de l'indivisibilité de l'aveu. (*Req.*, 22 *mars* 1864).

101. *Incapable inscrit sur la liste.* Une élection municipale n'est pas entachée de nullité par le vote d'un individu frappé d'incapacité électorale, par suite de condamnation judiciaire, si cet individu était néanmoins resté inscrit sur la liste. (*C. d'État*, 3 *mai* 1861. — *Élections d'Eysahut.*)

102. *Officier ministériel révoqué par mesure administrative.* L'officier ministériel, dont la révocation a été prononcée par l'autorité supérieure, en l'absence de toutes poursuites, comme mesure purement administrative, n'est point exclu de la liste électorale. (*Req.*, 26 *mars* 1862. — *Thune.*)

103. *Révocation par jugement.* Mais il en est autrement de l'officier ministériel, et spécialement de l'huissier, dont la révocation est intervenue à la suite de poursuites disciplinaires, sur lesquelles a été rendu un jugement qui a prononcé sa suspension (*Req.*, 26 *mars* 1862. — *Guyot.*)

104. *Dissimulation d'une cause d'incapacité.* Les articles 31 et 33 du décret du 2 février 1852, punissant celui qui aura dissimulé une incapacité légale d'inscription sur la liste électorale et de vote, sont applicables à l'individu déclaré coupable d'avoir obtenu sa réintégration sur la liste, en dissimulant une cause d'incapacité qui résultait d'une condamnation pour outrage à la morale publique et religieuse, et d'avoir voté au moyen de cette réintégration. — Il ne doit, à cet égard, être fait aucune distinction entre les élections législatives ou départementales et les élections municipales. (*Req.*, 8 *mars* 1861. — *Chatelain*.)

105. *Interdits*. On ne peut appliquer les dispositions de l'art. 15 du décret du 2 février 1852 qu'aux individus dont l'interdiction a été prononcée judiciairement; on ne peut les étendre à ceux dont la démence ne serait établie que sur une prétendue notoriété, alors, surtout, que rien ne justifie de leur séjour temporaire dans un asile d'aliénés. (*Req.*, 21 *mars* 1364.)

COMPÉTENCE DES JUGES DE PAIX.

106. *Appel des décisions de la Commission municipale*. Il n'entre pas dans les attributions du Juge de paix de prononcer, en premier ressort, sur les réclamations relatives aux inscriptions sur la liste électorale; c'est seulement en qualité de Juge du second degré ou d'appel qu'il peut statuer sur un recours porté devant lui, contre une décision de la Commision municipale. (*Req.*, 26 *juin* 1861. — *Divers*.)

107. *Énonciation de motifs*. Les sentences des Juges de paix, en matière électorale, doivent comme les autres jugements de ces magistrats, être motivées à peine de nullité. Ainsi une sentence qui confirme une décision de la Commission municipale, sans en adopter les motifs ou sans en énoncer de nouveaux, est nulle comme ne remplissant pas le vœu de l'art 7 de la loi du 20 avril 1810 qui impose aux Juges l'obligation de motiver leurs jugements. (*Req.*, 23 *mars* 1863. — *Perron; 13 avril* 1863. — *Bonabel*.)

108. Mais la décision par laquelle le Juge de paix déclare que la résidence de six mois n'est pas justifiée contient un motif suffisant. (*Req.*, 13 *avril* 1863. — *Michaux*.)

109. Le jugement par lequel le Juge de paix a confirmé par défaut la décision de la Commission municipale qui avait rejeté une demande d'inscription sur la liste électorale, en déclarant que l'appel n'avait été ni soutenu ni justifié devant lui, contient un motif suffisant. Le pourvoi contre ce jugement est en même temps mal fondé, attendu que la déclaration de non-justification des griefs d'appel rentre dans le pouvoir discrétionnaire et souverain du Juge de paix. (*Req.*, 13 *avril* 1863. — *Tassin*.)

110. *Formalités substantielles*. En matière électorale, comme en matière ordinaire, mais surtout en matière électorale, les dispositions de l'art. 141 C. pr. civ. sont remplies lorsqu'on trouve dans la décision les énonciations substantielles qu'il prescrit. (*Cass.*, 13 *avril* 1863.

111. *Assistance du Greffier*. Les décisions des Juges de paix en matière électorale sont de véritables jugements qui ne peuvent être rendus qu'avec l'assistance du Greffier et en audience publique. *(Req.,* 26 *juin* 1861. — *Divers.)*

112. *Avertissement à donner aux parties intéressées.* L'avertissement que le Juge de paix est tenu de donner, trois jours à l'avance, à toutes les parties intéressées, de l'appel porté devant lui, n'est exigé qu'à l'égard des électeurs dont l'inscription est contestée, et non à l'égard de ceux dont l'inscription est demandée. *(Req.,* 23 *mars* 1863. — *Leydet.)*

113. *Personnes auxquelles l'appel est interdit.* Le Maire ou Adjoint, et les membres de la Commission municipale instituée pour statuer sur les réclamations en matière électorale, n'ont pas qualité pour appeler devant le Juge de paix de la décision à laquelle ils ont pris part. On ne peut pas, en effet, figurer, dans une même instance, comme juge et partie. *(Req.,* 23 *avril* 1860. — *Chatelain.)* V. *infrà,* p. 185, la circulaire de M. le Procureur général Dupin.

114. *Opposition à des jugements par défaut.* Les jugements par défaut rendus par les Juges de paix sont susceptibles d'être attaqués par la voie de l'opposition en matière électorale comme en matière ordinaire. La règle générale de l'art. 20 C. pr. civ. doit recevoir son application, même en matière spéciale, lorsqu'il n'y a pas été formellement dérogé par une loi particulière. Le décret du 2 février 1852 ne renferme à cet égard aucune disposition dérogatoire. L'opposition est de droit commun ; elle est inhérente au droit sacré de la défense qui veut que nul ne puisse être condamné sans avoir été entendu. *(Req.,* 11 *mai* 1863. — *Breteau.)*

POURVOIS EN CASSATION CONTRE LES DÉCISIONS DES JUGES DE PAIX.

115. En matière électorale, comme en matière ordinaire, celui qui n'a été partie ni devant la Commission municipale, ni devant le Juge de paix, n'est pas recevable à se pourvoir en cassation contre la décision de ce magistrat. *(Req.,* 11 *avril* 1863. — *Antoniotti;* 23 *mars* 1863. — *Boussard.)*

116. *Délais.* Le délai de dix jours dans lequel doit être formé le pourvoi en cassation contre les décisions du Juge de paix en matière électorale, court à partir du lendemain de la notification du jugement attaqué, et expire à la fin du dixième jour à compter de celui qui lui sert aussi de point de départ. Par suite, le pourvoi formé le lendemain seulement de ce dixième jour est tardif. *(Req.,* 11 *mars,* 11 *avril* 1863. — *Mathei.)*

117. *Défaut de notification.* Est non-recevable le pourvoi en cassation, en matière électorale, qui n'a pas été notifié aux parties intéressées dans le délai de dix jours prescrit par l'art. 23 du décret du 2 février 1852. *(Req.,* 13 *avril* 1863. *Versini.)*

118. *Dénonciation du pourvoi.* Suivant un arrêt de la ch. des requêtes, du 21 avril 1860, la dénonciation du pourvoi formé contre une sentence de Juge de paix, en matière électorale, doit contenir *la copie même* de la requête adressée à la Cour de cassation.

Mais, d'après un autre arrêt du 7 mars 1864 (*Georjon et Gamon*), ils n'est pas nécessaire que la requête à fin de pourvoi en cassation, soit transcrite littéralement et en entier dans l'acte de dénonciation. Il suffit qu'il soit donné au défendeur connaissance du pourvoi.

119. *Pièces non produites devant le Juge de paix.* Les pièces non produites devant le Juge de paix ne peuvent être invoquées devant la Cour de cassation. (*Req.*, 10 *mars* 1863. — *Cuvelier et Chaubart.*)

120. *Délais d'opposition.* Le pourvoi, formé en matière électorale est non-recevable si le demandeur en cassation contre lequel le Juge de paix a statué par défaut est encore dans les délais de l'opposition par suite de l'irrégularité de la signification du jugement. On n'est admis à se pourvoir en cassation que contre les jugements et arrêts à l'égard desquels les autres voies de recours sont épuisées. (*Req.*, 13 *mai* 1863. — *Guyon.*)

CONSEIL D'ÉTAT

LISTES ÉLECTORALES.

121. *Communication.* Le droit que l'art. 7 du décret réglementaire du 2 février 1852 reconnaît à tout citoyen de prendre, à toute époque, communication tant de la liste électorale déposée au secrétariat de la commune, que de celle déposée au secrétariat général de la Préfecture, entraîne nécessairement pour lui le droit de prendre copie de cette liste, sauf au Préfet ou au Maire à prendre les mesures nécessaires pour que cette communication n'entrave pas les autres services publics. (*C. d'État*, 16 *juin* 1863. — *De Sonnier.*)

122. *Affichage de la liste.* Aucune disposition n'exige que la liste électorale soit publiée ou affichée. Il suffit que la minute de cette liste reste déposée au secrétariat de la Mairie pour être communiquée à tout requérant. (*C. d'État*, 11 *avril* 1861. — *Élections de Lambrey.*)

123. *Irrégularités.* On ne peut accueillir contre une élection municipale le moyen tiré d'une prétendue irrégularité de la liste électorale, s'il est établi que la communication de cette liste n'a été refusée à aucun citoyen, et si, dès lors, les irrégularités, lors même qu'elles existeraient, ne pourraient être considérées comme une manœuvre, de nature à porter atteinte à la sincérité des élections. (*C. d'État*, 30 *mars* 1864. — *Élect. de Nogaro.*)

CONVOCATION DES ÉLECTEURS.

124. — Aucune disposition législative ne rend applicable aux élections des Conseils municipaux, la règle prescrite par l'art. 4 du décret du 2 février 1852, et en vertu de laquelle il doit y avoir entre la convocation des électeurs pour l'élection des membres du Corps législatif et l'ouverture des colléges électoraux, un intervalle de vingt jours au moins. Il suffit que les électeurs aient un délai suffisant pour le complet exercice de leurs droits électoraux. (*C. d'État, 23 mai* 1861. — *Élect. de Metz, 26 avril;* — *Élect. de Marseille.*)

125. *Cartes.* En matière d'élections municipales, aucune disposition de loi ne prescrit de remettre des cartes aux électeurs avant leur vote. (*C. d'État, 3 avril* 1861. — *Élect. de Bray-sur-Seine.*)

DIVISION EN SECTIONS.

126. *Nombre des électeurs inscrits.* L'art. 7 de la loi du 5 mai 1855 doit être entendu en ce sens que le Préfet, dans l'application du droit qui lui est conféré de répartir, entre les sections électorales, le nombre des Conseillers à élire, doit tenir un compte exact et rigoureux du nombre des électeurs inscrits dans chacune des sections. — L'arrêt préfectoral qui attribue un nombre égal d'élections à deux sections composées d'un nombre inégal d'électeurs, doit, en conséquence, être annulé pour excès de pouvoir. (*C. d'État, 2 mai* 1861. — *Élect. de la comm. de Matha, 25 mai* 1861; — *Élect. de Plouaret.*)

127. L'arrêté préfectoral, qui divise une commune en sections pour la facilité du vote, ne peut être attaqué comme entaché d'excès de pouvoir, en ce qu'il n'aurait pas tenu compte, dans la répartition entre les sections, du nombre des électeurs inscrits, si aucune protestation n'a été formée contre l'élection dans le délai prescrit par l'art. 45 de la loi du 5 mai 1855. (*C. d'État, 4 juillet* 1862. — *Élect. d'Haget-Aubin.*)

128. *Opérations des sections. Qualité pour les attaquer.* Lorsqu'une commune a été divisée en sections uniquement pour la facilité du vote et que toutes les sections ont à élire les mêmes Conseillers municipaux, un électeur a qualité pour attaquer les opérations qui ont eu lieu dans les sections autres que celle dont il fait partie; alors surtout que le motif de la protestation est général et s'applique à toutes les sections réunies. (*C. d'État, 23 mai* 1861. — *Élect. de Metz.*

129. *Omissions quant à la circonscription des sections.* Lorsqu'un arrêté préfectoral a augmenté le nombre des sections électorales d'une ville, sans déterminer la circonscription territoriale des nouvelles élections qui n'a pu ainsi être portée à la connaissance des électeurs par aucun acte public avant l'élection, ce fait ne doit pas être considéré comme une cause de nullité des opérations électorales qui l'ont suivi, si cette omission n'a eu pour but ni pour effet d'entraver l'exercice du droit électoral, et s'il résulte, d'ailleurs, des circonstances que chaque électeur n'a pu ignorer ni la section à laquelle il appartenait, ni le local où devaient se réunir les électeurs de cette section. (*C. d'État*, 26 *avril* 1862. — *Elect. de Marseille.*)

130. *Cas où une section s'est abstenue de voter.* L'attribution faite, par le Préfet, à chacune des sections électorales d'une commune, de la nomination d'un nombre déterminé de membres du Conseil municipal, a un caractère définitif. Dès lors, si dans une élection une section s'est abstenue de voter, il n'en résulte pas que le Préfet ait le droit de faire procéder par tous les électeurs de la commune à l'élection des Conseillers municipaux réservés cette section, car il résulterait de là qu'une partie des membres du Conseil seraient élus par l'assemblée des électeurs de la commune entière, tandis que d'autres seraient élus seulement par une portion des mêmes électeurs (*C. d'État*, 6 *août* 1861. — *Elect. de Castéra.*)

ASSEMBLÉES ÉLECTORALES.

131. — *Affichage de la liste dans l'assemblée.* Aucune disposition législative n'oblige le Maire à faire afficher, dans la salle de l'assemblée, ni la liste électorale, ni le tableau des rectifications, ni l'arrêté préfectoral portant convocation des électeurs. Il suffit que, conformément à l'art. 35 de la loi du 5 mai 1855, une copie de la liste électorale, certifiée par le Maire, reste déposée sur la table autour de laquelle siège le bureau, pour être à la disposition des électeurs pendant toute la durée du scrutin. (*C. d'État*, 7 *septembre* 1861. — *Elect. de Sanbrigues.*)

BUREAU.

132. *Bureau. Composition.* Lorsque, malgré les réclamations qui lui avaient été adressées avant la séance, le Maire ne s'est pas conformé à la règle prescrite par l'art. 31 de la loi du 5 mai 1855, et d'après laquelle *les deux plus âgés et les deux plus jeunes des électeurs, présents à l'ouverture de la séance, doivent remplir les fonctions de scrutateurs,* cette irrégularité doit être considérée comme une cause de nullité des opérations électorales. (*C. d'État*, 25 *avril* 1860. — *Elect. de Montbarrois*; 27 *mars* 1862; — *Elect. de Steinsultz.*)

V., dans le même sens, p. 149, n° 2.

133. *Absence des membres du bureau.* L'irrégularité résultant de ce que, pendant tout le temps de la séance, le bureau n'a pas été composé de trois membres, n'est pas une cause de nullité, lorsque l'absence de l'un d'entre eux n'a été que momentanée et que dès lors elle n'a pu porter aucune atteinte à la sincérité de l'élection. (*C. d'État*, 18 mai 1861. — *Élect. de Bizanos.*

134. Mais lorsque les membres du bureau se sont absentés pendant une notable partie du scrutin et ont été remplacés par des électeurs ou des individus non électeurs qui ont reçu des bulletins apportés à l'urne électorale, cette infraction, aux prescriptions de l'art. 31 de la loi du 5 mai 1855, doit faire annuler les opérations électorales. (*C. d'État*, 2 *juillet* 1861. — *Élect. de Cuq-Toulza.*)

135. *Parents ou alliés présents au même bureau.* En matière d'élections municipales, aucune disposition législative n'interdit aux parents ou alliés de faire partie, en même temps, du même bureau. (*C. d'État*, 22 *janvier* 1863. — *Elect. d'Istres.*)

136. *Compétence du bureau.* Le bureau ne peut juger provisoirement les difficultés qui s'élèvent sur les opérations électorales. Il ne peut, sans excès de pouvoir, décider que tel électeur n'est pas éligible et que, en conséquence, les suffrages donnés à cet électeur ne seront pas comptés. (*C. d'État*, 30 *août* 1861. — *Elect. de Sous-Moulins.*)

137. *Police de l'assemblée.* Il appartient au Maire, comme chargé de la police de l'assemblée électorale, de prendre les mesures d'ordre convenables; mais ce fonctionnaire ne peut supprimer sans nécessité la publicité des opérations. Il outre-passerait, notamment, ses pouvoirs en interdisant aux électeurs de circuler dans la salle, pendant toute la durée du scrutin, lorsqu'aucun trouble n'avait rendu cette mesure nécessaire. (*C. d'Etat*, 3 *mai* 1861. — *Elect. de Durban.*)

LIBERTÉ ET SINCÉRITÉ DU VOTE.

138. *Défense de stationner dans la salle du scrutin.* Lorsque, en l'absence de tout désordre ou encombrement, le Président du bureau a ordonné que les électeurs n'entreraient que successivement dans la salle du scrutin et sortiraient immédiatement après avoir voté, la liberté et la sincérité des votes sont atteintes par une telle mesure et il y a lieu d'annuler les opérations électorales, alors surtout que d'autres irrégularités ont encore aggravé ce premier vice. (*C. d'Etat*, 24 *juillet* 1861. — *Elect. de Loisey;* 31 *août* 1861. — *Elect. de Bédarieux.*

139. *Exiguïté de la salle.* Lorsque les opérations électorales ont eu lieu dans une salle exiguë où les électeurs ont été introduits les uns après les autres, avec interdiction d'y stationner au delà du temps nécessaire pour déposer leurs bulletins de vote; lorsque, d'ailleurs, la disposition des tables n'a pas permis aux électeurs de circuler autour du bureau, pour constater la régularité des opérations, on doit considérer ces circonstances comme ayant porté atteinte à la sincérité du vote, et, par suite, les élections doivent être annulées. (*C. d'État*, 11 *mars* 1862. — *Élections de Graissesac.*)

140. *Ouverture du scrutin.* En matière d'élections municipales, les opérations électorales doivent être annulées lorsque le bureau a été composé et le scrutin ouvert une heure avant celle pour laquelle l'ouverture dudit scrutin avait été fixée et annoncée. (*C. d'État*, 12 *mars* 1863. — *Élections de Mansle.*)

141. *Liberté de vote.* Les employés des douanes et de l'octroi de la ville ont pu être conduits au scrutin en uniforme et par compagnies, sous la surveillance de leurs chefs, si ce mode de votation était commandé par les nécessités du service, et si, d'ailleurs, il n'est pas allégué qu'on ait voulu ainsi porter atteinte à la liberté du vote de ces électeurs. (*C. d'État*, 26 *avril* 1862. — *Élections de Marseille.*)

142. *Vote par délégation.* Dans le cas où un électeur ne peut se rendre personnellement au scrutin, le bureau ne peut pas admettre à voter pour lui une personne de sa famille et, par exemple, sa fille. (*C. d'État*, 13 *juin* 1862. — *Élections de Clarac.*

143. *Présence et vote d'un individu non électeur.* Il ne résulte, non plus, aucune nullité de ce qu'un individu non électeur aurait été autorisé, soit à voter et à rester dans la salle des opérations électorales, soit à prendre part au dépouillement du scrutin, s'il n'est pas allégué que ces irrégularités aient eu pour but ou pour effet de porter atteinte à la sincérité de l'élection. (*C. d'État*, 3 *avril* 1831. — *Élections de Bray-sur-Seine.*)

144. *Scrutin. — Durée.* Lorsque le scrutin n'est resté ouvert que pendant deux heures, l'élection est nulle, sans distinction entre le 1er et le 2e tour. (*C. d'État*, 23 *mai* 1861. — *Élections de Forceville.*)

145. *Réappel.* L'irrégularité résultant de ce qu'il n'a pas été procédé au réappel des électeurs qui n'ont pas voté au premier appel de leurs noms, n'est pas une cause de nullité des opérations électorales, si cette circonstance n'a exercé aucune influence sur le résultat de l'élection. (*C. d'État*, 11 *avril* 1861. — *Élections de Billou-sur-Huine.*)

Voir dans le même sens l'arrêt du 16 avril 1856. — *Élections d'Agen, supra*, p. 152, n° 40.)

146. *Électeurs admis à voter après la clôture du scrutin*, La validité d'une élection municipale n'est point atteinte par l'admission au vote, après la clôture du scrutin, de plusieurs électeurs, si cette irrégularité n'a été accompagnée d'aucune fraude, et si en retranchant les votes indûment admis des suffrages obtenus par chacun des candidats élus, ceux-ci, conservent encore la majorité absolue. (*C. d'État*, 3 *avril* 1861. — *Élections de Chaniers.*)

147. Il en serait autrement si, par suite de cette irrégularité, plusieurs membres du bureau avaient refusé de signer le procès-verbal, et s'il était reconnu que les votes ainsi indûment admis ont pu modifier les résultats du scrutin. (*C. d'État*, 11 *avril* 1861. — *Élections de Giounet.*

148. *Clôture anticipée du scrutin.* Les élections sont nulles lorsque le scrutin, dont la clôture avait été annoncée pour quatre heures, a été fermé à midi, et qu'ainsi un certain nombre d'électeurs ont pu être privés du droit de voter. Dans ce cas, la nullité des opérations du 1er tour entraîne celle des opérations du 2e tour. (*C. d'État*, 14 *juin* 1861. — *Élections de Sénancourt.*)

BULLETINS.

149. *Lecture de bulletins.* Lors du dépouillement du scrutin, chaque bulletin doit être lu en entier par le président du bureau ou par les scrutateurs. Les membres du bureau qui constatent les votes ne peuvent admettre et porter sur les listes que les noms qui ont été lus à haute voix devant l'assemblée. (*C. d'État*, 17 *juillet* 1861. — *Élections de Plaigne.*)

150. L'élection est nulle lorsqu'un candidat, se plaignant de ce que son nom avait été, lors du dépouillement, omis dans la lecture de plusieurs bulletins, a vainement demandé une nouvelle vérification de ces bulletins, ainsi que leur annexion au procès-verbal, et que, nonobstant sa réclamation, lesdits bulletins ont été brûlés par le bureau. (*C. d'État*, 3 *juillet* 1861. — *Élections de Saint-Mars-d'Egrenne.*)

151. *Omission de l'adjonction de scrutateurs.* Bien qu'il y ait eu un peu plus de 300 votants, le dépouillement du scrutin par les membres du bureau, sans l'adjonction de scrutateurs, n'entraîne pas la nullité de l'élection, si cette irrégularité n'a pas eu pour effet d'altérer la sincérité des votes. *C. d'État*, 22 *mai* 1861. — *Élections de Ruffey.*)

152. *Distribution de bulletins.* La distribution de bulletins dans la salle de l'assemblée, bien qu'interdite par l'art. 38 de la loi du 5 mai 1855, n'est pas de nature à entraîner la nullité de l'élection, s'il n'est pas justifié que cette irrégularité ait porté atteinte à la liberté et à la sincérité de l'élection. (*C. d'État*, 20 *mars* 1861. — *Élections de Combiers.*)

153. *Nombre de bulletins supérieurs au nombre de votants.* Lorsque le nombre des bulletins trouvés dans l'urne est supérieur à celui des électeurs qui ont pris part au vote, on doit suivre la règle établie par la jurisprudence du Conseil d'État dont il a été rendu compte, *suprà*, p. 153, n° 46. — Aux arrêts cités sur ce point, il faut en joindre un rendu dans le même sens, le 28 mai 1862. — *Élections de Grenade.*

12

154. *Boîte non fermée.* Une élection n'est pas nulle par cela seul que les votes ont été recueillis dans une boîte non fermée, si cette irrégularité n'a eu pour but ni pour effet de porter atteinte à la sincérité du vote, et si, d'ailleurs, le scrutin a été dépouillé séance tenante. (*C. d'État,* 25 *avril* 1861. — *Élections de Daune et Quatre-Vents.*)

155. *Scrutin de liste.* L'art. 42 de la loi du 5 mai 1855 veut que les bulletins soient valables, bien qu'ils portent plus ou moins de noms qu'il n'y a de Conseillers à élire ; seulement les derniers noms inscrits au delà du nombre nécessaire ne sont pas comptés.

156. Mais, lorsque, sur des bulletins portant imprimés, avec du numéros d'ordre, autant de noms qu'il y a de Conseillers à élire, le nom d'un candidat a été ajouté à la main en tête de la liste, ce nom doit être compté le premier, bien qu'il ne soit accompagné d'aucun numéro d'ordre. (*C. d'État* 17 *avril* 1861. — *Élections de Caudrot.*)

157. *Bulletins signés.* On doit considérer comme une manœuvre portant atteinte à la liberté et à la sincérité du vote, et par suite, comme entachant une élection de nullité, toute marque de reconnaissance destinée à faire distinguer les bulletins déposés dans l'urne. (*C. d'État,* 2 *juin* 1861. — *Élections de Montcuq.*)

158. Alors surtout que ces bulletins n'ont pas été annexés au procès-verbal, bien qu'étant l'objet d'une protestation de la part de plusieurs électeurs. (*C. d'État,* 2 *juillet* 1861. — *Élections de Neuilly-sur-Eure.*)

159. *Papier de couleur.* Le dépôt dans l'urne électorale de quelques bulletins écrits sur du papier de couleur n'est point une cause de nullité de l'élection, si cette circonstance n'a pas eu pour effet de porter atteinte à la liberté ou au secret des votes. (*C. d'État,* 11 *avril* 1861. — *Élections de Lambrey.*)

160. *Secret de votes.* Lorsque le président du bureau, sous prétexte de vérifier si plusieurs bulletins n'étaient pas renfermés sous le même pli, a ouvert ces bulletins de manière à lire les noms qui s'y trouvaient inscrits, ce fait doit être considéré comme portant atteinte au secret des votes et entraîne, dès lors, la nullité des opérations électorales dans lesquelles il s'est produit. (*C. d'État,* 8 *septembre* 1861. — *Élections de Meyssac.*)

161. *Bulletins annulés.* Les opérations électorales sont nulles lorsque plusieurs bulletins, annulés au premier tour de scrutin, n'ont pas été annexés au procès-verbal, alors que le candidat élu le dernier à ce premier tour de scrutin n'a obtenu qu'une faible majorité sur celui qui venait ensuite. (*C. d'État,* 11 *avril* 1865. — *Élections de la Vèze.*)

162. *Egalité de suffrages.* Lorsque deux candidats ont obtenu, au premier tour de scrutin, le même nombre de voix, en réunissant chacun la majorité absolue et un nombre de suffrages égal au quart de celui des électeurs inscrits, l'élection est acquise au plus âgé. Il n'y a pas lieu, dès lors, de procéder à un second tour de scrutin. (*C. d'État*, 11 *avril* 1865. — *Élect. de Lambrey*.)

163. *Homonymes*. L'élection d'un membre du Conseil municipal est valable, bien que le bureau lui ait attribué des bulletins qui pouvaient également s'appliquer à un autre éligible, portant le même nom, si le conseiller élu était notoirement le seul des deux homonymes qui se fût porté candidat. (*C. d'État*, 20 *mars* 1861.— *Elect. de Maule*.)

164. *Levée des scellés avant que le bureau ne fût au complet*. Lorsque les opérations électorales ont duré deux jours, et que le second jour, les scellés apposés sur la boîte du scrutin ont été rompus par le président avant que le bureau ne soit au complet, cette irrégularité ne doit pas être considérée comme une cause de nullité, si elle a eu lieu en présence de plusieurs membres du bureau et d'un grand nombre d'électeurs, et si, d'ailleurs, il n'est pas allégué qu'elle ait soulevé aucune réclamation ni présenté aucun caractère de fraude. (*C. d'État*, 20 *février* 1862. — *Elect. de Négrepelisse*.)

165. *Levée des scellés avant l'ouverture de l'assemblée*. Lorsque les scellés apposés sur la boîte du scrutin à la fin du premier tour, ont été levés le lendemain, par les membres du bureau, avant l'ouverture de l'assemblée et en l'absence des électeurs, les opérations électorales doivent être annulées. (*C. d'État*, 21 *déc.* 1861. — *Elect. de Chatenais*.)

166. *Incinération des bulletins*. Il ne résulte aucune nullité de ce que les bulletins de vote n'ont pas été, après le dépouillement du scrutin, brûlés par le président en présence de l'assemblée, s'il n'est pas allégué que l'omission de cette mesure ait eu lieu dans le but de porter atteinte au secret des votes. (*C. d'État*, 28 *mai* 1862. — *Elect. de Grenade*.) V. ce qui a été dit, dans le même sens, — *Suprà*, p. 66, n° 85.

167. *Scrutin. Proclamation tardive*. Les opérations électorales sont nulles, lorsque la nomination du candidat élu n'a pas été proclamée immédiatement après le dépouillement du scrutin, et qu'elle n'a été connue qu'à la suite d'une nouvelle délibération prise par le bureau plusieurs jours après ce dépouillement et l'incinération des bulletins. (*C. d'État*, 17 *avril* 1861. — *Elect. de Saint-Nexent*.)

168. *Eligibles au Conseil municipal*. Aucune disposition de loi n'exige que les membres du Conseil municipal soient choisis parmi les contribuables ou parmi les habitants de la commune. (*C. d'État*, 17 *avril* 1861. — *Elect de Bouzillé*.)

V. ce qui a été dit, en ce sens, *suprà*, p. 86, n°° 103 et 104.

La loi municipale a voulu, en effet, sous le régime de suffrage universel élargir le cercle des éligibles. Elle a donc laissé aux électeurs la faculté de choisir, selon l'intérêt communal, les Conseillers municipaux, parmi les domiciliés et les non domiciliés. (*V. Corresp. des Just. de paix*, 1864, p. 139.)

INÉLIGIBILITÉS.

169. *Agents salariés.* Ne peuvent être considérés comme frappés d'inéligibité au Conseil municipal :

1° Un professeur d'une école préparatoire de médecine payée par la ville, ce professeur étant fonctionnaire de l'Université, nommé par le Ministre de l'Instruction publique;

2° Le médecin en chef d'un hospice municipal, dont la nomination a été faite par la Commission administrative, et dont le traitement est pris sur le budget de l'hospice.

3° Le directeur de l'observatoire d'une ville qui est, en même temps, professeur à la faculté des sciences établie dans cette ville. (*C. d'Etat*, 23 mai 1861. — *Elect. de Toulouse.*)

4° Un Juge de paix peut être élu membre du Conseil municipal de la commune où il réside, bien qu'il reçoive de cette commune une allocation annuelle, à titre d'indemnité de logement ou de frais de bureau. (*C. d'Etat*, 26 mars 1856. — *Elect. de Bourg-Charente.*)

170. *Comptables de deniers communaux.* On ne saurait considérer comme comptable des derniers communaux, inéligible, en cette qualité, au Conseil municipal, le Directeur d'une école préparatoire de médecine, bien que cette école soit soutenue par la ville. (*C. d'Etat*, 23 mai 1861. — *Elect. de Toulouse.*)

171. *Comptables des matières de la marine.* Les comptables des matières de la marine doivent être considérés comme employés de l'armée de mer en activité de service. Ils ne peuvent, dès lors, être élus membres d'un Conseil municipal. (*C. d'Etat*, 17 avril 1861. — *Elect. d'Octeville-sur-Cherbourg.*)

172. *Indigent.* La disposition du § 4 de l'art. 9 de la loi du 5 mai 1855 n'est pas applicable à celui qu'aucune délibération du Conseil municipal n'a dispensé de contribuer aux charges communales, qui est inscrit au rôle de la contribution personnelle, et qui établit que c'est uniquement à cause de son âge qu'il ne figure pas au rôle des prestations en nature. (*C. d'Etat*, 26 mars 1856.— *Elect. de Bourg-Charente.*)

INCOMPATIBILITÉS.

173. *Juge de paix.* Nous avons vu, *suprà*, p. 93 et suiv., qu'il y avait *incompatibilité* entre certaines fonctions et celles de membre d'un Conseil municipal. Parmi les fonctions qui créent cette incompatibilité, la loi comprend celles de *Commissaire de* *police.* (V. p. 94, n° 115). Mais on ne peut considérer comme tel un Juge de paix, bien qu'il exerce dans sa commune les fonctions d'officier de police judiciaire qui lui sont attribuées en cette qualité. (*C. d'Etat*, 25 *avril* 1861. — *Elect. de Gournay-en-Brey.*)

174. *Instituteur libre.* Il n'y a aucune incompatibilité entre la quatité d'instituteur libre et les fonctions de Conseiller municipal. *C. d'Etat*, 30 *août* 1861. — *Elect. de Sous-Moulins.*)

175. *Conseiller de fabrique.* L'incompatibilité entre les fonctions de Conseiller municipal et celles de membre d'un Conseil de fabrique n'est prononcée par aucune loi. (*C. d'Etat*, 2 *juillet* 1861. — *Elect. de Barles.*)

176. *Parenté. Alliance.* Lorsque, pour cause de parenté ou d'alliance, deux candidats qui ont été élus simultanément par des sections différentes, ne peuvent faire partie du même Conseil municipal, la question de préférence doit être résolue entre eux par la voie du sort et non par le nombre des suffrages qu'ils ont respectivement obtenus ou par le bénéfice de l'âge. (*C. d'Etat*, 25 *avril* 1861. — *Elect. de Soublecause.*)

177. *Question préjudicielle.* Lorsque la validité d'une élection municipale est subordonnée à la question de savoir s'il existe un degré d'alliance entre deux candidats élus, le Conseil de préfecture doit surseoir jusqu'à ce que l'autorité judiciaire ait statué sur cette question préjudicielle. (*C. d'État*, 3 *mai* 1861. — *Elect. d'Illfurt.*)

178. *Élection simultanée de deux parents ou alliés.* Lorsque deux alliés au degré prohibé ont été, dans deux sections de la même commune, élus conseillers municipaux, l'un au 1er tour de scrutin, l'autre au 2e tour seulement, mais par un nombre de voix supérieur, l'élection est acquise à celui qui a été nommé au 1er tour.

L'élection du candidat qui n'a passé qu'au second tour se trouvant ainsi annulée, il doit être procédé à une nouvelle élection, et il ne peut être remplacé par celui des candidats qui, dans sa section a obtenu, après lui, au 2e tour, le plus grand nombre de suffrages. (*C. d'État*, 25 *avril* 1861. — *Elect. de St-Martin-du-Vers.*)

179. *Parents ou alliés du Maire qui n'est pas Conseiller municipal.* Les Maires, choisis par le gouvernement, en dehors du Conseil municipal, en vertu de l'art. 57 de la Constitution du 14 janvier 1852, ne deviennent pas membres de ce Conseil par le seul effet de leur nomination; et, dès lors, leurs parents au degré de père, de fils ou de frère, et les alliés aux mêmes degrés, peuvent être valablement élus Conseillers municipaux. (*C. d'État*, 20 *mars* 1861. — *Élect. d'Annœulin.*)

180. *Incompatibilité quant au Maire d'une commune autre que celle où il est élu membre du Conseil municipal.* Le Maire, choisi en dehors du Conseil municipal, dans une commune, ne peut faire partie de Conseil dans une autre. Il est alors tenu d'opter pour l'une ou pour l'autre de ces deux qualités. (C. d'Etat, 23 mai 1861. — Elect. de Neuvic.)

RÉCLAMATIONS PORTÉES DEVANT LES CONSEILS DE PRÉFECTURE.

181. *Dispense des droits de timbre.* Les réclamations formées devant le Conseil de préfecture, contre les opérations électorales, sont dispensées du droit et de la formalité du timbre. (C. d'Etat, 10 janvier, 25 avril 1861. — Elect. de Lambeye et de Garindein.)

182. *Délai.* — *Déchéance.* — Le Conseil d'Etat doit prononcer d'office, la déchéance, à l'égard de toute réclamation qui n'a pas été formée dans le délai de cinq jours à partir des opérations électorales, lors même que le Conseil de préfecture aurait annulé ces opérations et que, par suite, de nouvelles élections auraient eu lieu. (C. d'Etat 18 mai 1861. — Elect. de Montrevel.)

183. Lorsqu'il a été procédé à deux tours de scrutin, séparés par plusieurs jours d'intervalle, la réclamation formée contre les opérations du 1er tour est tardive si elle a été introduite dans un délai de cinq jours à partir du 2e tour. (C. d'Etat, 10 mai 1861. — Elect. de Bizanos.)

184. *2e tour.* Lorsque les opérations relatives à un second tour de scrutin ont été annulées par le Conseil de préfecture, les élections nouvelles ne peuvent avoir lieu qu'à la majorité absolue. (C. d'Etat, 16 juillet 1861. — Elect de l'île d'Arvau.)

185. *Opposition tardive.* Lorsqu'un Conseil de préfecture, sur la réclamation de plusieurs électeurs, a prononcé, par défaut, l'annulation d'une élection, l'opposition du candidat intéressé doit être considérée comme tardive lorsqu'elle n'a été introduite qu'après l'expiration du délai d'un mois fixé par l'art. 45 de la loi du 5 mai 1855. (C. d'Etat, 24 juillet 1861. — Elect. d'Aiguefonde.)

POURVOIS DEVANT LE CONSEIL D'ÉTAT.

186. *Formalités à suivre.* Toute requête ou toute déclaration de pourvoi contre un arrêté de Conseil de préfecture, en matière électorale, doit, au lieu d'être déposée à la Préfecture, être adressée directement ou déposée par la partie intéressée, au secrétariat de la section du contentieux du Conseil d'Etat, et c'est exclusivement d'après la date de l'enregistrement de ces pièces au secrétariat que la section apprécie, si le pourvoi a été formé en temps utile. En suivant une autre marche, les requérants s'exposent à des renvois et, par suite, à des retards qui peuvent entraîner la déchéance. (Inst. Min. int., 26 nov. 1864.)

187. *Notification de l'arrêté du Conseil de préfecture. Ses* *effets.* Lorsqu'un arrêté de Conseil de préfecture, qui rejette une protestation formée contre des élections municipales a été notifié à l'un des réclamants, cette notification fait courir, à l'égard de tous les autres signataires de la protestation, le délai du pourvoi devant le Conseil d'Etat. (*C. d'Etat,* 9 *juillet* 1861. — *Elect. de l'Herm.*)

188. *Inadmissibilité du pourvoi.* Un électeur qui n'a pas signé la protestation sur laquelle le Conseil de préfecture a statué, doit être considéré comme n'étant point partie dans l'instance. Le pourvoi formé par cet électeur contre l'arrêté de ce Conseil n'est donc pas recevable. (*C. d'Etat,* 31 *août* 1831. — *Elect. de Bédarieux.*)

POURSUITES CONTRE DES MAIRES.

189. L'art. 119 de la loi électorale du 18 mars 1850 a été abrogé par décret du 2 février 1852, qui a conséquemment remis en vigueur l'art. 75 de la Constitution de l'an VIII, pour les poursuites à exercer contre des Maires ou autres agents du Gouvernement, à raison de délits qu'ils auraient commis dans les élections.

L'autorisation du Conseil d'État est nécessaire pour pouvoir poursuivre un Maire accusé de fraude en matière électorale; il importe peu que certains des faits poursuivis aient pu être commis par un étranger à la fonction de Maire; cette circonstance n'exclut pas la possibilité qu'ils aient été commis par le Maire en sa qualité, et n'empêche pas dès lors qu'il y ait nécessité d'une autorisation préalable.

Mais la Cour impériale saisie des poursuites, et qui, à bon droit, reconnaît la nécessité d'une autorisation du Conseil d'État, doit se borner à surseoir sur la prévention jusqu'à décision de ce Conseil; en acquittant le prévenu, elle rejette définitivement la plainte, et en condamnant les parties poursuivantes aux dépens, elle viole les règles de la compétence, et encourt par suite la cassation. (*Cass.,* 11 *avril* 1863.)

190. Il importe peu que le fait à raison duquel le Maire est poursuivi, ne soit pas un exercice régulier; mais, au contraire, constitue un abus de ses fonctions. Lorsqu'un Maire, en qualité de président du Collége électoral, s'adresse aux électeurs qui se présentent à lui pour voter, il est de toute évidence qu'il est dans l'exercice de ses fonctions. Or, c'est précisément le caractère dont il est alors revêtu qui donne lieu à la garantie constitutionnelle, non pour le mettre à l'abri des condamnations qu'il peut alors avoir encourues; mais, du moins, pour nécessiter l'autorisation du Conseil d'État préalablement à toute poursuite. (*Cass.,* 9 *août* 1862; *C. imp. de Paris,* 4 *déc.* 1863.)

SÉANCES DES CONSEILS MUNICIPAUX.

191. *Poursuites contre des Conseillers municipaux pour des actes qui se sont passés·dans la séance du Conseil*. L'art. 6 de la loi du 26 mai 1819, qui voulait que toute citation pour délit de presse contînt des articulations de fait et la qualification du délit, a été abrogé par l'art. 27 du décret-loi du 17 février 1852, soumettant les poursuites aux formes et délais du Code d'instruction criminelle. Selon les art. 182 et 183 de ce Code, la citation appelant en police correctionnelle des Conseillers municipaux, pour diffamation commise par eux conjointement, est valable si elle indique les circonstances de temps et de lieu avec les imputations reprochées, quoiqu'elle ne fasse pas connaître la part que chacun aurait prise à l'émission et à la propagation de ces imputations. — De ce que les délibérations municipales qui lèsent des tiers peuvent être l'objet d'un recours administratif et d'une annulation ou modification, il ne s'ensuit pas que les Conseillers municipaux signataires ne puissent être poursuivis et jugés correctionnellement, pour les imputations diffamatoires qu'ils auraient émises dans une délibération formulée, de même que pour celles qu'ils se seraient permises dans une discussion préalable. (*Cass.* 22 *janvier* 1863. — *Ailhaud et Gauthier C. Pascal*.)

Une délibération d'un Conseil municipal, et notamment les discours qui l'ont précédée ou suivie dans le sein même du Conseil, si cette délibération et ces discours sont injurieux ou diffamatoires, peuvent être l'objet de poursuites judiciaires, et ne sauraient, dans aucun cas, jouir de l'immunité établie par l'art. 21 de la loi du 17 mai 1819, en faveur des Chambres législatives. — Une plainte en injure ou diffamation ou la citation qui en tient lieu, est suffisamment libellée et valable lorsqu'elle énonce simplement les faits, sans qu'il soit besoin d'une articulation précise. Sur ce point, l'art. 6 de la loi du 26 mai 1819 a été abrogée par l'art. 27 du 17 février 1852. (*Montpellier, Ch. corr.*, 18 *déc.* — *Magnac C. Fouque*.)

192. *Délibération. Registre*. La transcription des délibérations des Conseils municipaux sur le registre tenu à cet effet, n'étant pas prescrite à peine de nullité, l'omission de cette formalité n'entraîne la nullité ni de la délibération à l'égard de laquelle elle a été omise, ni de l'arrêté préfectoral rendu conformément à cette délibération. (*C. d'État*, 31 *mars* 1864. — *Commune de Moussières*.)

193. *Cas où aucun Conseiller municipal ne veut remplir les fonctions de secrétaire*. Dans le cas où aucun membre du Conseil municipal ne peut ou ne veut remplir les fonctions de secrétaire pendant l'une de ses séances, le Conseil municipal doit avoir la faculté de s'adjoindre, soit *le secrétaire de la mairie*, soit toute autre personne, mais seulement pour tenir la plume. (*C. d'Etat,* 17 *février* 1862. — *C. mun. de Chalons-sur-Marne.*)

V. ce qui a été dit, dans ce sens, p. 112, n° 17.

194. *Suspension d'un Conseil municipal.* Bien que tous les membres d'un Conseil municipal aient donné leur démission en masse, le Préfet a pu proncer la suspension de ce Conseil, tant que la démission n'a pas été acceptée.

En cas de suspension d'un Conseil municipal, le nombre des membres de la Commission nommée ne peut être inférieur à la moitié de celui des Conseillers municipaux.

L'arrêté préfectoral qui ne contient pas ce nombre peut être déféré au Conseil d'État, par la voie contentieuse, par les membres du Conseil municipal suspendu. (*C. d'Etat,* 10 *mars* 1864.)

195. *Lettre de M. Dupin, Procureur général à la Cour de cassation à MM. les Procureurs généraux* (23 *mars* 1865) :

« Monsieur le Procureur général, — je crois devoir appeler votre attention sur une procédure vicieuse qui tend à s'introduire de plus en plus en matière électorale.

» Il arrive souvent que lorsqu'un jugement de Juge de paix a infirmé une décision de Commission municipale, le Maire se croit en droit de se porter demandeur en cassation, soit en sa qualité de Maire, soit, au besoin, comme électeur, ou de faire former le pourvoi par un membre de la Commission.

» La Cour de cassation n'a jamais manqué de déclarer non recevables les pourvois ainsi formés : on ne pourrait admettre qu'un Juge se fit partie au procès pour défendre sa décision.

» Mais, chaque année, le fait se renouvelle et la multiplicité même des pourvois qui arrivent sous cette forme devant la Cour et qu'elle est obligée de repousser par cette fin de non-recevoir, indique assez que la publicité des arrêts de la Cour de cassation ne suffit pas pour avertir les Maires et les déshabituer de cette manière illégale d'introduire les pourvois.

» Il m'a donc semblé utile, monsieur le Procureur général, de vous signaler l'erreur que commettent un grand nombre de Maires en intervenant, soit en appel, soit en cassation, dans les procès dont ils ont connu comme Juges. Vos avertissements pourront être d'autant plus opportuns que l'erreur dont je parle est partagée par quelque Juges de paix qui croient devoir parfois appeler les Maires à venir défendre devant eux les décisions des Commissions municipales. »

TABLE GÉNÉRALE.

TITRE I.

ORGANISATION DU PERSONNEL DES CONSEILS MUNICIPAUX.

CHAPITRE I.

COMPOSITION DES CONSEILS MUNICIPAUX.

CHAPITRE II.

CONDITIONS ÉLECTORALES.

CHAPITRE III.

PERTE DU DROIT ÉLECTORAL.

CHAPITRE IV.

RÉVISION ANNUELLE ET RECTIFICATION DES LISTES ÉLECTORALES.

SECTION I. — *Révision annuelle.*

SECTION II. — *Rectification de la liste électorale dans le courant de l'année.*

CHAPITRE V.

RÉCLAMATIONS CONTRE LA TENEUR DES LISTES

CHAPITRE VI.

DES ASSEMBLÉES D'ÉLECTEURS COMMUNAUX.

CHAPITRE VII.

OPÉRATIONS DE L'ASSEMBLÉE ÉLECTORALE.

CHAPITRE VIII.
RÉCLAMATIONS CONTRE LES OPÉRATIONS ÉLECTORALES.

CHAPITRE IX.
DU DROIT D'ÉLIGIBILITÉ.

Section I. — *Incapacités absolues.*

CHAPITRE X.

DE LA DURÉE DU MANDAT ÉLECTORAL

TITRE II.

ASSEMBLÉES DES CONSEILS MUNICIPAUX.

CHAPITRE I.

INSTALLATION DES CONSEILS MUNICIPAUX.

CHAPITRE II.

SESSIONS DU CONSEIL MUNICIPAL.

CHAPITRE III.

PRÉSIDENCE DU CONSEIL MUNICIPAL ET FONCTIONS DE SECRÉTAIRE.

CHAPITRE IV.

CONDITIONS NÉCESSAIRES POUR LA VALIDITÉ DES DÉLIBÉRATIONS.

CHAPITRE V.

DES CONSEILLERS MUNICIPAUX RÉPUTÉS DÉMISSIONNAIRES.

CHAPITRE VI.

NULLITÉS DES DÉLIBÉRATIONS DES CONSEILS MUNICIPAUX
EN CERTAINS CAS.

CHAPITRE VII.

SUSPENSION ET DISSOLUTION DES CONSEILS MUNICIPAUX.

TABLE DES FORMULES.

TABLE ANALYTIQUE & ALPHABÉTIQUE

Paris. — Typ. Guérin, 26, rue du Petit-Carreau.

PUBLICATIONS DU MÊME AUTEUR :

Encyclopédie des Justices de paix et des Tribunaux de simple police, ou Répertoire général, par ordre alphabétique, de tous les éléments du *Droit français*, considérés au point de vue des *attributions des Juges de paix et du droit rural*, 2 forts volumes in-8°, à deux colonnes, de 630 pages chacun. — 3ᵉ ÉDITION. — Prix : 16 francs.

Cet ouvrage est donné EN PRIME à tout souscripteur qui en s'abonnant, à l'année 1865, prend, au prix réduit de 5 *francs le volume* (TOTAL 30 FRANCS), la collection des six derniers volumes du Journal :

Le Correspondant des Justices de paix et des Tribunaux de simple police, Recueil mensuel de législation, de jurisprudence, de doctrine et de correspondance consultative, *faisant*, depuis et y compris l'année 1854, *suite à la 3ᵉ édition de l'Encyclopédie*. (15ᵉ année. — DIX FRANCS par an.)

Encyclopédie municipale, collection de 24 Codes-formulaires. formant la 3ᵉ édition du *Traité de l'Organisation et des Attributions des Corps municipaux*, avec des formules pour tous les actes de la compétence des Conseils municipaux et des Maires.

ACTUELLEMENT EN VENTE :

1° **Code-Formulaire de la constitution et de la circonscription des Communes.** — Prix : 2 fr. 50 c.

2° **Code-Formulaire des Élections municipales et des Assemblées des Conseils municipaux,** d'après la loi du 5 mai 1855. — 3ᵉ *édition.* — Prix : 3 fr.

3° **Code-Formulaire des Chemins ruraux.** — 2ᵉ *édition.* — Prix : 2 fr. 50 c.

Les *Codes-Formulaires* de la *Voirie urbaine* et de la *Voirie vicinale* paraîtront très-prochainement.

Chacun des Codes-Formulaires déjà publiés est adressé, *de suite et franco,* à toute personne qui, *par lettre affr.,* en fait parvenir le prix en un mandat ou en timbres-poste, à M. BOST, 12, *rue des Saints-Pères, à Paris.*

Paris. — Typ. Guérin, rue du Petit-Carreau, 26.

www.ingramcontent.com/pod-product-compliance
Lightning Source LLC
Chambersburg PA
CBHW060530210326
41519CB00014B/3186